徐菁忆 著

高校思想政治教育
数字化发展研究

THE DIGITAL DEVELOPMENT OF
IDEOLOGICAL AND POLITICAL EDUCATION
IN HIGHER EDUCATION INSTITUTIONS

社会科学文献出版社
SOCIAL SCIENCES ACADEMIC PRESS (CHINA)

本书系国家社科基金青年项目
"大语言模型对高校思想政治教育价值引领的影响及对策研究"
（项目编号：24CKS072）的阶段性成果

前　言

当前，新一轮科技革命和产业变革加速演进，数字技术越发成为驱动人类社会思维方式、组织架构和运作模式发生根本性变革、全方位塑造的引领性力量。在大力发展数字化的时代洪流中，教育处于科技第一生产力、人才第一资源、创新第一动力的重要结合点，是加快形成和发展新质生产力的基础和先导，是强化高质量发展的基础支撑，数字教育必须先试先行。

在此背景下，党的二十大报告明确提出"推进教育数字化，建设全民终身学习的学习型社会、学习型大国"[①]。习近平总书记在中共中央政治局第五次集体学习时指出："教育数字化是我国开辟教育发展新赛道和塑造教育发展新优势的重要突破口。"[②] 高等教育数字化是大势所趋、发展所需、改革所向。高校思想政治教育是高等教育的重要组成部分，也是贯穿整个高等教育的重要环节，继续发挥好引领和导向作用，需要用好数字技术，创新思政课教育教学方式，增强思政教育的时代感和吸引力。因此，积极探索数字赋能高校思想政治教育的实践路径，是高校思想政治教育工作提质增效的有效举措，也是推进中国式教育现代化的题中应有之义。

尽管数字信息的生产、交互、运用极大地拓展了思想政治教育活动空间，极大地丰富了教研资源，极大地推动了课堂内显性教学与课堂外隐性

---

① 习近平：《高举中国特色社会主义伟大旗帜 为全面建设社会主义现代化国家而团结奋斗——在中国共产党第二十次全国代表大会上的报告》，人民出版社，2022，第34页。

② 《习近平在中共中央政治局第五次集体学习时强调加快建设教育强国 为中华民族伟大复兴提供有力支撑》，《人民日报》2023年5月30日，第1版。

教育并举的进程；但就目前而言，我国高校思想政治教育数字化发展探索创新的深度、广度都还需进一步拓展。

本书在教育数字化战略意义更加凸显的大背景下，基于高校思想政治工作走向数字化、智慧化的根本态势，为新时代高校思政教育数字化发展提供理论依据，以期实现数字化思政赋能高校立德树人的根本任务，赋能高校思政工作质量的整体跃升。本书主要分为六个章节：第一章为数字化时代高校思想政治教育概述，对数字化时代和数字化时代高校思想政治教育发展的含义、本质与主要特征进行详细阐述；第二章为数字赋能高校思想政治教育，介绍了数字赋能高校思想政治教育的理论基础、可行性和表现形式；第三章阐述了高校思想政治教育数字化发展的价值意蕴与现实困境；第四章就高校思想政治教育数字化发展的目标定位和基本原则展开论述；第五章系统阐述了高校思想政治教育数字化发展的构成与功能；第六章从六个方面对高校思想政治教育数字化发展实践路径进行了阐释。

本书在编写过程中，参考和借鉴了国内外专家、学者的研究成果，在此致以诚挚的谢意。由于作者水平有限，书中难免有不足之处，恳请大家批评指正！

徐菁忆

2024 年 8 月

目　录

第一章

数字化时代高校思想政治教育概述

随着数字化时代的迅猛发展，高等教育领域正经历着前所未有的变革。在这一时代背景下，高校思想政治教育（下文亦简称为"思政教育"）作为培养社会主义建设者和接班人的重要阵地，也面临着新的挑战与机遇。我们需要积极应对这些挑战，充分利用数字化技术的优势，不断创新教学方式和内容，以更好地培养社会主义建设者和接班人。

第一节　数字化时代概述

一　数字化时代的相关概念

数字化时代是一个深刻变革的时代，它正在全球范围内重塑我们的社会、经济和文化生活。它以网络数字技术为载体，改变了信息传播形式和手段，带给人们一种全新的感官体验和交际生活，同时也在逐步改变着整个社会结构。这一时代的核心在于数字技术的飞速发展和广泛应用，它将信息转化为可度量和可计算的数字形式，进而推动社会各个领域的创新和发展，使得整个人类社会进入了新时代。

（一）数字

数字是人类科学认识与表示数目的符号和工具。数字被发明后，人类对世间万物的认识就有了更加深入、精准的标注方法和计量方式，数字不断影响、改变着人类的认知。"数字，作为人类文明发展与社会进步的见证者和参与者，历经千年的演变，如今已成为科技与日常生活的关键组成部分。"① 数字的概念可以从狭义和广义两个方面进行理解。从狭义上看，数字就是指数的书写符号或指称，可以表示数目或数量的大小与多少，是用来衡量事物差异、比较事物大小的科学化、规范化、标准化的认知工具。根据数字的来源可以将现行的数字分为中文数字、阿拉伯数字、罗马数字等。从广义上看，随着电子计算机的运用和普及、互联网时代的到来，数字不再是用于表示数目的单一符号指称，而是变成表达计算机语言的"0"和"1"，成为"人—机"交互的语言通道，推动人们的生产、生活乃至思维方式的变革。数字不断衍生发展成全新的信息技术——数字技术。

随着数字技术的发展更迭，传统数字的计数、统计功能不断延伸拓展，数字的内涵更加广泛、抽象，逐渐成为新兴技术与现代科技的代名词，数字的价值和意义有了更加充分的提升。"数字技术加快向经济社会全领域全方面融入融合，深刻改变了人类的生产、生活和学习方式。"② 数字的价值和作用在经济社会发展中不断凸显，《"十四五"数字经济发展规划》还特别提出数字经济发展要"以数字技术与实体经济深度融合为主线"。人们对数字的重视程度和运用范围不断拓展，数字融入经济社会生活成为生产工具、生活方式的重要组成部分。

（二）数字化

什么是数字化？它源自云计算、大数据、物联网和人工智能等新技术的交叉，对当今社会各个行业都有着决定性影响。③ 有人把它描述为数字技术力量在各组织机构、各领域的全面应用，也有人认为其是普遍利用数字技术和先进分析手段的一种趋势。数字化是把一切信息转化成计算机可识别的"0"和"1"的过程，这一过程涉及数字的转换、存取、处理、传输、控制、压缩等技术，是光纤技术、半导体技术、计算机技术等高新技术综合发展引起的信息技术革命。它实质上把人的所有生物特征转化为可

---

① 高一飞：《现代性视域下的法律数字研究》，法律出版社，2020，第30页。
② 杨宗凯：《高等教育数字化发展：内涵、阶段与实施路径》，《中国高等教育》2023年第2期。
③ 〔美〕托马斯·西贝尔：《认识数字化转型》，毕崇毅译，机械工业出版社，2021，第11页。

处理的数字信息，使人与数字融为一体。显然数字化不仅仅是一种工具与手段，能够建立人与人、人与世界之间的连接，更是一种思维与方法，可以有力推动生产、生活乃至思维的变革。数字化伴随着计算机的发明和使用、互联网的广泛运用和发展，数字化的发展必然推动数字世界的到来。数字世界基于数字技术的发展，随着数字化水平的不断提升而形成，在现代信息技术的推动下世界万物被划归为可编码的数字，数字语言成为沟通的通行语言，数字生产成为经济社会的生产方式，数字思维成为思维拓展的变革范式，因而数字世界中数字符号成为世界通用的交流符号、生产工具。

数字化旨在通过高效、精确和迅速的信息处理来提升信息的价值。信息化是数字化的前提，它主要关注提高业务活动的效率。而数字化则是信息化的进阶阶段，它更注重增强业务活动的能力。有专家认为："数字化是信息技术革命的导因和发展的动力，这是由于信息技术的基础是计算机和网络技术，而计算机和网络技术的基础则是数字化。"[①]

（三）数字化时代

数字化时代以数字技术为基底，伴随互联网的诞生、发展而出场，新一轮信息技术革命不断提供技术支撑，推动数字化时代的发生、更迭、发展。20世纪90年代互联网的广泛运用，推动人类进入数字化生存空间，互联网技术的发展驱动现代数字技术不断更迭，新一轮信息技术革命逐渐展开，以大数据、物联网、人工智能、区块链、云计算等为代表的各种现代信息技术轮番登场，推动人类大踏步进入数字化时代。

数字化时代原子与比特共存、虚拟与现实交织、当下与未来贯通，交互、在场、扁平、平等成为全新的时代特征。数字化时代是基于数据成为时代表征的数字符号以后，以现代信息技术为支撑，数字技术融入人们生产生活后产生的数字化生存样态。具体来说，结合数字及其技术发展、新一轮信息技术革命的展开，可以将数字化时代分为如下三个时代。

第一个时代：早期的数字化时代是以互联网技术为支撑的单一数字化生存时代。

---

① 蔡曙山：《论数字化》，《中国社会科学》2001年第4期。

数字化时代的提出和进入源于互联网技术的发明和创造，20世纪90年代互联网逐渐普及和运用，网络开始建立人与人、人与物之间的连接，互联网的浪潮不断席卷世界各地，人类开始进入虚实共存的全新世界，比特世界与原子社会的共存模式逐渐成为社会发展的全新样态，不断影响、改变着人们的思维认知、生产生活等各个领域。这一时期数字开始不再是一个简单的认识符号，而是被赋予了更丰富、更深刻的作用意义，实现了从工具理性到价值理性的协同跃升，正如美国未来学家尼葛洛庞帝所定义的"数字化生存"一样，人们的思维认知、生产生活水平得到极大的提升。因而，早期以互联网技术为支撑的单一数字化生存拉开了人类进入数字化时代的序幕，人类进入了早期的数字化时代。

第二个时代：当前的数字化时代是各种现代信息技术丛涌现生成的开放发展时代。

互联网的出现和发展推动数字技术不断升级，各种现代信息技术不断涌现，大数据、人工智能、区块链、云计算、物联网、ChatGPT等新一轮现代技术不断登场，不断驱动人类生产生活的跃进升级，也推动数字化时代的变革发展。当前的数字化时代不再是单一的以互联网技术为支撑的早期数字化生存时代，"云计算是基础设施、大数据是燃料、人工智能是发动机，联合驱动着'互联网的物理化'，将数字世界的互联网技术和商业模式又送回到物理世界，全面改变社会"[①]。同时，当前的数字化时代也是一个开放发展的时代，不断汲取新技术、新思维，不仅掀起技术的结构性革命，而且将技术本身的发展推向其按自身逻辑演变的方向发展。

第三个时代：未来的数字化时代将会走向元宇宙时代。

元宇宙时代不仅是下一个互联网科技时代，更是人类社会的新形态。元宇宙时代融合虚拟与现实世界，全面提升人类的创造力，赋能产业变革，推动数字社会发展。元宇宙时代的现代信息技术能促进东西方文化真正融合，并孕育触发人类文明快速演化的新的知识谱系，最终能够推动人类命运共同体的实现。"元宇宙"不是一个全新的信息技术称谓，而是对

---

① 李彦宏等：《智能革命——迎接人工智能时代的社会、经济与文化变革》，中信出版社，2017，第49页。

各项信息技术的全面连接、融合与重组；也不仅仅是下一代互联网的简单代名词，而是未来互联网的全要素发展和有机融合，更是人类对未来数字化生产、生活的愿景形态。

不管是早期以互联网技术为支撑的单一数字化生存时代，还是当前以各种现代信息技术丛为依托的数字化时代，甚至未来的元宇宙时代，其都是数字时代的不同阶段，其本质上都是数字化生存的样态，作为特定的技术与社会建构及社会文化形态，其都建立在数字化、网络化、大数据、人工智能等当代信息科技快速发展和广泛应用的基础之上。

从本质上说，数字化时代的基座依然是现代信息技术，技术是时代的座驾，驱动数字化时代的发展变革。而本书所界定的数字化时代正是当前以互联网技术为基础、大数据技术为支撑、人工智能为指引、物联网为连接、云计算为算力依托、区块链为安全保障、ChatGPT 为算法更迭的各种现代信息技术丛不断涌现生成、开放发展的时代。

二　数字化时代的特征

数字化时代是数字技术整合的时代，是开放发展的时代，也是传统与现代融合的时代。

（一）数字化时代是数字技术整合的时代

数字化时代是数字技术整合的时代，它以其前所未有的速度和广度，正在深刻地改变着我们的生活和思考方式。在这个时代，数字技术不再仅仅是工具或手段，而是成为推动社会进步的核心动力。

在数字化时代的浪潮中，各种新兴技术如云计算、大数据、人工智能、物联网等纷纷涌现，它们相互融合、相互渗透，形成了一个庞大的数字生态系统。这个生态系统不仅涵盖了信息的生成、传输和处理，还涉及各种智能设备和服务的互联互通。通过数字化技术，我们可以实现远程办公、在线教育、智能医疗、智能交通等，达到前所未有的便利和高效。

现今，人们已然习惯通过在线连接来获取一切，比如电影、音乐、出行服务等，人们不再为拥有这些东西而付出，反而更期望通过连接来获取，选择后者是因其更为便捷、成本更低、价值感受更高。正如凯文·凯利（Kevin Kelly）所表达的：互联网的特性在于所有东西皆可复制。[①] 这正如他诠释的以智能手机为代表的移动技术的两个特性——随身而动和随时在线一样，人们需要的是即时性的连接体验。这一思想观点有助于我们理解数字化"整合"的本质特征。数字化凭借"整合"所带来的时效、成本和价值，明显超越了"拥有"所能带来的一切。

（二）数字化时代是开放发展的时代

开放是数字化时代的核心特征之一。正如熵增原理所表明的那样，开放的系统由于信息与能量的交换避免了孤立系统单向线性的演变过程，使系统持续远离平衡状态并向有序状态演化。[②]

开放意味着资源的共享、技术的互通、文化的交融。在这个开放的时代，我们不再受地域的限制，可以通过互联网轻松访问全球的信息资源，与世界各地的人们进行实时交流。开放还带来了合作的机会，各国之间可以携手共进，共同应对全球性挑战，实现互利共赢。发展则是数字化时代的永恒主题。在数字化浪潮的推动下，各行各业都迎来了前所未有的发展机遇。传统产业通过数字化转型焕发生机，新兴产业如雨后春笋般涌现。同时，数字化技术也为解决社会问题提供了新的思路和方法，如在线教育、远程医疗等，让更多人享受到优质的教育和医疗资源。

（三）数字化时代是传统与现代融合的时代

数字化时代是传统与现代融合的时代，这一时代的特性不仅体现在技术的革新上，更体现在文化的交融、社会的变迁以及人类生活方式的深刻转变上。在这个时代，传统元素并未因数字化的浪潮而消失，反而以新的形态和面貌焕发出更加璀璨的光彩。古老的文化遗产通过数字化技术的记录和再现，得以更广泛、更深入地传播，为更多人所了解和欣赏。同时，数字化技术也为传统文化的创新提供了无限可能，使得传统与现代碰撞出新的火花。

数字化技术关乎连接的选择，即与谁连接、何时连接。因此，有人认

---

① 〔美〕凯文·凯利：《失控：全人类的最终命运和结局》，张行舟等译，电子工业出版社，2024，第28页。

② 王鸿生：《世界科学技术史》，中国人民大学出版社，2008，第267~269页。

为，数字化的路径更接近电脑游戏而非历史叙事，不再是从过去到现在，再到未来。道格拉斯·洛西科夫（Douglas Rushkoff）说："数字化时间轴不是从一个时刻过渡到另一个时刻，而是从一个选择跳到另一个选择，停留在每一个命令行里，就像数字时钟上的数字一样，直到做出下一个选择，新的现实就会出现在眼前。"① 数字技术的冲击已不再是变化本身带来的，而是由变化的速度所致。在数字化时代，过去与未来都被压缩至当下，更多的维度、更强的复杂性相互交织，不仅是变化本身，变化的属性也发生了改变。

数字化时代的来临使得社会结构发生了深刻的变革。传统的社会组织形式和交往方式逐渐被数字化平台和网络社区所取代，人们可以通过互联网进行跨地域、跨文化的交流与合作。这种变革不仅加速了信息的传播和知识的共享，也促进了不同文化之间的交流和融合。

在数字化时代，人类的生活方式也发生了翻天覆地的变化。从购物、娱乐到教育、医疗，各个领域都在经历着数字化带来的变革。人们的生活变得更加便捷、高效，同时也更加丰富多彩。数字化技术使得人们能够更好地掌控自己的生活和工作环境，实现个性化的需求和体验。在这个时代，我们需要以开放的心态和创新的精神去拥抱变化、探索未来，共同创造一个更加美好、更加和谐的数字化世界。

三　数字化时代的技术特点

数字化时代的技术特点是揭示数字技术本质、展现数字化时代特性的重要依据。数字化时代的技术可谓丰富多彩，它们深刻影响着我们的生产、生活乃至思维方式。了解数字化时代的技术特点，有利于高校在数字化时代选择合适的技术手段开展思想政治教育。

（一）虚与实结合

虚拟与现实是一对相对存在的概念，于人类对世界的认识与探索过程中形成，在社会的演进过程中实现。虚拟与现实之分，若从经典物理学的角度来看，人类所谓的现实是指我们人类的五官（眼、耳、鼻、舌、身）

---

① 〔美〕道格拉斯·洛西科夫：《当下的冲击》，孙浩、赵晖译，中信出版社，2013，第92页。

中的五感（视、听、嗅、味、触）所能及的世界，即现实世界。虚拟与现实相对，是人们发挥主观能动性，站在历史现实的角度对未来或其他事物的想象或憧憬。自古以来，人类基于社会现实条件不断对虚拟事物、虚拟空间甚至虚拟世界展开想象的翅膀，形成了一幅幅丰富多彩、形态各异、虚实共现的生动画面。数字化时代不断实现虚拟与现实的充分结合，虚实互动、虚实相生、虚实共存成为时代的标识，正如当前火爆的元宇宙给人类生产生活带来的无穷想象，其在一定程度上能够代表人类对美好生活的愿景。

"'元宇宙'是一个平行于现实世界，又独立于现实世界的虚拟空间，是映射世界的在线虚拟世界，是越来越真实的虚拟世界。"[①] 各种现代信息技术的使用极大地拓展了世界的边界，延伸了认知的触角，拓展了宇宙的空间、万物的尺度，给虚拟和现实提供了完善、合理的发展空间，毕竟长久以来人们对世界的认知受制于认知能力，导致最先进的科学技术也只能帮助人们观察到一百多亿光年以外的宇宙，但是在虚拟世界中，无边界这一伟大理念意味着我们可以创设一个无边无际的全新世界。

（二）强交互互动

数字化时代，人与人之间的交流打破了传统时空的局限，从线下转到线上，从平面转向立体，甚至被拓展到更广阔的虚实三维时空，大众彼此之间交流的深度和广度都远远超过了以往的传统时代，并由此在交往中形成了"交往主体"，改变甚至打破了传统现实世界主体引导、主客对立的困境。这一交往方式将一切对象都视为主体，并借助 VR、MR、XR、全息投影等新兴数字技术让在场的每一个人都突破身体与时空的界限，实现随时、随地、随心交往、互动。真正让每一个在场的人在交往中都成为主体，再通过交往过程中的冲突和整合，形成动态发展、双向交流的交往关系，这一全员参与、全程参加的共同主体模式，让所有参与者都能敞开心扉、平等公开地倾听和诉说，从而在交流互动的基础上获得良好的心流体验。因此，数字化时代各种现代信息技术丛的使用能够打通人与人之间的

---

① 朱嘉明：《"元宇宙"和"后人类社会"》，《经济观察报》2021 年 6 月 21 日，第 33 版。

交往渠道，构建新型的主客关系，促进人与人之间的理解与支持，使人形成良好的交往关系。

数字化时代的交互包括人与人的交互、人与商品的交互、人与物的交互、人与信息的交互等方面，通过增强现实、虚拟现实与混合现实增进虚实主体、物理主体、虚拟主体之间的共融、共生，真实实现强交互互动的深度体验。虚拟现实可以让用户沉浸在由计算机生成的三维虚拟环境里，并与现实环境相隔绝。增强现实是在真实环境中增添或者移除由计算机生成的可以交互的虚拟物体或信息。混合现实是通过全息图，将现实环境与虚拟环境相互混合，也可以看成虚拟现实与增强现实的混合。总之，数字化时代的交互更多体现为基于网络条件的虚拟交互，"所谓虚拟交互是相对于现实交互而言的，它主要表现为人们借助于电脑和网络所实现的人—机或人—人交互"[①]。

（三）全开放自创

数字化在一定程度上能够打破现实社会的等级限制、进出壁垒，力争建立一个开放自由、内容自创、主体平等、自由进出的理想社会。数字化时代的治理结构是分布式、去中心化、自组织的，加入数字化时代是无须许可的，沉浸在数字化时代中是自由自在的。数字化时代制定规则依靠的是共识，遵守规则依靠的是自治，所有参与者共建、共创、共治、共享，正如凝结人类美好想象的元宇宙成为数字化时代的伟大憧憬，毕竟"共创、共享、共治是元宇宙的基本价值观"[②]。因而，开放和自创成为数字化时代的重要特征和时代符号。数字化时代的去中心化、自治与进化体现出一个共同特征：自生长性。数字化时代的发展特别是未来元宇宙时代的到来，能够建立一个全开放、无门槛的社会存在，虚实相对、虚实相生不仅是社会日常的表现形式，也是社会组织运行的工作方式。这一全新的社会存在让旅居其中的社会主体不再区分主次、识别强弱，通过开放自创打破传统组织架构，实现真正的去中心化和自下而上的民主决策，达到真正的

---

① 陶侃：《沉浸理论视角下的虚拟交互与学习探究——兼论成人学习者"学习内存"的拓展》，《中国远程教育》2009年第1期。

② 赵国栋、易欢欢、徐远重：《元宇宙》，中译出版社，2021，第2页。

组织自建、内容自创。

但是，数字化时代人类活动的根还是在现实生活中，是形而下的、看得见摸得着的现实生活，对数字世界的一些活动的争议和问题，其解决还是要回到现实生活中来。因而，数字化时代的特点之一是去中心化和发挥自治功能，但并不是完全去中心化和完全自治，其也需要现实社会的介入，或者需要依赖一个类似现实生活中政府的机构来调解各种利益冲突，发挥外力强制规范作用，真正发挥虚拟性、沉浸性、社会性和合作性，实现虚实交互、平台互通、内容共享。

（四）沉浸式体验

数字化时代的发展变革不仅推动数字技术的发展与升级，同时数字技术也不断反哺、驱动数字化时代的更迭完善，实现以前难以想象的沉浸式体验。和当前隔着屏幕的虚拟世界体验不同，在数字化时代，客体可以借助各种沉浸式智能设备，以虚拟化身进入一个立体的虚拟世界，以和以往完全不同的方式获得身临其境的沉浸式体验。[1]

数字化时代的沉浸式体验具有丰富的即时性、可控性、多感性等特点，既突出技术层面的沉浸感，更强调现实层面的沉浸感。具体来说，从技术层面而言，数字化时代基于丰富的现代信息技术的支撑，通过技术化手段能够营造数字化的体验环境，让人仿佛置身于现实场景之中。场景化的构建能将抽象枯燥的知识以生动形象的方式进行呈现，还能为现实教学中受安全、实验条件等因素限制不能为、不敢为、不好为的实验或操作提供解决路径，使人能够通过实时互动的方式参与学习、交流体验，获得身临其境的感觉。[2] 其营造的沉浸式环境可以增强参与者的心流体验感，增强其在场感、临场感，同时使人以个性化方式参与体验，极大地调动参与者的参与热情、学习兴趣，激发其好奇心和想象力。从现实层面而言，数字化时代是虚实结合的全新时代样态，甚至能够使人进入与现实世界交叉融合的全新三维空间，其并不是与物理世界完全脱节的虚拟想象，而是能

---

① 张竣程、李艾思、张淼主编《元宇宙应用》，中国商业出版社，2023，第7页。
② 张盖伦：《虚拟仿真实验：为现实教学所不能为、不敢为、不好为》，《科技日报》2022年5月26日，第6版。

够使人紧跟时代，主动融入社会热点与现实，具有强时效性、强真实性、高互动性等特点，能够使人将身边的真实事件和经历化身为数字技术的素材进行体验与感知，克服了传统虚拟空间遥在、泛在的弊端，可以极大地增强现实感、拟真感。

（五）三维化呈现

当前，信息技术革命成为引发世界重大变化的驱动力量，伴随以大数据、人工智能、物联网、元计算、拓展现实（VR/MR/XR）、数字孪生技术等为代表的新一轮信息技术革命的不断发展诞生的数字化时代，带给人们无限的想象空间和发展前景，甚至将人类带入终极的元宇宙时代。"元宇宙是一个构建在代码之上的矩阵，能够创造资产、映射身份、复刻现实，拥有俯瞰真实世界的设计视角，对现实生产生活进行了抽象刻画，承载着人类先进的社会发展理念。"① 因而，在数字化时代，现代信息技术充分将传统二维平面进行延展，能够创设出一个全新的三维立体世界，所谓三维是指前后、左右的平面空间与上下的空间结合：由点构成零维空间，点动成线组成一维平面，线动成面构成二维空间，面动成体组成三维世界，三维就包括了前后、左右的平面空间和上下空间，最终形成一个立体的三维世界，不断推动元宇宙时代的加速到来。

数字化时代能够充分利用现代信息技术，将传统自然世界中的数据转化为一个全新的元宇宙世界，整个元宇宙世界以数字代码为通用语言，以虚实交互为世界表征，以三维呈现为展示方式，构建出一个虚实结合的立体化世界。元宇宙不仅是假想中的下一个世界，也是支持去中心化和持久在线的 3D 虚拟环境，还是能够自由穿梭和三维呈现的 3D 虚拟世界。因而，三维化呈现也自然成为数字化时代技术的重要特征之一。

四　数字化发展及其对教育的影响

当前，数字化技术通过系列的数据存储、数据处理、算法运作、语言理解、意识整合、艺术创造和系统建构，不但具备信息检索和理解的功能，还具备机器学习和机器感知的功能，当前数字化技术已经在博弈、深

---

① 长铗、刘秋杉：《元宇宙》，中信出版社，2022，第 10 页。

度学习、图像识别、互动问答等领域取得了突出成果。因此，数字化技术发展给教育带来了系统性变革，极大影响了教育主体的学习资源、学习环境，老师应该怎么教，学生应该怎么学、在什么样的空间和场景中学、学的效果如何等问题都成了我们关注的新焦点。

总体上来说，数字化教育建设是一项系统性工程，涉及整体结构变化。把握数字化发展中的教育结构变化，有助于推进教育数字化的建设进程。算法、算力、算料（数据）驱动对受教育者的认知、情感、行为造成怎样的影响，教育政策需要什么样的引导和保障，技术要提供什么样的支持，教学方式要发生什么样的更新，教育目标要随之如何调整，整体的数字革命又将给教育带来什么样的机遇和挑战，给教育领域带来利好、更多的不确定性还是困境，这些问题都亟须理论和实践的回应。

中国科学院院士梅宏认为："面向未来人机物融合泛在计算的新模式和新场景，软件定义一切、万物均需互联、一切皆可编程、人机物自然交互将是其基本特征。"[①] 在这样的现实情况下，一方面，在数字技术发展过程中，学生的知识量呈指数级别增长态势，一定程度上缩短了知识的生产周期，给个性化的学习提供了学习资源、学习空间、学习情境，让基于电子屏幕的阅读学习、基于互联网的协作学习、基于移动终端的泛在学习、基于自主适应的个性化学习成为现实。我们应该肯定数字技术的发展助力了学生个性化学习、教师的智慧化教学、家校的系统性共育，一定程度上提高了教与学的效率和效能。

另一方面，数字化发展应用于教育也一定程度上增加了不确定和不可控的新挑战。比如，新的教育生态系统如何建构，配套政策如何制定，数据隐私和安全如何保障，广大师生的数字素养、专业素养、伦理素养如何提升，师生关系如何重构，虚拟世界和现实世界如何联系，新的评价机制、评价方法如何科学制定，如何消除数字鸿沟以最大限度实现教育均衡、包容等。未来已来，如何让数字化技术赋能、赋力、增智、增慧，既关乎教育的核心价值观重塑，也关涉丰富和拓展教育的使命。

---

① 李记：《梅宏院士：面向泛在计算场景融合互操作为未来重要方向》，光明网，2022 年 12 月 29 日，https://economy.gmw.cn/2022-12/29/content_36267249.htm。

因此，面向未来，为了更好地适应现代教育的需求，教育者需要更新他们的教学理念，并且深入理解数字化进程中的创新和变化。虽然数字化技术以其智能化、互动性、精确性和普遍适用性而著称，但数字化转型本身仅是技术层面的变革，其真正的效用和价值实现依赖于使用者的思维方式和实际操作。"在数字时代，实践主体因技术的进步而获得全新的生存体验和发展空间，既实现了对现实世界的技术性延展，也超越了现实社会的时空界限。"① 思想政治教育者只有进行智能和创新的教育实践，才能充分发挥数字技术的强大潜力。在数字化社会中，无论是地理、国家、行业层面，还是组织、家庭、不同年龄层之间，信息的不平等分布是普遍存在的，这导致了知识获取的不平等和社会贫富差距的扩大。

因此，在探索思想政治教育的数字化时，不仅要注重建立均衡的教育平台，还要在理念上确保教育机会的均等、资源的合理分配和政策的公正性。这种实践可以被视为教育领域的"数字化整合"，它标志着逐步消除数字鸿沟的努力。实际上，对高质量教育的追求与数字化技术的支撑，共同推动了思想政治教育向更全面、更公正、更高质量的方向发展。

五　教育数字化发展的机遇

当前教育数字化发展迎来了技术的机遇和政策的机遇。技术对教育发展的影响从辅助走向融合与创新，引发了教育理念、教育实践的全面重塑与转变。数字化平台的搭建、教育环境的构建、数字资源的增加、数字治理的全面发力以及数字素养的提升，让精准教学成为可能、泛在学习成为趋势、智能管理成为主流、数据评价成为常态、智能教研成为现实。

第一，数字化技术发展进一步强化了以学习者为中心的理念。新技术、新手段、新方法与教育的深度融合，从本质上来讲，是为了实现人的全面发展。从教到学、从管理到服务、从群体到个体，数字化技术可以提供精准化、个性化、定制化的人才培养方案，进一步推进传统的标准化、程序化的培养模式的转变。与传统教育相比，数字化时代的教育更加公平

---

① 王丽鸽：《思想政治教育数字化发展的生成动因、态势特征与创变展望》，《思想理论教育》2023 年第 5 期。

公正，可以促进学生根据自身发展需要，量身定制知识学习和技能培训方案，真正实现个性化、定制化、终身化的教育。因此数字教育和终身教育归根结底是为了实现人的全面、自由、个性化发展和价值塑造，是为了推进高质量教育体系的建立。

第二，数字技术为教育数字化在流程上提供了全面支撑。保罗·西利亚斯（Paul Cilliers）认为："教育数字化体系与其他物化、非物化的资源进一步耦合、系统化等进程中，会有新的系统涌现与机会生成。"① 教育是一个系统性工程，包括日常教学的各个环节、管理服务的整个流程。在教学方面，数字化依靠新技术、新方法可以实现对学情分析、教学目标制定、教学重难点诊断、教学反馈、学习评估的全面追踪，更加契合学生的特点和学习规律。还可以通过信息化的评价工具，对教学决策、教学内容、教学反馈做全面的统计，全面记录学生的学习、实践经历，客观分析老师教学、学生学习的能力，在此基础上围绕师生的真正痛点和需求，提供更加个性化的方案，有利于提升学习效率。在管理服务方面，大数据可以渗透全员、全方位、全过程，提升管理效能。

教育数字化的发展依托于教育基座的建设和技术的支撑，一般来说，数字化发展中的技术大致可分为三大类：信息通信技术、智能技术、数据技术。其中，信息通信技术为复杂系统的开发提供了必要条件。例如，广域/局域网、5G通信、身份识别、定位系统等基础型信息通信技术为教育数字化发展奠定了外部环境架构和技术"基石"。在此基础上，众多的新兴技术得以集成、扩展，并为赋能教育教学创造了条件。人们普遍认为，数字技术尤其是智能技术可以极大地改变组织的形态与结构，并将深深根植于教育系统之中。

第三，教育创新为教育数字化发展带来了新契机。教育创新体现在方方面面：从数字环境的优化到数字资源的迭代、从数字治理的升级到数字素养的提升。首先是在数字环境方面创设了新的学习空间。数字化技术打破了实体环境的约束，给学生提供了更加广阔的云空间，数字化时代同学

① 〔南非〕保罗·西利亚斯：《复杂性与后现代主义——理解复杂系统》，曾国屏译，上海科技教育出版社，2006，第19页。

们的学习空间不仅是教室、图书馆，更多是在线上、在云端。数字化的环境让同学们打破时间和空间的界限，实现了按需学习、移动学习、深度学习。其次数字环境的创新也体现在引导式场景的建构上，同学们可以通过VR 和 AR 等现代化技术获得身临其境的学习体验。在数字化空间里，人与人、人与机器之间的对话互动模式可以激活师生的思维，增强体验感。

在数字资源方面，优质数字资源的聚合迭代可以助力新型教学模式的常态化应用。在 5G 通信技术的支持下，技术为开展更多高阶学习活动提供了多样化的数字资源接入端口。2022 年，"国家智慧教育公共服务平台"正式上线。截至 2022 年 7 月，平台已聚合了 3.4 万条中小学教育资源、8000 多门职业教育课程、近 3 万门高等教育课程，这为学生积极、主动地参与学习提供了充分的资源和平台保障。依托这些优势技术条件和优质资源实施的混合式、在线、协作式等新型教学模式，已然成为教育教学的新景观。

第二节　数字化时代高校思想政治教育发展的含义、本质与主要特征

一　数字化时代高校思想政治教育发展的含义

数据日益成为当今时代的战略资源与核心资产。2017 年 12 月，习近平总书记在十九届中共中央政治局第二次集体学习时强调："各级领导干部要加强学习，懂得大数据，用好大数据，增强利用数据推进各项工作的本领，不断提高对大数据发展规律的把握能力，使大数据在各项工作中发挥更大作用。"[1] 当今时代的技术不仅驱动着数字化变革，也使得数据化、数智化发展成为社会的总趋势。在数字化时代，适应新技术的变化，推进数据化转向，有助于高校思想政治教育因事而化、因时而进、因势而新。一般来讲，数字化时代高校思想政治教育发展，意指在新的历史条件下，高等学校围绕立德树人的根本任务，借助技术平台对受教者进行数字育人，

---

[1]《习近平关于网络强国论述摘编》，中央文献出版社，2021，第 40 页。

最终实现受教者的认知转变、价值塑造、能力提升。对这一含义的理解，需要明确如下内容。

（一）围绕立德树人挖好数据、用好数据

无论技术介入、融入的状况如何，数字化时代高校思想政治教育发展必须坚守立德树人的目标不动摇。立德树人是一项连续不断的事业，要在培养学生的过程中持之以恒、久久为功，不能停顿、不能中断，具有长期性、持续性的要求。在实际的教育活动中，围绕立德树人挖掘好数据、处理好数据、应用好数据是高校思想政治教育数字化发展必须坚持的，只有这样才能更好地传承和弘扬党的思想政治工作的优良传统，体现思想政治工作的鲜明特色和突出的政治优势，发挥更大的治理效能。当然，我们既要看到数据资源为理论研究与实践工作带来的诸多益处，从而顺应思想政治教育的数字化发展趋势，但同时也要警惕数字、数据规定一切的"算法决定论"的倾向。"立德树人"就是我们判别、取舍高校校园数字信息的标准，要因地、因人、因事、因时制宜地开展数字信息的收集、整理和应用工作，加强对受教者的教育引导、实践养成、制度保障。在高校思想政治教育数字化发展过程中，唯有立德树人、铸魂育人不可变。

（二）聚焦数字育人的过程

数字化时代高校思想政治教育发展是一个数字育人的过程，要做到以数化人、以数助人、以数养人。其中的"数"指的就是服务于思政教育教学的发展，对提升思政教育时效性有价值的数据资源。其实，传统的思想政治教育本身也使用数据和数字，但与数字化和数据化相差甚远。一般来讲，任何被记录的信息都可以被称为数据，其中有些记录也可以数字方式呈现。在传统的思想政治教育活动中，尽管我们使用了一些数字资源，但是搜集、整理、调取和应用都存在诸多不便，且多方共享更是困难。随着计算机和互联网技术的普及，高校思想政治教育资源开发与使用也进入了数字化阶段。不少高校借助新技术和新方法逐渐对思想政治教育资源进行分类，将其中复杂的、难以估计的信息、知识、图表、数字、音视频等资料转换成二进制码，形成了计算机里的数字孪生，建立了一些较大规模的资料库，构筑了初步的思想政治教育的数字化世界。

进入 21 世纪以来，信息技术的发展带动了高校思想政治教育的全面创新。2004 年中央 16 号文件颁布后，特别是党的十八大以来，高校思想政治教育发生了巨大变化，从课程设置到具体活动的开展，教育教学资源的整合迈向了数字化阶段，智能检索、在线阅读、云班课程、远程学习等，以一种集成式数据资源平台的方式将思想政治教育数字化的信息条理化，以便精准识别、科学决策、靶向诊治，全方位推进受教者的认知转变、价值塑造、能力提升。其中，"以数化人"突出了思想政治教育数字化信息对受教者的教化功能，"以数助人"强调了思想政治教育数字化信息对于受教者帮扶资助的功能，"以数养人"彰显了思想政治教育数字化信息对于受教者的滋养、涵养功能。

（三）助力模式的系统性建设

习近平总书记指出："思政课建设面临新形势新任务，必须有新气象新作为。"[①] 数字化时代思政教育发展的首要问题是注重理念转型，在不断盘活思想政治教育资源的基础上，为推进思想政治教育进一步实现数智化转型夯实理念根基。推进数字化时代高校思想政治教育发展，一方面，要通过技术，占有和使用数据资源，加快教育活动场域的转向、教育主体理念的转化、教育活动方式的转变、教育内容的转换以及教育体制机制的转轨等；另一方面，要通过搜集、处理和用好施教者、受教者双方活动的轨迹与平台记录的信息、数据等，把握思想政治教育活动开展后受教者认知转换、价值重塑与能力提升的变化轨迹以及成长效果的可验证性。显然，数字化时代高校思想政治教育发展就是在先进理念的指导下，通过大数据等前沿技术的应用而逐渐提升教育活动中知情意行的全面感知度，推进思想政治教育信息资源的多模块集成、教育活动的多场景可视、知识传递的多线程联动的精准化路径实现与智慧化运行，构建并实现多要素耦合的系统性数字数据育人模式，以便强信心、暖人心、筑同心，共同推动高校思想政治教育的创新。

---

① 《不断开创新时代思政教育新局面 努力培养更多让党放心爱国奉献担当民族复兴重任的时代新人》，《人民日报》2024 年 5 月 12 日，第 1 版。

综上所述，数字化时代高校思想政治教育发展的含义，突出了守正的根本内容，注重数字化的核心指向与过程治理，观照了整体性系统性的育人模式建设。具体而言，数字化时代高校思想政治教育发展的基本含义中有明确的发展目标、任务、原则、内容、方法、路径以及成效：既有微观的观照，也有系统的宏观把握；既有对物理平台、技术性支持的系统分析，也有对社会性条件的概括提炼；既有对数字化发展过程的梳理，也有对数字化发展结果的厘定；既突出了数字化发展的结构性分析，也着力于数字化发展过程的推进和功能的释放。

因此，数字化时代高校思想政治教育发展含义体现了三点。一是体现高校思想政治教育数字化活动的巨大跃迁，这是一种教育模式的革命性创变，无论作为传统思想政治教育发展的结果，还是作为技术融入后的思想政治教育发展的产物，都反映着高校思想政治教育数字化的进步与成效。二是体现高校思想政治教育数字化的复杂状况。在技术内嵌的驱动下，高校思想政治教育数字化是一个较为复杂的变革过程，无论是对传统思想政治教育活动的升级还是数字思想政治教育新形式的来临，无论是教育场域外部要素的变化还是教育环境内生因素的变化，都是复杂的而非单一固化的过程。三是体现高校思想政治教育数字化的长期持续。高校思想政治教育数字化是一个涉及方方面面的变革过程，不可能一蹴而就，具有突出的长期性和持续性特点。

二 数字化时代高校思想政治教育发展的本质

数字化时代高校思想政治教育发展的本质大体有以下几个层次。

（一）数字化时代高校思想政治教育发展的共有本质

无论哪一个国家和民族，无论哪一个时期和阶段，思想政治教育数字化发展具有共同的本质属性，这是普遍存在的，揭示了思想政治教育数字化发展本身具有的普遍性，诸如对成员的培养与引导，对主流意识形态的坚持与坚守，都要采用相应的手段和方法，都要借助于场域和条件，都离不开具有一定素养和能力的队伍等。毛泽东指出："人们总是首先认识了许多不同事物的特殊的本质，然后才有可能更进一步地进行概括工作，认识诸种事物的共同的本质。"① 因而，从人类发展的历史来看，善于总结、提炼内嵌其中的育人的共同本质，既是当代思想政治教育发展的内生动力，也是不可缺少的构成要素。值得关注的是，在这种共同本质中，育人的目的、途径、手段、过程、机制等要素与数字、数理、数量化、数字化等演进的图景有叠加重合的部分。显然，这些叠加重合的部分无疑构成了数字化时代高校思想政治教育发展的本质。

（二）数字化时代高校思想政治教育发展的意识形态本质

意识形态本质和数字化时代高校思想政治教育发展的本质不可分离。数字化时代思政教育的意识形态属性并未超越传统意义上科技发展与意识形态互动的讨论范畴。② 这种意识形态本质指不同国别和不同的历史时期，高校思想政治教育的内容不尽一致，但思想政治教育数字化发展的意识形态属性是鲜明的，总是代表着一定的阶级或者一定的利益集团的诉求。这种鲜明的意识形态本质体现为坚持思想政治教育数字化发展过程中的主流话语的表达、国家意志的阐释、主流价值观念的彰显、社会主流共识的凝聚、社会主流价值观念的引导等。

在当代中国，高校思想政治教育就是要以马克思主义，特别是当代中国马克思主义、二十一世纪马克思主义——习近平新时代中国特色社会主义思想为指导，正确处理数字思想化、思想数字化之间的关系，坚守思想政治教育的意识形态本质，强化立德树人、铸魂育人，在遵循党和国家意志的基础上，遵循高等教育发展规律、学生成长成才规律和思想政治工作规律，坚持政治性和学理性、价值性和知识性、建设性和批判性、理论性和实践性、统一性和多样性、主导性和主体性、灌输性和启发性、显性教育和隐性教育的统一，在守正中创新，在创新中守正，全力推进高校思想政治教育数字化发展。

（三）数字化时代高校思想政治教育发展的国家本质

国家本质是思想政治教育国家意志的表达，是存在于阶级社会的能够

---

① 《毛泽东选集》第一卷，人民出版社，1991，第309~310页。
② 钟海、齐冰：《生成式人工智能意识形态风险：逻辑审视、样态呈现及防范对策》，《党政研究》2024年第4期。

合法代表一个国家的立场、意向、目的等公共意志并且以维护国家秩序、利益安全、发展进步为核心任务的公民个人意志的集中体现。不同的国家有不同的国家意志，也就有不同的思想政治教育，尽管不同的国家对思想政治教育的称谓不一定相同，但每一个国家都有思想政治教育。这种教育活动因服务对象的差异，故在体现国家意志方面也有程度上的不同。但是，高校思想政治教育数字化的实践必须使教育内容紧紧围绕国家意志展开，全面、系统、权威地强化高校思想政治教育内容的国家意志本质。占统治地位的阶级的思想政治教育，就是国家为了实现发展目标而采取的育人的手段，思想政治教育的本质是国家意志的传导活动，高校思想政治教育数字化发展同样也是国家意志本质的承载。大数据背景下的高校思想政治教育创新，是在数据科学的前提下以及马克思主义相关理论指导下开展的实践活动，以习近平总书记关于推动高校思想政治工作传统优势与信息技术高度融合的指示为根本遵循。①

总之，数字化时代高校思想政治教育发展具有特定的本质。从上述对三层本质的分析中我们可以发现，数字化时代高校思想政治教育发展，从根本上来看，包含高校思想政治教育数字化物理架构的改善与完善，包含教育场域的更新，包含主体素质的提升与能力的增强，包含整个教育过程体制机制的迭代与治理模式的改变等。在发展进程中，不适应新时代新征程教育强国需要的部分被删除，新要素得以成长与完善。从整体性层面看高校思想政治教育数字化发展的趋势与走向，其具体表征为：总态势呈现出前进性。数字化时代高校思想政治教育发展是一种前进性的发展运动，这种态势表明，借助数字化发展，高校思想政治教育能够实现前沿技术与高校思想政治教育传统优势的内在深度融合，能够规避技术本身带来的一些风险和隐忧。

当然，这种发展的态势也表明，在两者深度融合的过程中，客观上也没有完全排除数字化发展中可能出现的后退或者下降的可能性。从事物发展前进的规律来说，存在着选择的多样性，存在着发展方向的多样性。马克思主义告诉我们，事物是在组成事物的多种要素相互作用产生的总合力

---

① 李风啸：《新时代数字化与高校思政教育的深度融合》，中国纺织出版社有限公司，2022，第145页。

牵引下向前发展的。就数字化时代高校思想政治教育发展而言，在思想政治教育诸多因素与前沿技术结合的过程中，有的要素可能结合得好些，有些要素结合后可能并不能一下子达到理想状态，从而在整体运行的过程中会出现这样或那样的问题，致使结合后整个运行状况暂时不佳。但是，即便出现这种问题，高校思想政治教育数字化发展的基本方向和总体态势依然是波浪式前进、螺旋式上升，因为这是事物发展的规律，高校思想政治教育数字化发展同样要受这一规律的制约和规范。

三　数字化时代高校思想政治教育发展的主要特征

在推进思想政治教育数字化发展的过程中，高校的用力程度存在差异。数字化时代高校思想政治教育发展具有较为突出的特征。

（一）数字化时代高校思想政治教育发展的趋势

第一，理念创新的显著性。自从 1994 年我国高校接入国际互联网以来，思想政治教育活动的创新演进轨迹较为鲜明：从政策制定到理论教育与实际工作推进，从传统思想政治教育到网络思想政治教育，从思政课程到课程思政，从精准思政到智慧思政，从实验思政到数据思政，从线下教育到在线教育，等等，均是高校思想政治教育创新发展的鲜明写照，体现了广大思想政治教育工作者的奋进。在大数据时代，思想政治教育施教者们顺应时代潮流，勇于改革创新，从通过线下线上访谈座谈把握受教者思想动态的数据描述到课上课下行为轨迹的绘制，从作业批改、云端辅导答疑、成绩统计到远程备课、网络精准推送教育内容，从思想政治教育信息资源数据库的开发应用到各种思想政治教育实验实践模块的推出以及智能式助教、深度学习帮手的出现，这一切都体现了高校思想政治教育工作者更新理念、提升能力以符合大数据时代发展要求，改革教育教学方式以适应大数据等前沿技术的深度融入，寻求改革、推进教育创新的理念与氛围已然形成，并日趋明显。

第二，场景体验的鲜明性。前沿技术的全方位介入，尤其是 AR 技术、VR 技术、全息技术和数据挖掘技术等，使得数字化时代高校思想政治教育呈现出与传统思想政治教育的诸多不同。头盔教学、情景模拟、仿真训练等新技术手段的应用，不仅给广大受教者提供了优质的学习体验，也搭建了沉浸式的育人场景，使得理论的学习、社会实践的开展和网络在线的培育有机统一，更加有效地将思想政治教育的知识传递、价值塑造和能力提升整合联通，网络思想政治教育、精准思想政治教育、计算思想政治教育不断迭代，奠定了高校思想政治教育数字化转型的坚实基础，并能为思想政治教育的进一步移动化、数据化、个性化提供强有力的支撑。

第三，数字驱动的多样性。数字化技术的广泛应用在客观上为思想政治教育的数字化发展带来了崭新的发展机遇。作为当下中国教育数字化发展重要构成部分的思想政治教育数字化发展，"不是微观局部技术应用的迭代升级，而是围绕理念更新和模式变革的系统性改变"①。同时，技术进化是一个不断被选择、被发展、被强化的过程，起决定作用、掌握进化方向的还是人。因而，数字化时代高校思想政治教育发展具有显著的多样性特征。思想政治教育数字化发展必须依赖技术的支撑。离开数字化技术的深度介入和融入，就谈不上思想政治教育的数字化发展。

技术不仅作为人类改造世界的工具，改变人类社会的经济形态，也将从更加深远的意义上改变人类对于自身的认识。在教育中，技术的作用不仅带来了教育环境的变化，各类教学活动、学习活动和交互也将不再局限于人与人之间，而是广泛存在于人机之间。技术以多种方式赋能思想政治教育的数字化，诸如助力思想政治教育课堂教学模式创新、加强日常思想政治教育的治理、强化思想政治教育施教者的教研效果、改善思想政治教育的评价方式等。从资源的数字化到部门之间的数据融通，从平台建设到信息共享，从任何一个环节和过程中都可以看到技术对思想政治教育的支撑，其以多样化方式实现着物理世界与数字世界的连通，推进着人—机—物—环境之间的智能化交互。可以说，思想政治教育的数字化发展也是技术逻辑的现实性确证。

第四，系统要素的重构性。数字化时代高校思想政治教育发展是系统要素重构的过程，无论是目标逻辑还是价值逻辑，无论是理论逻辑还是实践逻辑，都最终指向思想政治教育数字信息资源的有效利用。数字化推进

---

① 李永智：《教育数字化转型的构想与实践探索》，《人民教育》2022年第7期。

着思想政治教育诸多要素在教育教学流程中的重构，特别是思想政治教育的数据要素在育人的核心工作中流动流转，优化业务逻辑，重建育人秩序，创新引导性育人场景，实现最佳的学习体验，达成显著的育人成效。这个过程涵盖施教者画像、学习者画像和管理者画像的系统性融合，包括从思想政治教育数据的被感知、采集、计算、推理、分析、应用，到最终形成思想政治教育的崭新引导性场景以及相关的治理活动等。这种思想政治教育的数字资源闭环，不是数字、数据的简单组合，而是按照育人的目标与任务、遵循思想政治教育规律来进行的，是传统型思想政治教育系统在技术消解的基础上进行的重构，是工具理性和价值理性的统一，是系统要素在理论逻辑、实践逻辑与技术逻辑内在一致的基础上的重组重装。

第五，多元主体的协同性。思想政治教育数字化转型是一个复杂的系统性工程。这一工程的推进意味着受教者学习的泛在化（时时、处处皆可学习）程度加深，并逐步实现按需学习；意味着施教者知识传播的自主化、智能化，从课堂施教到质量反馈，从受教者处获取教育质量评价信息等，强调多元主体协同。因而，在宏观、微观上都需要对全员介入、同向同行的"发展指标体系"进行智能化汇聚、甄别和应用，充分体现思想政治教育数字化转型过程中主体参与、全员协同的跨区性、跨界性、渗透性、互通性。

（二）数字化时代高校思想政治教育发展的普遍性特点

数字化时代高校思想政治教育发展所呈现出的特征，应该说体现了事物自身发展过程中的特殊性。当然，按照马克思主义理论，普遍性寓于特殊性之中。从数字化时代高校思想政治教育发展具有的上述特征来看，无论是体验性还是协同性、重构性，都蕴含这种数字化发展的内涵与外延、整体与部分、继承性与创新性的一致等普遍性特点。

第一，彰显了内涵丰富与外延拓展的结合性。在数字化时代高校思想政治教育发展过程中，数字化时代高校思想政治教育发展内涵凸显了技术的融入、以数育人的核心指向与目标要求，包含了数字化时代高校思想政治教育发展必须容纳的特定内容，涉及数字化时代高校思想政治教育发展的本质规定、结构与功能、过程与机制、优势与局限、思路与路径等向度与维度的系统探索。其内涵指向的是数字技术与高校思想政治教育活动深度融合的过程和结果，特质是数字化技术应用在时间段落和空间场域中呈现出的教育新样态。数字化高校思想政治教育已经与原有的思想政治教育活动存在重大差异，存在内涵的转化、质量和水平的提升，有自己独特的内涵式选择与推进。

数字化时代高校思想政治教育发展旨在通过自己的内部结构属性的发展，促进教育质量的提升，以此实现时代新人培养质量的提升。当然，我们应该清楚，全力推进数字化时代高校思想政治教育发展内涵丰富的同时，还要考虑到它的外延拓展。数字化时代高校思想政治教育发展外延，反映的就是高校思想政治教育数字化过程中特有属性的发展。这种外延的拓展就是用来为数字化时代高校思想政治教育发展拓展空间，以及提供相应条件的。随着高校思想政治教育活动涉及的内容与形式的变化，大思政格局的逐渐形成，课程思政的深入开展，多种思想政治教育元素得到挖掘与应用，高校思想政治教育活动的内涵与外延必将呈现出发展的新景象。而数字化的推进也必然会将这种拓展了的外延包含进去，并以此实现更大范围、更广领域、更深层次的数字化。由此，高校思想政治教育数字化发展过程中内涵与外延的有机统一，彰显了内涵丰富与外延拓展的结合性特点，也突出了高校思想政治教育数字化发展总体性、全面性的跃迁。

第二，呈现了整体发展与部分变化之间的有机性。马克思主义辩证法告诉我们，事物的发展是联系中的发展，事物的联系是发展中的联系。正如恩格斯所指出的那样："部分和整体在有机自然界中已经是不够用的范畴了。"① 数字化时代高校思想政治教育发展是整体性和局部性相结合的数字化的发展，涉及高校思想政治教育的全程、全员、全景、全域和全时段每一环节。数字化时代高校思想政治教育发展的整体及其各个部分，都是处于不断运动变化之中的，并受到技术造就的崭新场域或教育环境改变的制约。在改革创新过程中，数字化时代高校思想政治教育发展有可能因为发展链条上的某个部分、某个环节发生变化而影响整体的发展，甚至破坏原有的有序状态和整体的推进过程，促成质变进而构成新的整体；数字化

---

① 《马克思恩格斯文集》第九卷，人民出版社，2009，第474页。

发展的整体也会因为自身的变化影响其他的环节和部分。

所以，在整个转变的进程中，高校思想政治教育数字化发展呈现出部分与整体之间动态连接、动态联动，而非静态与固化。实际上，高校思想政治教育数字化发展的整个进程，就是源于思想政治教育各个环节、各个部分、各个主体等诸多要素的有机集成和相互联动，进而耦合成整体性合力，借助这一合力高校思想政治教育得以发展，最终实现立德树人、铸魂育人的目标。因此，在这一整体推进的过程中，要特别注意集体协同的力量，注意联动与综合。只有齐心协力、众志成城，才能实现思想政治教育的创新，培育党和国家需要的时代新人。

第三，突出了发展过程的继承性和创新性的一致性。高校思想政治教育在推进数字化发展的过程中广泛应用新技术，如果放弃、丢弃、抛弃长期以来思想政治教育的传统优势，同样不可能实现立德树人的根本任务；但是，如果我们一味地固守原有的传统，不能根据变化的时代和形势要求去创新，也不可能推进高校思想政治教育的发展，更谈不上教育如何面对未来、面向现代化的问题，更谈不上为党育人、为国育才的问题。继承是创新的前提和基础，创新是继承的体现和发展。当然，数字化时代高校思想政治教育发展对于以往思想政治教育传统优势的继承，并不是不加区分的，也不是无选择的，而是基于当今的发展实际，吸取其精华成分，摈弃不符合时代发展要求的糟粕之后的继承，以便更好地服务于思想政治教育数字化发展的要求。

总之，数字化时代高校思想政治教育发展既具有特殊性，也具有普遍性。这种状况体现了在数字技术发展过程中，高校思想政治教育顺应时代要求较快完成与数字技术的深度融合，也反映了数字技术向其他行业和领域渗透、融合的趋势和走向。上述的诸多特征，也是整个时代事物发展特征的缩影。

第二章

数字赋能高校思想政治教育

随着科技的飞速发展和数字化的全面渗透，高校思想政治教育正面临着前所未有的机遇与挑战。习近平总书记强调："教育数字化是我国开辟教育发展新赛道和塑造教育发展新优势的重要突破口，要进一步推进数字教育，为个性化学习、终身学习、扩大优质教育资源覆盖面和教育现代化提供有效支撑。"[①] 数字赋能不仅为高校思想政治教育提供了丰富的教学资源和手段，还极大地拓展了教育的边界和深度。我们需要积极应对这些挑战，充分利用数字化技术的优势，不断创新教学方式和内容，以更好地培养社会主义建设者和接班人。

第一节　数字赋能高校思想政治教育的理论基础

一　科技引领发展理论

（一）马克思主义科技引领发展思想

科技是推动社会发展的关键力量，它如同引擎一般，引领着社会向前发展。"蒸汽和新的工具机把工场手工业变成了现代的大工业，从而把资产阶级社会的整个基础革命化了。"[②] 这种生产力的飞跃表明，科学技术在

---

① 《习近平在中共中央政治局第五次集体学习时强调 加快建设教育强国 为中华民族伟大复兴提供有力支撑》，《人民日报》2023年5月30日，第1版。

② 《马克思恩格斯选集》第三卷，人民出版社，1995，第611页。

推动社会发展方面发挥着重要作用。同时，社会的发展也为科技创新提供了动力和需求。"社会一旦有技术上的需要，这种需要就会比十所大学更能把科学推向前进。"① "工业的历史和工业的已经生成的对象性的存在，是一本打开了的关于人的本质力量的书，是感性地摆在我们面前的人的心理学。"② 马克思主义科技引领发展思想涵盖的主要内容有以下几个方面。

1. 关于科技推动社会生产力迅速发展的观点

马克思认为科学技术是人类社会进步的重要推动力，他将其视为一种具有革命性的变革力量。他认为科技不仅能够改变生产方式，还能影响社会结构和人类的生活方式，其在《资本论》中指出："生产力的这种发展，归根到底总是来源于发挥着作用的劳动的社会性质，来源于社会内部的分工，来源于智力劳动特别是自然科学的发展。"③ 科技的发展确实给生产力的各个方面带来了革命性的变化。它不仅改变了生产力的要素，如劳动者的技能和工具，还改变了生产力的结构，比如产业的组成和分布。科技还影响了生产力的性质，比如生产过程中的自动化和智能化水平，以及生产的规模和方向，比如大规模生产和定制化生产。科技的融入使得生产力具有了鲜明的时代特征，提高了生产的科技含量，并丰富了创新的内涵。科技的光辉无处不在，它不仅提升了生产效率，还推动了新产业的诞生和旧产业的转型。科技革命和科技创新已成为推动生产力发展的关键因素。这种观点不仅强调了科技创新在推动社会进步和经济增长中的重要性，而且对于我们深入理解科技在现代经济发展中的核心作用具有重要的启示意义。

2. 关于科技变革社会生产关系的观点

科技进步与发展无疑是人类社会前进的强大引擎，它在根本上推动着社会的发展和变革。马克思认为："各种经济时代的区别，不在于生产什么，而在于怎样生产，用什么劳动资料生产。劳动资料不仅是人类劳动力发展的测量器，而且是劳动借以进行的社会关系的指示器。"④ "手推磨产

---

① 《马克思恩格斯选集》第四卷，人民出版社，1995，第732页。
② 《马克思恩格斯文集》第一卷，人民出版社，2009，第192页。
③ 《马克思恩格斯选集》第二卷，人民出版社，1995，第411页。
④ 《马克思恩格斯文集》第五卷，人民出版社，2009，第210页。

生的是封建主的社会，蒸汽磨产生的是工业资本家的社会。"① 在科技创新的驱动之下，人们在生产中的地位与作用发生变化，人与人之间在生产中缔结的关系也因此而变动。不仅如此，理念转变、体制创新、改革调整等都因科技创新而得到大规模推进，人的主体性增强，历史主动性发挥更加充分。先进生产力的产生并非仅源于科技变革促成的生产要素、产业等的升级，更得益于深层次生产关系变革带来的生产力的解放，可以说，在社会生产力发展过程中，生产关系对生产力的反作用愈加重要。②

3. 关于科技推动社会教育变革的观点

科学技术的进步对于社会教育水平的提高具有明显的推进作用。马克思认为："工艺学校和农业学校是这种变革过程在大工业基础上自然发展起来的一个要素；职业学校是另一个要素，在这种学校里，工人的子女受到一些有关工艺和各种生产工具的实际操作的教育。"③ 科技作为生产力的重要组成部分，通过提高生产力水平，可以为社会教育变革提供物质基础。科技的进步使得教育资源更加多样化，可以更好地满足人们的学习需求，为人们提供更广泛的教育机会。科技作为推动生产力发展的关键因素，通过提高生产力为社会教育的革新奠定物质基础。随着科技的不断进步，教育资源变得更加丰富多样，这不仅满足了人们日益增长的学习需求，还为更广泛的群体提供了接受教育的机会。

马克思主义理论着重指出社会关系的转变对社会变革的重要作用。科技进步不仅改变了人们的生活方式和社会互动模式，也深刻地影响了教育领域。互联网的普及让信息获取变得更为便捷，人们能够通过网络进行学习，打破了传统时间和空间的限制，教育的全球化和个性化进程得以推进。马克思主义理论还强调人的全面发展在社会变革中的关键作用。科技的发展为教育提供了多样化的工具和方法，更好地满足了人们的学习需求，促进了个人的全面发展。例如，虚拟现实技术能够提供沉浸式的学习体验，而人工智能可以根据学生的个性化需求提供定制化的学习内容，推

① 《马克思恩格斯文集》第一卷，人民出版社，2009，第 602 页。
② 李勇坚、张海汝：《新质生产力的运行机理、生成逻辑与模式建构——基于生产力与生产关系辩证统一的视角》，《新疆师范大学学报》（哲学社会科学版）2025 年第 1 期。
③ 《马克思恩格斯全集》第二十三卷，人民出版社，1972，第 535 页。

动学生的个性化成长。科技在促进社会教育变革中扮演着至关重要的角色，科技的发展不仅提供了物质条件，改变了社会关系，还促进了人的全面发展，推动了社会教育的革新和进步。党的二十大报告明确提出："教育、科技、人才是全面建设社会主义现代化国家的基础性、战略性支撑。"[①] 报告强调必须坚持科技是第一生产力、人才是第一资源、创新是第一动力，深入实施科教兴国战略、人才强国战略、创新驱动发展战略，以开辟发展新领域新赛道，不断塑造发展新动能新优势。党的二十大报告对科技在教育中的推动作用进行了论证，充分体现了马克思主义的时代化特征。

4. 关于科技提高人们的物质和精神文化生活水平的观点

马克思恩格斯在《共产党宣言》中写道："过去那种地方的和民族的自给自足和闭关自守状态，被各民族的各方面的互相往来和各方面的互相依赖所代替了。物质的生产是如此，精神的生产也是如此。各民族的精神产品成了公共的财产。民族的片面性和局限性日益成为不可能，于是由许多种民族的和地方的文学形成了一种世界的文学。"[②] 科技的发展不仅丰富了人们的物质生活，也极大地充实了人们的精神世界。

马克思主义理论中关于科技对社会的引领作用的观点启示我们，在信息时代，随着网络化和智能化的不断进步，科技产品已经广泛融入社会生活，成为我们日常生活不可或缺的一部分，甚至成为一种生活习惯。这种趋势表明，现代科技的发展与人们的日常生活紧密相连，无论是饮食、穿着、住宿还是出行，都离不开科技的支撑。特别是随着移动电话、电脑和互联网的普及，人与人之间的沟通变得更加便捷，空间距离仿佛被缩短，沟通效率也得到了显著提升。许多教育机构采用了多媒体教学方法，使得传统课堂得到了现代化的升级，优化了教学效果。台式机、移动电话和互联网的普及，使得远程学习成为可能，极大地方便了学生对社会的了解和认知。

在中国，高校思想政治教育的数字化进程正在加快，这对人才培养具

---

① 习近平：《高举中国特色社会主义伟大旗帜 为全面建设社会主义现代化国家而团结奋斗——在中国共产党第二十次全国代表大会上的报告》，人民出版社，2022，第33页。
② 《马克思恩格斯选集》第一卷，人民出版社，1995，第276页。

有重要意义。数字技术为思想政治教育提供了强有力的支持，促使教育的每个环节都能够得到技术支持、每个教育时刻都能够得到技术滋养、每个受教育者的技术需求都能够得到满足。在数字技术的推动下，高校思想政治教育的数字化发展在理念、业态、模式以及资源管理、场域升级、评价完善等方面得到了技术赋能。科技的介入和引领正在推动社会的变革和发展，马克思和恩格斯关于科技引领发展的思想为我们研究高校思想政治教育数字化发展提供了理论基础。

（二）列宁的科技观及相关论述

苏联是世界上第一个社会主义国家，其领袖人物列宁在新的历史条件下结合当时苏联工人运动的实际，结合布尔什维克党开展科技工作的具体实践，积极探索科学技术工作的内在规律，提出了一套适合社会主义经济发展的科学理论思想。

1. 科学技术是推动社会变革的强大力量

正如马克思恩格斯将科学技术称作一种"新生力量"，列宁也同样从社会主义革命实践中敏锐地发现科学技术是一种在历史上起推动作用的、革命的力量。首先，科学技术催生产业变革，使其发生质的飞跃。列宁指出："资本主义生产所支配的国民经济各个部门，没有一个不曾发生这样完全的技术改革。"[1] 1904年，列宁在摘录《手工劳动和机器劳动》时写道："为了十分准确地比较各种生产系统的技术水平，必须按照工序加以分解。这是唯一科学的方法。如采用在农业上，收获该有多大！"[2] 其次，科学技术为劳动者所掌握，可以极大地提高劳动生产率。1918年，列宁在《苏维埃政权的当前任务》中着重谈到无产阶级夺取政权后要提高劳动生产率，"用最新技术来开采这些天然富源，就能造成生产力空前发展的基础"[3]，从而保证大工业的物质基础。最后，新科技革命为新的生产关系奠定了坚实的生产力基础。列宁指出："科学和技术每前进一步，都必不可免地、毫不留情地破坏资本主义社会内的小生产的基础。"[4] 科技进步之所以能够

---

[1] 《列宁全集》第三卷，人民出版社，1984，第549页。
[2] 《列宁全集》第五十六卷，人民出版社，1990，第391页。
[3] 《列宁选集》第三卷，人民出版社，2012，第490页。
[4] 《列宁选集》第二卷，人民出版社，2012，第5页。

重塑生产关系，其根源在于科学技术本身就是一种生产力，并且这种生产力的威力足以引发"资本主义国家最重要的生产部门中的一次巨大的技术革命"①。

2. 科学技术是巩固和发展社会主义制度的物质保证

科学技术作为生产力的要素，无论是在资本主义国家还是在社会主义国家都发挥着十分重要的作用。十月革命胜利后，新生的苏维埃政权的境况是极其艰难的。首先是 14 个帝国主义国家的武装干涉和国内反动派的叛乱，使"社会主义祖国在危急中"②。列宁继承与发展了马克思关于"生产力的变化引起生产关系的变化"的思想。他认为，资本主义对封建主义的代替正是建立在科技革命的基础上的，同样，新的技术革命又会致使资本主义生产关系被新的生产关系所替代。

为了捍卫新生的人民政权，列宁反复强调要大力发展生产力，在现代最新科学成就的基础之上尽快恢复工业和农业。之所以强调科学技术，是因为科学技术是提高劳动生产率的必要条件，而"提高劳动生产率是根本任务之一，因为不这样就不可能最终地过渡到共产主义"③。至于发展生产力的具体做法，列宁主要强调要大力发展商品经济，要发展混合所有制，要发挥市场、货币和价值规律的作用，要敢于、善于同资本主义国家做生意，等等。

3. 综合技术教育是改革旧教育、发展无产阶级教育的重要方面

十月革命胜利后，针对苏俄专业技术人员奇缺的现实，列宁提出要改革旧教育，发展无产阶级教育，培养一批高素质的技术技能人才，为社会主义生产发展奠定人才基础。列宁多次强调要发展无产阶级的教育，这也是资产阶级做不到的。无产阶级是社会的主要力量。职业技术教育与生产联系最为紧密，发展无产阶级教育是在为社会主义培养最一线的技术人员。

一方面，列宁制订了技术教育的具体措施，把实施综合技术教育作为巩固无产阶级专政、培养全面发展的人的根本措施之一。1919 年，列宁把

---

① 《列宁全集》第二十三卷，人民出版社，1990，第 93 页。
② 《列宁全集》第三十三卷，人民出版社，2017，第 370 页。
③ 《列宁选集》第三卷，人民出版社，1995，第 727 页。

1903 年旧党纲中的"对未满 16 岁的男女儿童一律实行免费的义务的普通教育和职业教育"改为"对未满 16 岁的男女儿童一律实行免费的义务的普通教育和综合技术教育（从理论上和实践上熟悉各主要生产部门）"。①

另一方面，列宁认为要避免综合技术教育过程中的两种错误倾向。1920 年，苏维埃第八次代表大会提出恢复和改造国民经济、制订电气化计划，列宁把实施以电气化为主要内容的综合技术教育作为一项迫切的任务。他批评了苏联当时存在的两种错误倾向：一种是认为经济困难，缺乏条件，故对实施综合技术教育抱有拖延态度；另一种是用单一的职业技术教育代替综合技术教育，使学校过早专业化。列宁明确指出："根据马克思，根据我们俄国共产党的党纲……把立即向综合技术教育过渡，或者确切些说，立即采取许多马上就能做到的走向综合技术教育的步骤，规定为必须绝对执行的任务。"② 也就是说，要用规范化的演进步骤替代"一蹴而就"，将过程化思维引入综合技术教育的基本环节。

（三）中国共产党人的科技观及相关论述

从"向科学进军"到"科学技术是第一生产力"，从科教兴国战略、人才强国战略到建设自立自强的创新型国家，并作出把科技创新摆在国家发展全局核心位置的重要论断，中国共产党在领导我国科技工作的过程中形成了一系列具有原创性的重大战略思想，在总结新中国成立以及改革开放历史进程的宝贵经验的基础上，创造性地形成了既有理论高度又有实践深度的中国化马克思主义科技观。

1. 中国共产党人关于马克思主义科技观的萌芽奠基

早在新文化运动期间，"德先生（民主）"与"赛先生（科学）"便成为热血青年向封建礼教以及封建专制思想猛烈开火并走向与工农相结合道路的两面旗帜。其中"赛先生"译作"科学"，指近代自然科学法则和科学精神。新文化运动对毛泽东产生了直接而又深刻的影响，他从爱国青年转变为马克思主义者，并用中国化的语言阐释和发展马克思主义理论。他关于科学技术发展的思想，不仅为中国化马克思主义科技观的形成奠定

① 《列宁全集》第三十六卷，人民出版社，2017，第 106 页。
② 《列宁全集》第四十卷，人民出版社，1986，第 225~226 页。

了坚实的理论基础，也为新中国恢复和发展科技事业的伟大实践提供了重要的方法论指引。

一是高度重视科技事业，强调"向科学进军"。新中国成立后，面对蓬勃发展的世界新技术革命和我国工业生产与科学技术落后的状况，毛泽东在全国知识分子问题会议上发出了"向科学进军"的号召。

二是鼓励科技开拓创新，坚持"百花齐放、百家争鸣"。"双百"方针既是我国社会主义文化繁荣的方针，也是我国科技工作的基本方针。其基本精神使不同的形式和风格的艺术可以自由发展，不同的科学学派可以自由争论。这不仅符合我国文化和科技工作发展的客观规律，也从侧面彰显了社会主义艺术与科学的包容性。

三是以自力更生为主，同时学习外国新技术的长处。在世界市场与世界交往的不断深化与发展中，"自力更生"与"争取外援"成为世界各国进行交往和联系的重要形式。20世纪60年代，苏联单方面撕毁之前与我国签订的互助条约，并且撤回帮助我国进行军事建设的专家。毛泽东号召用8年时间造出自己的原子弹。在这样的艰难处境下，毛泽东一方面强调自力更生，自主掌握先进技术；另一方面强调仍要秉持世界眼光，向国外一切长处学习。需要注意的是，"向国外学习"也要注意方法，必须有分析有批判地学，不能盲目地学，不能一切照抄，机械搬运。

2. 中国共产党人关于马克思主义科技观的接力发展

1978年，党的十一届三中全会作出把党和国家的工作重心转移到经济建设上来、实行改革开放的伟大决策，吹响了现代化建设的号角。科技不仅发挥了引领未来的领头羊作用，也充当了攻坚破冰、探索跨越的试验田。以邓小平同志为核心的党的第二代中央领导集体确立了科学技术在我国现代化建设中的重要地位，并把科学技术作为中国式现代化建设的战略重点，提出"科学技术是第一生产力"的重要论断。

对于如何发挥科学技术"第一生产力"的作用，邓小平提出了两条辩证理路。一是坚持"内""外"兼合，把立足点放在依靠自己力量的同时也积极引进和吸收国外先进技术。邓小平明确指出："学习先进，才有可能赶超先进。提高我国的科学技术水平，当然必须依靠我们自己努力，必须发展我们自己的创造，必须坚持独立自主、自力更生的方针。"① "中国的事情要按照中国的情况来办，要依靠中国人自己的力量来办。"②

二是坚持"科""教"并行，培育和造就高素质科技创新人才。致天下之治者在人才。科技的竞争，归根结底是人才的竞争。培养高素质专门人才和拔尖创新人才离不开持之以恒的教育。总的来说，邓小平的科技观是对马克思、毛泽东等人的科技观的继承与发展，尤其是在基本理论、人力资源和体制变革等方面为中国科技的接力发展奠定了重要的理论基石。

3. 中国共产党人关于马克思主义科技观的丰富拓展

进入 21 世纪，新一轮科技革命和产业变革风起云涌，我国科技发展再次面临重大机遇。江泽民从国内外形势的发展变化和我国科技事业担负的艰巨任务出发，提出了一系列新的理论观点和政策思想，丰富和发展了毛泽东和邓小平的科技思想，其是新时期我国科学技术工作的行动纲领。

1995 年 5 月 6 日颁布的《中共中央 国务院关于加速科学技术进步的决定》，首次提出在全国实施科教兴国战略。江泽民指出："科教兴国，是指全面落实科学技术是第一生产力的思想，坚持教育为本，把科技和教育摆在经济、社会发展的重要位置，增强国家的科技实力及向现实生产力转化的能力，提高全民族的科技文化素质。"③ 中国共产党第十四届五中全会在《关于国民经济和社会发展"九五"计划和 2010 年远景目标纲要（草案）》中把实施科教兴国战略列为其后 15 年直至 21 世纪加速中国社会主义现代化建设的重要方针之一。与此同时，江泽民基于新的理论和实践经验，提出了科技伦理化和科技法治化的问题。这对于引导科技向善、规范科技创新行为具有重要指导意义。

党的十六大以来，面对前所未有的机遇和挑战，面对复杂的国内外形势，以胡锦涛同志为总书记的党中央，以邓小平理论和"三个代表"重要思想为指导，提出了科学发展观，为我国科技事业从"经验"走向"科学"赋予了新的理论意涵和实践指向。发展中国特色社会主义事业既要高

---

① 李万忍：《邓小平科技思想研究》，人民出版社，1997，第 31 页。
② 《邓小平文选》第三卷，人民出版社，1993，第 3 页。
③ 《中共中央 国务院关于加速科学技术进步的决定》，人民出版社，1995，第 4 页。

度重视科技自主创新的作用，又要坚持以人为本的科技价值取向。百年科学实践的客观事实证明，一个国家只有拥有强大的自主创新能力，才能在激烈的国际竞争中屹立不倒、把握先机、赢得主动。

胡锦涛在党的十七大报告中明确指出："提高自主创新能力，建设创新型国家，是国家发展战略的核心，是提高综合国力的关键。"[①] 科技自主创新是我们党对发展形势的准确把握和对发展战略的重大部署，既反映了我们党对当今世界经济、政治、科技发展趋势和内在规律的准确把握，也表征着加快推进社会主义现代化建设对科技发展的新要求。另外，科技作为一项物质型发展手段，不能逃避"发展为了谁"这一前提。胡锦涛指出："坚持以人为本，让科技发展成果惠及全体人民。"[②] 科学技术本身的发明与创造是用以"服务人""发展人""尊重人"的，其根本价值归宿便是用科学技术手段丰富、完善人自身，以达成物质手段的进步与人自身解放的高度一致。

4. 中国共产党人关于马克思主义科技观的深化完善

新时代社会变革和实践创新必然伴随着思想理论的发展创新。党的十八大以来，以习近平同志为核心的党中央着眼世界发展大势，立足当前、着眼长远，把科技自立自强作为国家发展的战略支撑，推动实施科教兴国战略和创新驱动发展战略，坚定不移地走中国特色自主创新道路。

具体而言，一是将"创新"作为引领发展的第一动力。创新位于新发展理念之首，具有统领性作用。2022年10月16日，习近平总书记在党的二十大报告中强调："必须坚持科技是第一生产力、人才是第一资源、创新是第一动力，深入实施科教兴国战略、人才强国战略、创新驱动发展战略，开辟发展新领域新赛道，不断塑造发展新动能新优势。"[③]

二是推进科技创新成果向现实生产力转化。习近平总书记不仅高度重视科技自主创新的作用，同时也着重强调要推进科技创新成果的创造性转化。习近平总书记多次强调要"加快科研成果从样品到产品再到商品的转

---

① 《胡锦涛文选》第二卷，人民出版社，2016，第629页。

② 《十六大以来重要文献选编》（下），中央文献出版社，2008，第196页。

③ 习近平：《高举中国特色社会主义伟大旗帜 为全面建设社会主义现代化国家而团结奋斗——在中国共产党第二十次全国代表大会上的报告》，人民出版社，2022，第33页。

化，把科技成果充分应用到现代化事业中去"①。"科技创新及其成果决不能仅仅落在经费上、填在表格里、发表在杂志上，而要面向经济社会发展主战场，转化为经济社会发展第一推动力，转化为人民福祉。"② 他对完善科技成果转化体制机制、保护和激励科技人员积极性、创造性作出了一系列重要指示，为促进科技成果转化指明了前进方向，提供了根本遵循。

三是着力推进并深化科技体制改革。深化科技体制改革在全面深化改革中居于关键性地位，是必须牵住的"牛鼻子"。深化科技体制改革是顺应新一轮科技革命和产业变革、加快建设科技强国的必然选择，是发展新质生产力、实现高质量发展的必然选择，是提升国家竞争力、应对外部风险挑战的必然选择。党的二十届三中全会审议通过的《中共中央关于进一步全面深化改革 推进中国式现代化的决定》，对构建支持全面创新体制机制进行了系统部署，为进一步深化科技体制改革指明了方向。

四是让科技创新更好地造福人类。综观人类文明史，科技以一种不可逆转、不可抗拒的力量推动着人类社会向前发展。从科技推动人类社会发展的单向性视野来说，科技自诞生以来，便以空前的广度和深度变革人类生产生活方式，这种"改变"的理想结果便是造福人类、造福世界。习近平强调要让科技造福人类，尤其是"要大力发展科技事业，通过科技进步和创新……使人们在持续的天工开物中更好掌握科技知识和技能，让科技为人类造福"③。党的十九届五中全会首次把"面向人民生命健康"作为我国科技创新的一个新方向。这是党中央在"面向世界科技前沿、面向经济主战场、面向国家重大需求"的基础上，坚持"科技为民"作出的新部署。

五是以全球视野谋划国际科技合作。当今世界，新一轮科技革命和产业变革蓬勃兴起，以互联网、大数据、云计算、人工智能等为代表的新一代信息技术发展日新月异，并加速向各领域广泛渗透，推动经济全球化深

---

① 《十九大以来重要文献选编》（上），中央文献出版社，2019，第464页。
② 《习近平关于科技创新论述摘编》，中央文献出版社，2016，第97页。
③ 《习近平外交演讲集》第一卷，中央文献出版社，2022，第102~103页。

入发展。在此背景下，习近平总书记指出"当今世界，发展科学技术必须具有全球视野，把握时代脉搏，紧扣人类生产生活提出的新要求"①，强调"中国高度重视科技创新，致力于推动全球科技创新协作"②。实践证明，新时代以来，科技"自主创新"与科技"国际合作"已经成为中华民族伟大复兴战略全局和世界百年未有之大变局中推进经济高质量发展的"变革增量"。

二　思想政治教育理论

（一）思想政治教育基础理论

1. 思想政治教育载体论

从 20 世纪 90 年代初起，学者根据形势和条件的变化，对载体问题进行了不断的探索，同时也不断探索新的方向。1992 年，杨广慧在《探索新路子 寻找新载体》中首次将"载体"概念引入思想政治教育领域，认为思想政治教育需要通过一个载体才能进行。③ 作为一种教育实践活动，要实现一定的教育目标，完成教育任务，促进教育主客体间的互动等，都需要一定的载体介入。何为思想政治教育载体呢？陈万柏认为包含思想政治教育因素，能够被主体使用以完成思想政治教育实践活动的载体就是思想政治教育载体。④ 他认为要借助不同的载体，以此来完成思想政治教育活动。例如，高校思政教育载体包括四大部分，即校园文化、社会实践、课程教学、日常管理。⑤ 具体而言，思想政治教育活动载体不仅包括参观、论坛、讲座和调研等传统方式，还有互联网传播和多媒体。由于传统思政教育载体无法充分发挥思政教育的整体实效，有必要顺应时代发展，革新传统载体，发挥新载体的多样性、灵活性以及便捷性等诸多特征。不同的文化活动、产品对人的影响是潜移默化的，中华优秀传统文化包含许多优秀的思想，其也为思想政治教育提供了媒介。

---

① 《习近平向 2021 中关村论坛视频致贺》，《人民日报》2021 年 9 月 25 日，第 1 版。
② 《习近平向 2021 中关村论坛视频致贺》，《人民日报》2021 年 9 月 25 日，第 1 版。
③ 杨广慧：《探索新路子 寻找新载体》，《思想政治工作研究》1992 年第 10 期。
④ 陈万柏：《论思想政治教育载体的内涵和特征》，《江汉论坛》2003 年第 7 期。
⑤ 傅莹主编《新媒体时代高校思政工作创新》，汕头大学出版社，2019，第 19 页。

2. 思想政治教育环境论

马克思说："环境的改变和人的活动或自我改变的一致，只能被看作是并合理地理解为革命的实践。"① 系统坚持马克思主义理论对高校思想政治教育话语体系构建具有重要的借鉴意义。环境作为一种客观因素是无法被忽略的，环境可以分为自然环境与社会环境。所谓自然环境就是我们所生存的自然界。所谓社会环境就是人们通过社会交往实践形成的具有特定关系的客观世界。那么思想政治教育环境就是"指影响思想政治教育活动和教育对象思想品德的一切外部因素的总和"②。

国内学界对于思想政治教育环境也按照不同的标准进行了细致的区分：一种是二分法，将思想政治教育环境分为宏观和微观；另一种是三分法，按影响范围划分为微观环境、中观环境和宏观环境。此外还有将思想政治教育环境分为社会环境、家庭环境、单位环境和社交环境的划分方式。对思想政治教育环境进行细致的划分，是因为具体问题要具体分析，不同的环境对人们产生的影响效果并不相同。比如，政治环境对人的影响和家庭环境对人的影响就存在差异。政治环境从宏观上塑造的是人们对国家的认知，如坚持党的领导、坚持人民民主专政、树立人民群众的主人翁意识。家庭环境是从微观上对人的性格、品行进行潜移默化的影响，也影响正确价值观念的树立，学校环境也是如此。

陈万柏、张耀灿指出："学校是一种特殊的社会组织，是有目的、有计划、有组织地向受教育者传授文化知识、劳动技能、价值观念、政治观点、社会规范，以培养合格社会公民的机构。"③ 学校的系统塑造和深刻影响对教育对象来说更加直接有效，学校能够对学生进行系统科学的教育，更好地达到思想政治教育的效果。

3. 思想政治教育功能论

对思想政治教育功能的阐述，最终要集中在其政治功能和文化传播功

---

① 《马克思恩格斯选集》第一卷，人民出版社，1995，第55页。
② 陈万柏、张耀灿主编《思想政治教育学原理》（第3版），高等教育出版社，2015，第103页。
③ 陈万柏、张耀灿主编《思想政治教育学原理》（第3版），高等教育出版社，2015，第111页。

能上。政治功能是思想政治教育的重要功能，通过政治功能的发挥，可以达到思想政治教育的目的。进行思想政治教育的目的是实现对人们思想价值的引领，使人的思想价值观念不与社会主流意识形态背道而驰，能够做出正确的价值判断，养成良好的道德品质。思想政治教育还兼具文化传播的功能，其内容承载着中华优秀传统文化、红色革命文化和爱国主义精神，进行思想政治教育不仅能促进文化的繁荣，也能增强受教育者的文化认同感。

除上述思想政治教育理论外，有学者提出思想政治教育主体论，其坚持了马克思主义"主体的人"的观点，从实践角度廓清思想政治教育主体。包括教育者单主体说和双主体说、相对主体说，特别是相对主体说认为思想政治教育主体是动态的，主体是有条件的、具体的，在具体的情况下，教育者和受教育者的主客体身份可以灵活互换。思想政治教育的相关理论对于研究具有基础性的理论指导作用，提供了具有重要意义的学理支撑。

（二）党的十八大以前，党关于高校思想政治教育的重要论述

党的十八大以前，党关于高校思想政治教育的论述主要强调高校思想政治教育的重要性、主要任务、实施原则以及改进和创新。这些论述主要包括以下几个方面。

第一，思想政治教育在高校教育中的重要性。高校思想政治教育是高等教育的重要组成部分，1938年，毛泽东在抗大开学典礼上就曾郑重指出，学生在学校"首先是学一个政治方向"[1]。新中国成立后，毛泽东反复强调，要加强学校思想政治教育。改革开放后，邓小平指出："毫无疑问，学校应该永远把坚定正确的政治方向放在第一位。"[2] 高校需要通过思想政治教育引导学生树立正确的世界观、人生观、价值观，培养有理想、有道德、有文化、有纪律的社会主义新人，为中国特色社会主义事业的发展提供人才保障，推进中国特色社会主义事业的发展。

第二，高校思想政治教育的主要任务是贯彻中国共产党的基本理论、

---

[1] 《毛泽东文集》第二卷，人民出版社，1993，第116页。
[2] 《邓小平文选》第二卷，人民出版社，1994，第104页。

路线、方针、政策，培养"四有"新人。胡锦涛指出："培养什么人、如何培养人，是我国社会主义教育事业发展中必须解决好的根本问题。"① 这一任务需要高校思想政治教育与专业教育相结合，贯彻全面发展的教育理念，适应时代发展要求和学生的成长需求，创新教育方式和方法，加强组织领导和管理监督。

总之，高校思想政治教育是中国特色社会主义事业的重要组成部分，需要不断地改进和创新。在中国共产党的领导下，高校思想政治教育将继续为培养"四有"新人和推进中国特色社会主义事业的发展作出贡献。

（三）习近平总书记关于高校思想政治教育的重要论述

当前研究思想政治教育质量提升，是对强化人才引领高质量发展的时代诠释。现阶段人才引领下的高质量发展，不仅是人才数量上的比拼，更是质量上的竞争，核心在于培养德才兼备的高素质人才。因此，新时代在坚定社会价值观的基础上，要塑造既有才，又有德，更秉承强烈爱国情怀和心系社会的高素质人才。

习近平总书记在前人思想理论的基础上，聚焦立德树人相关问题，更加注重对顺应新时代发展的综合素质的培养，鼓励青年勇于前进、敢于奋斗，为实现中华民族伟大复兴的中国梦培养有热血、敢担当的高素质人才。习近平总书记对思想政治教育质量提升给予理论指导，强调："高校思想政治工作关系高校培养什么样的人、如何培养人以及为谁培养人这个根本问题。要坚持把立德树人作为中心环节。"② 习近平总书记肯定了青年大学生的主力先锋地位，要求思想政治教育的发展要与时俱进，齐心共建合力育人格局，提升教育质量，培养能担起民族复兴大任的热血青年，号召广大青年实干兴邦。

大学生素质与国家、民族繁荣休戚相关，大学生成长成才是挺起中国脊梁的至关重要的一环。在全球化背景下，实现人才资源的高质量发展是国家、民族在世界之林立于不败之地的关键。新时代大学生思想政治意识、道德水平和能力素质等是党和国家实现高质量发展的关键。与此同

---

① 《十六大以来重要文献选编》（中），中央文献出版社，2006，第632页。
② 《习近平谈治国理政》第二卷，外文出版社，2017，第376页。

时，经济的快速发展要求提高人才培养的素质教育质量。在社会主义现代化的影响下，只有把理论与实践相结合，将高素质人才的培养更深层次、更全面地融入高质量的社会主义建设中，使广大青年具备与时代相匹配的行为和认知，提高青年群体勇于担当时代使命的能力和素养，才能实现国家繁荣。

三　关于教育现代化的重要论述

思想政治教育现代化是指在全面推进教育现代化的背景下，"坚持党对教育工作的全面领导，推进思想政治教育的现代化改革"[①]。这进一步提高了思想政治工作的重要性和战略地位，形成了新时代思想政治教育的指导方针和实践准则。

第一，坚持把马克思主义作为立党立国的根本指导思想。我国思想政治教育现代化注重培养学生的社会主义意识和中国特色社会主义道德观念。要引导学生正确把握中国特色社会主义的本质和时代背景，以及中国特色社会主义事业的方向和目标，把马克思主义理论融入教学，使其成为课堂思政的重要元素。

第二，推进课程体系改革。我国思想政治教育现代化注重推进课程体系改革，着力构建立体化、个性化、多元化的课程体系，培养学生的综合素质和创新能力。同时，注重在教育教学中融入中国特色社会主义的理论体系，提升学生对社会主义制度与文化的认同和理解。特别要重视加强师资队伍建设，注重提高教师的业务素质和思想政治素质，推动教师职业发展，激励和留住优秀人才，打造兼具素质与专业的师资队伍。

第三，引入现代教育技术，如大数据、人工智能、虚拟现实等，提升思想政治教育的针对性和实效性，教师在对学生进行思政教育教学时，要积极利用多媒体技术、网络平台等，满足学生多样化、个性化的学习需求，从而让学生对思想政治课程更加感兴趣。思政教育主客体都应该主动学习多媒体技术，充分发挥多媒体在高校政治工作开展中的作用，让思想

---

① 杜尚泽：《""大思政课"我们要善用之"》，《人民日报》2021年3月7日，第1版。

政治教育工作能够更高效、更广泛地开展。① 同时，要注重推进实践育人，鼓励学生走出教室，走向社会，将所学理论知识融入实践，提高学生的实践能力和社会责任感。

第二节　数字赋能高校思想政治教育的可行性

一　国家政策支持

（一）推进教育数字化政策导向的顶层支持

党的二十大报告提出要加快"推进教育数字化"②，并将教育、科技和人才一体设计、贯通发展，可见党和国家对教育数字化转型的重视程度。思想政治教育作为塑造思想、调适行为、引领价值的特殊教育活动，要充分把握党和国家推进教育数字化的政策导向，把思想政治教育数字化作为我国开辟思想政治教育发展新赛道和塑造思想政治教育发展新优势的重要突破口。

数据赋能思想政治教育顺应了党和国家推进教育数字化的要求。数据技术为思想政治教育提供了新的数据资源、新的数据采集手段和新的数据分析方法，将传统思想政治教育与数据技术的优势有机结合，能有效推进思想政治教育的数字化转型和智能化升级。在全面推进"数字中国"建设的时代背景下，深入贯彻落实教育数字化战略行动，要求思想政治教育积极拥抱新形势、新变化，在数字革命中把握新机遇，迎接新挑战。③

（二）防范和化解意识形态风险政策导向的顶层支持

"建设具有强大凝聚力和引领力的社会主义意识形态，是全党特别是宣传思想战线必须担负起的一个战略任务。"④ 我国面临的意识形态领域风

---

① 陈金平：《多媒体时代高校的思政教育研究》，北京工业大学出版社，2020，第35页。
② 习近平：《高举中国特色社会主义伟大旗帜　为全面建设社会主义现代化国家而团结奋斗——在中国共产党第二十次全国代表大会上的报告》，人民出版社，2022，第34页。
③ 徐小强：《数字时代思想政治教育创新发展探究》，《学校党建与思想教育》2024年第16期。
④ 《习近平谈治国理政》第三卷，外文出版社，2020，第312页。

险不容小觑，要坚定维护国家意识形态安全，增强意识形态风险的防范和化解能力。思想政治教育是灌输主流意识形态、开展意识形态教育的实践活动，而预测风险所在是防范和化解危机的前提，把握风险趋势是谋求战略主动的关键。数据赋能思想政治教育能够通过数据技术对多场景、多模态、动态性的思想数据进行全面收集和多维解析，全面掌握公众思想现状与问题，集聚全样本、全数据的意识形态相关信息，并通过相关性分析实现对意识形态演进轨迹和动态趋势的精准把握，及时监测、研判和消除意识形态安全隐患，从而有效增强对意识形态风险的预测、预警和预控能力。充分发挥思想政治教育的意识形态功能，有利于筑牢国家意识形态安全的思想屏障，维护国家意识形态安全。

（三）坚持思想政治工作守正创新政策导向的顶层支持

习近平总书记指出："要运用新媒体新技术使工作活起来，推动思想政治工作传统优势同信息技术高度融合。"[1] 中共中央、国务院印发《关于新时代加强和改进思想政治工作的意见》强调，新时代思想政治工作要坚持守正创新，推进理念创新、手段创新。"守正才能不迷失方向、不犯颠覆性错误，创新才能把握时代、引领时代。"[2] 在思政课建设的语境中，守正创新是习近平总书记关于思政课的重要论述的核心脉络与精神特征，它作为对思政课建设的总体指导性要求，渗透并体现在对思政课建设各个维度的具体要求之中。[3] 适应数字时代新要求，提高思想政治教育数字化转型能力和水平不仅是党和国家政策的要求，而且是新时代做好思想政治工作的要求。

数字赋能思想政治教育能够通过数据技术手段突破思想政治教育中的可能性、时间和强度等瓶颈，有效提升思想政治教育的效度，增强思想政治教育主动性，扭转思想政治教育工作的滞后局面，为实现具有科学标准的思想政治教育预测提供了可能。

---

① 《习近平谈治国理政》第二卷，外文出版社，2017，第378页。

② 习近平：《高举中国特色社会主义伟大旗帜 为全面建设社会主义现代化国家而团结奋斗——在中国共产党第二十次全国代表大会上的报告》，人民出版社，2022，第20页。

③ 沈壮海、侯凯升：《守正创新办好思想政治理论课》，《马克思主义理论学科研究》2024年第3期。

二 技术变革

近年来，数字技术正在迅速渗透到经济社会发展的各个领域和全过程，其广泛的覆盖范围和深远的影响力前所未有。深受数字技术变革带来的多方面影响，高校思想政治教育将存在于全新的时空中，高校思想政治教育的社会化进程将由此加快。

（一）技术变革打造新空间

高校思想政治教育话语体系的构建必须处在一定的时空坐标中，时间和空间对于人类从事实践活动具有前提性意义，人类的重要实践活动必然在特定的时空中开展，但是值得注意的是空间属性往往容易被淡化，时间的意义常常会遮蔽空间的意义。对于高校思想政治教育实践活动的开展来讲，空间属性不可或缺。数字时代，高校思想政治教育的空间样态是现实与虚拟的高度交融，表现出广覆盖性和强渗透性的明显特征。高校思想政治教育活动属于人们认识、改造外部世界的重要实践活动，这种重要的实践活动的开展必然离不开特定的空间条件。

伴随着数字时代的来临，在5G、大数据、物联网、云存储、人工智能等数字技术基础上搭建的数字化、智能化、交互式的互联网立体空间，为高校思想政治教育提供了全新的场所。同时数字媒体迭代，"万物皆媒、人机合一"的理念扎根，更是为高校思想政治教育开展提供了多样化的全新途径。

（二）技术变革推进社会化

数字时代，技术的更新迭代引发社会的转型和社会结构分化，使思想观念出现差异，推进思想政治教育与社会的深度联系。由此可见，技术变革不单单催生新的空间，也推动高校思想政治教育走向社会化。思想政治教育社会化是思想政治教育利用社会诸要素的有机连接、协同配合、关联互动等进行社会化的实践方式，是实现思想政治教育与社会系统融入的现实过程。

数字时代，社会的技术化与技术的社会化产生叠加效应，技术的变革与社会实现深度融合。习近平总书记在十九届中央政治局第九次集体学习时的讲话中指出："从经济社会发展看，人工智能广泛应用，不仅将创造智能化新需求，催生新产业、新业态、新模式，而且将通过同经济社会发展和人类生活重大需求深度融合，改造经济社会活动各环节，推动经济社会从数字化、网络化向智能化跃升。"① 人工智能作为先进的数字技术的代表，推动社会各个环节、各要素实现联动，使思想政治教育活动能够更好地融入社会。从人的发展角度来看，高校思想政治教育这种独特的方式成为高校师生特别是青年大学生增进社会认同、获得社会体验的主要模式。数字技术打造最新的"智能思政"形态，加速了高校思想政治教育与社会的融合，不断提高思想政治教育的社会化程度。

三　思维方式的转换

数字时代，技术的创新促进社会的转型变革，使人们的思想观念发生改变。以数字技术为支撑的全新空间场域，衍生出媒介融合这一全新载体，使传统的"受众"思维被颠覆，促使教育对象主动进行需求定位；同时，"用户"思维开始呈现，促使教育对象主动表达诉求。

(一) 教育者的"用户"思维转向

数字时代，高校思想政治教育的传统思维已经被打破，传统思维方式呈现的单向度样态发生了改变，以满足高校思想政治教育对象的需求为导向，形成"用户"思维。这种思维将改善传统垂直性灌输现象，有助于高校思想政治教育实效性的发挥。"思想政治教育的有效性也就是思想政治教育活动在满足人们的相应需要、实现人们的相应目的方面所表现出的积极特性。"② 高校思想政治教育话语实践的主阵地——思政课堂必须按照"大思政"的理念，辅之以数字技术为支撑的平台，打破单一的思政课堂话语的垂直性灌输，从而发挥高校思想政治教育的效果。

目前，打破传统思维，结合高端技术，进行课堂内外、学校内外、理论与实践、思想与生活等诸多环节的有机联动，运用多样态话语为高校思想政治教育新生代客体开展生动的思政大课，已经成为高校思想政治教育

---

① 《习近平关于网络强国论述摘编》，中央文献出版社，2021，第140页。
② 沈壮海：《思想政治教育有效性研究》（第2版），武汉大学出版社，2008，第2页。

者的教学目标。

（二）教育对象"受众"思维的消解

进入数字时代，以"高效"和"互联"为显著特征和独特优势的新一代信息通信技术，加速了高校思想政治教育对象"受众"思维的瓦解。搭载着全新信息技术，在媒介融合基础上建立起来的高校思想政治教育的全新空间场域，已经打破了传统信息的边界，改变了客体接收信息的被动地位。高校思想政治教育对象开始成为信息的主动捕捉者、搜寻者、反馈者，开始通过各种渠道及时反馈自身的诉求，不再是信息的被动接收者。数字时代，借助全新的空间场域，作为独立的个体，原高校思想政治教育对象逐渐成为话语传播者。对原高校思想政治教育对象来说，借助话语进行自身个性化的具象化表达、反馈相关需求显得更为重要，加之传统思维的改变，需要对其进行正向的引导。

第三节　数字赋能高校思想政治教育的表现形式

数字技术的普及使得思想政治教育体系的微观形势发生了深刻的变化。"信息技术应用到教育教学过程后，引起了学习环境、学习资源、学习方式都向数字化方向发展，形成数字化的学习环境、数字化的学习资源和数字化的学习方式。"[1] 这些变化与思想政治教育高质量发展直接相关，数字技术驱动下思想政治教育的积极变革为融合数字技术创新与思想政治教育提供了最直接、最有力的证明和推动力，加速了思想政治教育的数字化转型。

一　思想政治教育内容数字化

思想政治教育内容是支撑思想政治教育高质量发展的主要内核。数字技术在思想政治教育内容创新方面发挥着重要作用，对于教育内容数据化生成、可视化呈现、精准化分发等具有十分重要的作用。

---

[1]　李克东：《数字化学习（上）——信息技术与课程整合的核心》，《电化教育研究》2001年第8期。

（一）数字技术促进思想政治教育内容数据化生成

思想政治教育的核心内容是有严格标准的，内容体系也已经相对成熟，在数字技术驱动下的内容创新，主要表现为围绕核心内容的延展。也就是说既围绕思想政治教育本身承载的内容要求，又根据"现实的人"的发展需要来对内容话语与形式进行创新。数字思想政治教育的内容创新源于数据的收集。数据能够提供更好的素材，丰富思想政治教育内容的表达方式，让教育内容更加准确、细致、清晰，增强思想政治教育的说服力。

（二）数字技术促进思想政治教育内容可视化呈现

传统的思想政治教育内容往往过于标准化、政治化、理想化，难以满足"数字原住民"的现实需求，缺乏生动性、感染力和渗透力。数字技术的发展可以为思想政治教育提供更多的可视化呈现方式。通过数字技术，我们可以将思想政治教育中的文字、图片、音视频等元素转化为图表、地图、动画等视觉化的展现形式，让学生更加直观地了解知识点，更好地理解和记忆所学内容。同时在线学习、翻转课堂等新的教育模式也摆脱了传统思想政治教育单向灌输的弊端，数字技术的可视化呈现方式还可以使思想政治教育内容更加生动、具体，提高学生的学习积极性。

（三）数字技术促进思想政治教育内容精准化分发

依靠数字技术和数字教育平台，可以更好地掌握受教育者的个性需求以及行为特征和思想动态。在此基础上，教育者就可以有针对性地选择相匹配的思想内容开展教育教学工作，实现立德树人的教育目标。也就是说，在教学过程中，教育者可以根据教育内容要求，通过大数据筛选、收集相关案例，提高内容的可信度，增强内容的时效性，既能够激发受教育者的学习兴趣，也更容易为受教育者所接受和理解。

二　思想政治教育方式灵活化

由于受到各种主客观因素的限制，传统的教育方式较为单一和固化。数字技术在思想政治教育方面的应用，为传统的教学方式注入了新的生命力，思想政治教育方式呈现出愈加"灵活化"的新态势。

（一）数字技术为思想政治教育带来了许多全新的教学手段

传统的思想政治教育通常需要大量的纸质教材、教学设备和场地，这不仅浪费资源，还不利于教育环保和可持续发展。而数字技术的出现则彻底改变了这种状况，使得教学工具和资源的获取更为简单、快捷。

一方面，数字技术为思想政治教育提供了更加生动的教学方式。例如，通过在线课程、教育游戏、教育软件等方式，思想政治教育者可以以更加多样化和有趣的方式呈现教育内容，使学生更加积极地参与学习。在线课程可以通过视频、音频、文字等多种形式，为学生提供生动的教学内容，丰富学生的学习体验。教育游戏可以通过游戏化的方式，使学生在娱乐中获得知识。教育软件可以通过图形化和交互化的设计，使学生更好地理解和掌握知识。这些新型教学手段可以提高学生的学习积极性和参与度，让他们更好地掌握思想政治教育的核心知识。

另一方面，数字技术为思想政治教育提供了更加个性化和定制化的教学方式。数字技术可以根据学生的特点和需要，为学生提供个性化的教学服务，使他们更好地适应教育内容和学习方式。例如，教育平台可以通过数据分析，为学生推荐适合他们的课程和教学资源；在线课程可以根据学生的学习进度和能力，提供定制化的学习计划和教学支持。这些个性化和定制化的教学方式，可以更好地满足学生的学习需求和兴趣，提高他们的学习满意度，优化其学习效果。

（二）数字技术的应用使得学习变得更加灵活和自主

虽然传统的信息获取方式仍然是思政教育的方法之一，但随着受教育者自我意识的不断增强，其自主学习的习惯逐渐养成，而自动化、智能化的在线教学为受教育者提供了更多学习渠道，学生可以在电子设备上阅读教材、观看视频、参加网络课程等，可以根据自己的兴趣爱好和学习进度选择学习内容和时间，不再受制于教师的课堂时间和教学安排。此外，数字技术还为学生提供了更多的互动和协作机会，学生可以通过在线讨论、协作编辑等方式，与他人进行知识分享和交流，共同解决问题。

三　思想政治教育载体多元化

思想政治教育载体是指用于传递思想政治教育内容和促进思想政治教

育的各种形式和物质实体，包括但不限于教材、课程、文化活动、媒体、网络等。这些载体能够搭建起思想政治教育主客体之间的"桥梁"，促进思想政治教育内容的传递和交流，从而达到提高学生的思想道德素质和政治素养的目的。随着数字化的发展，新的思想政治教育载体也不断涌现，如在线课程、虚拟现实、智能化设备等。在数字时代，思想政治教育载体逐渐呈现多元化的发展态势。

（一）思想政治教育载体呈现出越来越多元化的发展趋势

虽然传统的线下教育形式仍然存在，但随着数字化时代的发展，线上教育也变得越来越重要。除了传统的校园活动，数字化时代还提供了更加丰富的社会实践活动形式。高校要重视和善用全媒体工作载体，注重把思政元素融入信息传播载体，发挥多元化载体在思政领域的传播效能。[①] 传统的管理方式依然是必要的，但是数字化时代的文化、科研、活动等载体也不断涌现。除了传统的报纸、期刊等实物载体，微博、微信等数字化媒体也在迅速发展，成为重要的传播渠道。

（二）同一类型的思想政治教育载体也在不断地朝着多样化的方向发展

数字技术驱动下同一类型的思想政治教育载体也在不断地朝着多样化的方向发展。如，传统媒体已经开始开设自己的微信公众号，建立自己的门户网站，还在各类视频平台上建立了自己的频道，以突破传统载体的时空限制，实现思想政治教育在"线上"与"线下"的良性互动和相互连通。这种发展趋势为思想政治教育提供了更广阔的空间和更丰富的方式，使得思想政治教育更加贴近学生的实际需求和现实生活。

（三）思想政治教育载体呈现出融合协同趋势

各种载体不再相互孤立，开始形成合力，这种趋势得到了数字技术的推动和助力。例如，在数字时代，不同类型的载体之间进行协同，实现了优势互补，从而弥补了传统载体在孤立状态下无法发挥作用的缺陷。这种

① 闫研、陈凡：《网络媒介技术与新时代高校思想政治教育的融合创新》，《东北大学学报》（社会科学版）2022年第4期。

形势使得思想政治教育能够更好地满足人们的需求，更好地推进思想政治教育的高质量发展。

（四）数字技术本身也可以被视为一种新的思想政治教育载体

通过数字化的方式呈现出的思想政治教育对象的各种信息、资料和行为轨迹，包括能够反映个人成长环境的基本信息和与家庭成员有关的信息，还有日常生活和学习情况，以及网络日志和行为数据等，这些客观存在的数据可以展现思想政治教育对象的思想变化和行为趋势，对这些数据之间隐含的关系的挖掘和分析能够帮助思想政治教育者预测以前认为"难以捕捉"的教育对象的思想动向和行为走向。[①] 可见，合理运用数字技术可以为思想政治教育者提供有效的信息，并促进思想政治教育者和教育对象之间的沟通和交流。

四 思想政治教育模式精准化

思想政治教育模式精准化是指通过对思想政治教育对象的需求、特点和差异进行精准分析，制定出符合实际情况和教育目标的教育方案，使教育更具有效性和针对性。思政教育精准化模式是为了满足越来越多教育对象日益个性化的需求而发展出来的。这种精准化模式需要依靠大量的数据分析和研究，通过收集和整合不同来源的数据来识别教育对象的需求和特征，从而设计出相应的教育方案和策略。同时，这种模式也需要不断地优化和调整，以与教育对象的变化和社会环境的变化相适应。在当前快速发展的数字时代，精准化思想政治教育模式更具有前瞻性和可操作性。

首先，精准化思想政治教育模式通过数据技术和智能化手段对教育对象进行全方位、深入的挖掘和分析，实现精准化的教育。这种模式可以有效解决传统思想政治教育模式中的问题，如针对不同年龄、不同性别、不同文化背景、不同兴趣爱好、不同需求的教育对象制定不同的教育方案。精准化思想政治教育模式还要关注学生在思想倾向、文化背景、个性特点等方面的差异性。根据教育对象的具体情况，针对不同学生的差异性，量身定制适合他们的教育内容，采用不同的教育方式和手段，确保教育的针

---

① 周鸣争、陶皖主编《大数据导论》，中国铁道出版社，2018，第113页。

对性、实效性和有效性。

其次，精准化思想政治教育模式还可以充分利用现代化技术手段进行教育，例如通过教育大数据分析，对教育对象的个性特点、学习兴趣、学习习惯、心理状况等进行深入挖掘和分析，制定针对性更强的教育方案。同时，可以通过人工智能技术和大数据分析技术，让教育者更加全面、准确地了解教育对象，同时还能够在教育过程中及时获取教育对象的反馈信息，进行实时调整和优化。

最后，精准化思想政治教育模式还可以通过建立互动平台，在教育对象和教育者之间建立更加密切的联系，实现精准化教育的双向交流。在思政教学过程中，要结合数字化技术手段，做到让"灌输式"的上位教学和"启发式"的下位教学方式相结合，在潜移默化的教学中影响思政教育客体，以实现更好的教学效果。① 例如，可以通过微信公众号、在线课程、社交网络等平台，让教育对象在学习的过程中获取更多、更好的资源，同时教育对象还能够通过上述途径与教育者进行交流和互动，得到更加个性化、精准化的教育。这种模式可以促进教育对象和教育者之间的互动和沟通，提高教育对象的参与度和满意度，进而实现更加有效的教育。

精准化教学模式将技术应用于思想政治教育全过程，在思想政治教育对象的判定、教育内容的选择和推送、教学方法的应用，以及教育评价和监测等多个环节中实现精准把控和科学、系统教育。精准化模式注重问题意识、目标意识和时效意识，通过聚焦思想政治教育实践中的教育内容和方法，促进思想政治教育的创新和发展。这一教学模式有助于解决传统思政教育模式中单一、线性传播、缺乏实时反馈等问题，实现精准掌握学生需求、科学设计教学内容、开展针对性教育、及时反馈和精准评估的思政教育闭环。关键在于准确了解受教育者的思想变化和心理需求，以精准思维引领，积极回应学生的思想政治教育诉求。精准是该模式的核心，既是目标又是实现手段，贯穿整个思想政治教育模式体系。

---

① 艾四林、王明初主编《社会主义主流意识形态与当今中国社会思潮》，人民出版社，2014，第421页。

五　思想政治教育环境智慧化

环境的变化是思想政治教育高质量发展的关键因素。自我国 20 世纪 90 年代提出教育信息化方案以来,思想政治教育环境在信息技术的推动下开始悄然发生变化。经过近 40 年的发展,思想政治教育通过网络建设和数字中国的发展,逐渐形成现代化的环境,并不断发展壮大。随着数字时代的到来和数字中国战略的实施,思想政治教育系统也受到了深刻影响,数字思政建设成为当前思想政治教育数字化发展的新主题。

传统的思想政治教育主要依靠物质环境对人的思想和行为进行影响,然而这种方式相对僵化和滞后。数字技术的广泛应用为思想政治教育创造了智慧化的环境,这对于思想政治教育的高质量发展至关重要。智慧化的思想政治教育环境是指将先进的信息技术和教育教学理念有机融合,通过智能化、数字化、网络化等方式,打造智能化的、高效的、优质的思想政治教育环境。思想政治教育环境的智慧化发展,主要表现在社会环境和校园环境方面。

(一) 社会环境的信息化

数字技术已深度嵌入人类的生产生活和学习工作之中,成为驱动社会经济发展的新要素、新动能。数字技术的普及使得信息传递更加快速、便利和全面,改变了人们认知与获取信息的方式。在新一轮科技革命和产业变革的推动下,社会信息化进程加速推进,给人类的生产生活方式带来革命性影响。[1] 2023 年,中国互联网络信息中心 (CNNIC) 发布了《第 51 次中国互联网络发展状况统计报告》,该报告显示:截至 2022 年 12 月,我国网民规模达 10.67 亿,较 2021 年 12 月增长 3549 万,互联网普及率达 75.6%,人均每周上网时长为 26.7 个小时。[2] 当前我国互联网基础设施不断完善,万物互联的基础越来越深厚,互联网应用用户规模显著扩大,人

---

[1]　学习贯彻习近平新时代中国特色社会主义经济思想做好"十四五"规划编制和发展改革工作系列丛书编写组编著《世界百年未有之大变局初析》,中国计划出版社、中国市场出版社,2020,第 69 页。

[2]　中国互联网络信息中心:《第 51 次中国互联网络发展状况统计报告》,2023 年 3 月,https://cnnic.cn/NMediaFile/2023/0322/MAIN16794576367190GBA2HA1KQ.pdf.。

类的生产生活数字化变革程度日益加深。

在万物互联的时代，社会信息化水平不断提升，人们可以通过互联网随时随地获取到自己想要的信息，这为人们的思想交流和学习提供了更多的机会和渠道。数字技术的普及也使得社会交往形式更加多元化和广泛化，人与人之间的交流突破了时空、地域限制，人们可以通过社交网络与世界各地的人进行广泛交流，也可以在网络社交中获得更多的情感支持。多元社会文化的产生、传播和消费都呈现出网络化特征。

数字技术的应用丰富了多元文化传播与交流交融的渠道，网络文化对人们的影响不断加深，也使得人们更容易接触到各种不同的文化现象和思想体系。数字技术也与社会生产深度融合，促进社会生产变革，数字技术催生新产业并通过网络连接形成新型产业集群，在提供更多就业岗位的同时也对求职者的数字素养和数字能力提出新要求。

（二）校园环境的智慧化

2018 年教育部印发的《教育信息化 2.0 行动计划》中，明确指出要将数字校园建设覆盖全体学校作为发展目标。综观当前数字思想政治教育建设，它包含对数字技术的高度融合、对信息化应用的深度整合，兼具网络化、信息化和智能化特征。[①] 在构建"数字思政"时，不同地区和教育机构可能会有不同的重点，但通常都需要综合考虑信息平台、课程教学服务平台、校园网络环境、物联网技术等方面的建设需求。

目前，我国大多数学校已经实现了校园全面覆盖的网络环境，并且建立了能够支持教育教学工作的数据平台和一体化服务平台。在"数字思政"建设背景下，思想政治教育环境将产生丰富的数字化教学案例和资源，为思想政治教育创造与传统教育环境不同的数字化环境。智慧化思想政治教育环境下，各类数据可以得到实时采集、分析和反馈，教师和学生可以通过互联网、移动终端等工具进行快速、便捷的信息共享和交流，教学资源可以得到充分利用，学习者能够自主学习和自主评估，教育教学可以变得更加精准、有效和个性化。智慧化的思想政治教育环境建设，不仅

---

① 李有增、周全、钊剑：《关于高校智慧校园建设的若干思考》，《中国电化教育》2018 年第 1 期。

可以提高教育教学质量，也能够促进教育教学模式的创新，有利于推进思想政治教育工作的深入开展。

六 思想政治教育评价全息化

教育评价事关教育发展方向，是把握教育改革方向和检验教育成果的重要手段。思想政治教育必须建立一个综合的、完善的评价体系，以便精准地评估思想政治教育成效，并对其工作进行优化和完善，进一步增强思想政治教育的实效性。

教育评价是进行教育质量监督的有效途径。2019 年 3 月 18 日，习近平总书记主持召开学校思想政治理论课教师座谈会，并发表题为《思政课是落实立德树人根本任务的关键课程》的重要讲话，指出思政课"体制机制还有待完善，评价和支持体系有待健全"①。传统的思想政治教育评价模式存在评价标准单一、评价过程模糊等问题，这种评价模式与新时代思想政治教育高质量发展要求不相适应，使得思想政治教育的评价功能无法得到充分发挥。数字技术的发展应用使教育者能够对学生的认知规律、接受特点、吸收程度进行分析，帮助教育者掌握系统的、原始的、真实的评价数据，推动思想政治教育评价逐渐朝着科学化、全面化、动态化方向发展。

（一）数字技术赋能思想政治教育评价全息化建立在科学的数据基础上

数字技术赋能思想政治教育评价全息化是建立在科学的数据基础上的。数字技术的引入为思想政治教育评价体系提供了新的理念和模式，能够实现全过程、全方位的信息收集，以全息化的数据收集来实现评价的科学化升级。在数字化生存条件下，受教育者的学习成长轨迹可以被自动记录，思想政治教育内容、教育目标、教育过程，以及受教育者在接受教育前后的思想变化和行为习惯等数字痕迹，都会以数字化的形式被数字平台记录，能够完整地呈现思想政治教育的全过程信息。

除此之外，思想政治教育主体的课外思想变化与活动轨迹也会在互联网应用中留下印迹，一些留言评论、朋友圈动态、短视频等信息也将能够

① 习近平：《思政课是落实立德树人根本任务的关键课程》，人民出版社，2020，第 7 页。

为教育者开展个性化、针对性教学提供依据。这些课内课外的数字信息将受教育者的成长轨迹较为全面地展现出来，有利于思想政治教育评价向客观性、全面性方向发展。

（二）数字技术赋能思想政治教育评价全息化是教育评价改革的基本要求

2020 年 10 月 13 日，中共中央、国务院发布了《深化新时代教育评价改革总体方案》，指出要"坚持科学有效，改进结果评价，强化过程评价，探索增值评价，健全综合评价，充分利用信息技术，提高教育评价的科学性、专业性、客观性"①。数字技术赋能能够满足结果评价、过程评价、增值评价、综合评价的基本需求，从而增强思想政治教育评价的科学性、专业性、客观性。

1. 数字技术赋能结果评价

结果评价是指在思想政治教育流程完成后，对预设目标与实际效果的对比评估，其直接体现在思想政治教育取得的效果上。结果评价具有目标导向性和易操作性。传统的结果评价方法往往以提交论文、考试或者小组汇报来实现，通常会消耗大量的人力和时间来进行评阅和分数统计分析，而数字技术能够提升评价工作的信息化和智能化水平，根据所学内容的重要性科学分配知识点考查比例，也能够根据知识点的难易程度、覆盖范围等科学命题，实现智能化知识点分配和命题设计，如可以通过设置学科题库，提升考核范围和题目分布的科学性，在线上通过随机匹配抽题进行考查，也能从侧面激励受教育者全面掌握学习内容。线上考核的一个优势就在于还可以进行线上评阅与结果分析，实现考核结果的可视化、图像化呈现，通过自动分析评价结果，较为直观地揭示受教育者的综合素质发展状况与发展趋势，帮助教育者查漏补缺，提出相应的解决对策来改进教育教学方法，提升教学效果。

2. 数字技术赋能过程评价

过程评价主要是对教育教学进行实时评估，比较注重评价和测量学习

---

① 《中共中央 国务院印发〈深化新时代教育评价改革总体方案〉》，中国政府网，2020 年 10 月 13 日，https://www.gov.cn/zhengce/2020-10/13/content_5551032.htm。

者的习得过程。然而在传统教育模式下，由于现实操作难度大，且受限于评估手段的单一与资源分配的不均，过程评价往往难以得到有效实施，经常被课堂作业、期中期末考核等终结性评价方式所替代，教师往往不重视过程评价的形式与结果。数字技术的迅猛发展为过程评价注入了全新的活力与可能性。数字技术提供了更加精确、全面、实时的数据获取、分析和反馈方式，实现了数据获取、数据分析和数据反馈的改变，具有全过程性、诊断性和即时性的特点。全过程性意味着数字技术能够持续、不间断地记录学生的学习活动，从课前预习到课后复习，从知识掌握到能力发展，无一遗漏；诊断性则体现在通过大数据分析，能够精准识别学生的学习难点与薄弱环节，为个性化教学提供科学依据；即时性的反馈更是极大地缩短了评估与改进之间的距离，使得教师能够迅速调整教学策略，学生也能及时获得学习成效的反馈，进而及时进行自我反思与调整，从而使过程评价更具有动态性、真实性和客观性。

3. 数字技术赋能增值评价

增值评价以受教育者的进步和变化为评价的核心，强调教育的核心使命是促进学生成长进步，强调的是经过一定阶段的教育后，受教育者在各自起点或基础上的成长进步幅度，是一种重视学习过程、综合能力和发展潜力的全新评价方式。数字技术能够围绕受教育者的学习成长开展伴随式、追踪式评价，全面采集某一学习时段受教育者的学习情况，并可以与其他时段作出对比，分析受教育者某一时段进步或者退步的原因，进而开展辅助工作和教学调整。

4. 数字技术赋能综合评价

综合评价具有系统性、多元性、复杂性和全面性等特点，其评价难度大、要求高，但往往又最具有参考意义。数字技术可以有效地解决综合评价中存在的标准难以客观量化、数据庞大复杂难以处理等问题。数字技术能够通过人工智能、大数据、算法等技术手段构建科学的综合评价模型，将收集来的原始数据自动转化为符合分析需要的数据格式。基于大数据和区块链等数字技术，可以实现评价对象学习成长轨迹的自动采集，解决综合评价中信息收集片面、信息结构不平衡的问题。

| 第三章 |

高校思想政治教育数字化发展的价值意蕴
与现实困境

高校思想政治教育数字化发展的价值意蕴与现实困境，是一个既充满机遇又面临挑战的复杂议题。随着信息技术的飞速进步，特别是互联网、大数据、人工智能等技术的广泛应用，高校思想政治教育正经历着前所未有的变革，其数字化发展不仅深刻影响着教育的形式与内容，更在价值层面展现出独特的意蕴。高校思想政治教育数字化转型是推进中国式教育现代化的必然要求，是顺应教育数字化转型的题中应有之义，是提升思想政治教育实效的客观需要。

第一节　高校思想政治教育数字化发展的价值意蕴

数字技术与高校思想政治教育的全面融合，为深化思想政治教育改革创新、拓展思想政治教育独特优势、推进思想政治教育高质量发展提供了新的视角和动能。数字技术成为高校思想政治教育数字化落地生根的重要驱动因素，能够在最大限度上解决过去高校思想政治教育过程中长期存在的问题，应受到学术界的高度重视。

一　培养担当民族复兴大任的时代新人的必然要求

"精神家园构筑必须久久为功。要面向各族群众加强党的理论和路线方针政策教育，加强党史、新中国史、改革开放史、社会主义发展史、中华民族发展史宣传教育,用共同理想信念凝心铸魂,深入培育和践行社会主义核心价值观。"① 高校思想政治教育是全面贯彻落实党的教育方针、落实立德树人根本任务、培养担当民族复兴大任的时代新人的重要途径和手段。将处于人生关键时期的关键群体打造成为一支中华民族"梦之队",要培养其素质结构中的关键素质——思想政治素质,需要遵循思想政治教育规律和学生身心发展规律,开展马克思主义理论教育,用习近平新时代中国特色社会主义思想铸魂育人。高校思想政治教育数字化能够依据高等教育阶段在学生终身发展中的地位、作用、规律,科学制定该阶段思想政治教育的具体目标和任务计划,正确引导学生的世界观、人生观、价值观,满足学生对成长成才的需求和期待,培养学生立德成人、立志成才。

思想政治教育是研究人思想品德的学科和提升思想道德修养的活动,数字化技术能够在一定程度上量化人的思想行为,为辅助教育者深入开展思想政治教育研究和工作提供充足的数据。数字化时代改变了人的生存时空,去中心化和多向交互的信息传播方式拓展了人际交往范围。高校思想政治教育数字化的主要对象是学生,其主体性在数字化时代得以大幅提升,重视当代高校学生的精神生活变得尤为迫切。在尊重和保护个人隐私的前提下,透过数字技术视域,可以对表情、言语、动作等行为数据进行追踪、监测、分析,全面观察学生的思想全貌和动态,准确了解学生的精神发展需求,深入洞悉学生的思想变化规律,及时预测思想趋势和预判行为倾向,精准强化正向行为和精准干预异常行为。通过数字技术聚类分析实现学生群体细分,为学生个体精准画像,了解其思想政治理论学习的获得感和满意度。基于此,教育者能精准对接学生的成长成才实际,因材施教,更好地关注学生的情感诉求,引导学生精神成人;思想政治教育能更好地围绕立德树人的根本任务,以优化过后的方式,在学生思想中产生实际效果,做到精准育人,在培养时代新人的新征程上迈出坚实的一步。

高校思想政治教育作为培养人的思想道德素质的一种实践活动,其存在样态及实施条件以社会生产力水平为基础,其本质力量的实现更有赖于

---

① 习近平:《铸牢中华民族共同体意识 推进新时代党的民族工作高质量发展》,《求是》2024 年第 3 期。

充分适应对象的多元化需要。这就要求高校思想政治教育必须观照育人环境的复杂变化及其对教育客体知行模式的多维影响，从而使思想政治教育不断走向科学化、精准化、智能化，更好地担负起为党育人、为国育才的重要使命。正如美国学者诺伯特·维纳（Norbert Wiener）所言："我们是如此彻底地改造了我们的环境，以致我们现在必须改造自己，才能在这个新环境中生存下去。"①

当前，以数字技术为核心的新一轮科技革命催生了社会新形态，对人才培养的理念、模式等方面提出了新期待，教育尤其是高校思想政治教育必须回应新的使命要求，在深入推进自身数字化发展的过程中为培养担当民族复兴大任的时代新人提供坚实的基础。有必要推进青年学生精神生活共同富裕，共同富裕是社会主义的本质要求，精神生活共同富裕是共同富裕的重要向度。在社会数字化的今天，高校思想政治教育数字化建设能够有效弥合教育差距，更好地满足学生日益多样化、多层次的精神文化需求；同时也有助于凝聚思想共识，为促进青年学生精神生活共同富裕提供更为清朗的环境氛围。高校思想政治教育数字化有助于巩固高校意识形态主阵地，在数字时代，西方意识形态渗透越来越隐蔽和技术化，数据盗取、数字围攻、媒体操纵等渐成其巩固自身霸权的重要手段。高校作为意识形态工作的前沿阵地，肩负着培育和弘扬主流价值观的重大任务，在数字信息战中占据话语优势、赢得育人主动，这些既需要持续推进数字核心技术自主创新，同时也有赖于高校思想政治教育数字化建设的助力，从而为维护高校意识形态安全提供更为有力的技术支撑。

2022年全国教育工作会议强调，要深刻认识和把握现代化经济体系转型升级对教育的迫切需求，培养大批适应经济社会发展需要的人才。② 数字化时代，现代科学技术极大地提高了社会生产效率和人的工作效率，机器可以代替人进行一些简单、日常的技能型工作，将人从日复一日的"异

① 〔美〕诺伯特·维纳：《人有人的用处——控制论与社会》，陈步译，北京大学出版社，2010，第38页。

② 《加快教育高质量发展——2022年全国教育工作会议召开》，中华人民共和国教育部，2022年1月17日，http://www.moe.gov.cn/jyb_xwfb/gzdt_gzdt/moe_1485/202201/t20220117_594937.html。.

化"劳动中解放出来，使人拥有更多自由支配的时间，去发展兴趣爱好，从事创造性活动，丰富人际交往。特别是2020年以来，数字经济规模不断扩大，涌现出一批新行业、新职位，传统产业的数字化转型对人的创新能力需求和高校人才培养要求有所提升，精准培养适应数字经济发展需要的创新型人才的重要性日益显现。思想政治教育是面向未来的教育，教育形态必须变革以适应经济社会的形态，培养适应未来社会发展的时代新人。从某种意义上来看，高校思想政治教育数字化能够立足于数字化时代的社会发展实际，注重塑造学生的批判性思维、共情能力、社会数据安全责任意识等，让数字技术为学生获取优质资源、实现个性化发展服务，引导高校学生将自身需求紧密关联国家、社会、时代要求，更好地到祖国需要的地方和岗位上建功立业。

二 满足社会对公平优质的教育的迫切需要

教育是国之大计、党之大计。高校办学规模日益扩大，扩大了教育的普及面，但这并不意味着教育公平增进、教育质量提升。教育公平问题总是与教育资源配置密切相关，促进教育公平的根本措施是合理配置教育资源。东南部沿海城市、经济发达地区的办学条件和资源平台众多，重点高校也较为聚集，思想政治教育资源优渥，相比之下，中西部地区、农村地区思想政治教育资源匮乏，高校思想政治教育工作的内容和方式手段受地域资源条件限制较大，区域教育发展不平衡不充分，这迫切要求高校思想政治教育改革兼顾教育公平与教育质量、规模化教育与个性化培养。数字化时代也是知识文明时代，由于数字技术应用范围拓展，知识生产和更新速度得以指数级提升，相应地，云教育资源越来越多地被开发、运用和共享，极大地拓展了教育资源边界，思想政治教育覆盖面随之不断扩大。习近平总书记指出："要发展信息网络技术，消除不同收入人群、不同地区间的数字鸿沟，努力实现优质文化教育资源均等化。"[①] 高校思想政治教育数字化就是运用数字技术统筹高校思想政治教育优质资源，引进世界相

---

① 习近平：《论把握新发展阶段、贯彻新发展理念、构建新发展格局》，中央文献出版社，2021，第119页。

关学科优质资源，优化思想政治教育学科资源配置，使有限的资源瞄准、服务于最需要的对象，解决资源低效利用、重复利用、错位利用等问题，改善过去思想政治教育发展不平衡、普及不到位的状况，补齐传统思想政治教育的短板，满足人民对教育事业的期望。

第一，高校思想政治教育数字化能根据不同区域的经济状况和人文环境，因地制宜开展思想政治教育。数字化时代，网络资费的降低、智能设备的普及、教育数字基础设施的配备、智慧校园的建设，使得教育资源具有易获得性、数字教育具有易操作性，传统意义上的大学"围墙"将不复存在，越来越多的师生获得跨校、跨区域接受教育的机会。高校思想政治教育数字化实施落地可以突破区域、城乡、学校之间的地理限制，尤其是能够针对经济条件落后的偏远地区进行重点关注和资源倾斜，有效促进思政课程、课程思政、师资队伍、设施设备等资源开发共享，解决教育资源分配不均匀、更新速度慢、共享程度低等问题，以共享发展促进教育公平，不让贫困和偏远地区的高校师生在数字化时代掉队。

第二，高校思想政治教育数字化能根据不同高校的办学特色和目标定位，因校制宜开展思想政治教育。通过数字技术应用获取不同类型院校的资源建设数据，建立思想政治教育资源分配的分析模型，教育者可以获取资源分配的实际和具体情况，结合资源配置的需求、方向、进度进行调节，提升高校思想政治教育的针对性，满足不同类型高校的思想政治教育需要。其一，根据不同类型高校的办学特色，弥补资源缺位，杜绝资源浪费的问题，培养不同职业定位的人才；其二，同类型高校之间进行数据比对分析，能够取长补短，加强高校之间的优质资源共享，改善师范类、理工类、艺术类院校课程结构不同导致教育不平衡的状况；其三，突破高校边界，推动高校与企业、社会机构等建立互通关系，以在更大范围内带动思想政治教育发展。

第三，高校思想政治教育数字化能根据不同个体的成长背景和发展需求，因人制宜开展思想政治教育。以终身教育为目标导向的高校思想政治教育数字化一视同仁，让各类高校师生都获得接受优质思想政治教育的机会，同时考量不同受教育者的差异性需求。在传统的思想政治教育中，教育者以其知识储备、教学资源、经验阅历等优势在教学过程中处于主导、支配地位，而受教育者则处于被动、从属地位，师生之间缺乏双向沟通与有效对话。数字化技术为思政教育提供了新的价值导向，人人都成了行走的"数字集合体"。一方面，师生之间的边界变得模糊甚至被消弭，教育者由传统的知识传授者、教学讲解者转变为学习的引导者、问题的启发者；另一方面，受教育者既是思政教育的体验者也是教学设计的参与者，借助各种外围辅助设备汲取知识、认识社会、了解世界。教育者和受教育者正以"对话"的方式建立一种相互平等、双向互动、和谐共促的师生关系。数字化时代高校思想政治教育数字化为学习需求者量身定制课程，让思想政治教育常态化、泛在化，与本科生和研究生教育并驾齐驱，覆盖高校各个学段群体。师生能够通过云端灵活访问、选择、处理、重构教育资源，借助自适应学习系统，随时随地接受思想政治教育，以适应数字化时代社会变化。非全日制学生与全日制学生接受教育的内容、方式都有所不同，非全日制学生学习时间较为零碎，无法很好地接受传统思政课的授课模式，思想政治教育数字化针对他们的特殊情况，量身定制适合的思政课，有侧重和针对性地开展教育，高效且精准地达到育人目标。聚焦个体发展并非与促进全体发展相冲突，而是改变过去只关注尖子生的教育导向，在确保教育公平的基础上更好地关注个人全面发展。

第四，高校思想政治教育数字化是应对数字经济、高等教育普及化新阶段的战略应答，世界各国和国际组织都在加快步伐推动教育数字化发展方面的探索与变革。"高等教育数字化的全球态势表明，数字化已成为世界各国推进高等教育高质量、可持续发展的战略支撑和必由之路。"[1] 国际上许多国家已实现线上和线下教学相结合的交融式教学，通过高质量混合式教学探索教育现代化的最优路径。美国布局在线课程建设，相继建立edX、Coursera 与 Udacity 三大慕课平台。德国自 2021 年起着手建立国家教育平台 National Digital Platform，推进已有平台与新建平台的互联互通，促进建成一个面向全国的国家级平台。韩国推出国家官方慕课平台 K-MOOC，为学习者提供由一流高校推出的高质量慕课。国际上各慕课平台积极探索

---

① 吴龙凯等：《国内外高等教育数字化发展现状分析》，《中国高等教育》2023 年第 2 期。

与高等教育的深度融合方式，给现有的高等教育教学体系带来发展机遇。中国顺应高等教育数字化发展大势，重视高校思想政治教育数字化在总体规划中的超前性、主动性、科学性，开展了一系列的有益探索与积极实践。

就其本质而言，高校思想政治教育仍是以人的全面发展为核心的实践活动，而高校思想政治教育数字化建设则更为突出以数字技术全方位、深层次、多维度赋能并重塑高校思想政治教育，通过充分发挥数字技术的工具属性、媒介属性、平台属性、生态属性等多重功能优势，全面推进高校思想政治教育的创新发展。高等教育数字化是未来发展的必然趋势，而其中的高校思想政治教育数字化是维护我国意识形态安全、推动教育公平的必然举措。借助数字技术推动高等教育全面、彻底数字化转型，将打造更加公平、更高质量、更加美好的未来教育，将有助于进一步促进人类个体的全面发展，同时为社会的全面进步、人类命运共同体的构建做好准备，从而使人类实现更可持续的发展。

三 增强高校思想政治教育针对性和实效性的应然之举

长期以来，高校思想政治教育教学通常按照课表编排课程方案和调整教学进度，在这种情况下，师生的联系并不紧密，教师也往往难以洞察学生的个人情况和捕捉学生的思想动态。高校思想政治教育数字化强调教育者和受教育者共同参与，坚持主体互动的多向性，改变过去"一对一""一对多"等简单的线性关系，使其变为"多对多"的非线性关系，教育者与受教育者交互的范围、程度、时长得以拓展，据此能更多地采集到教学过程中学生的思想、情感、行为及师生交互等数据，这些数据能够为教育者精准把握学情提供客观支撑，使教育者通过充足的数据信息挖掘学生行为的思想根源，以解决高校传统思想政治教育出现的工作不到位、供需不平衡、效果不显著等教育问题。

过去的思想政治教育实践难以摆脱工业时代标准化教育模式的影响，照本宣科的现象时常发生。尽管关注到分类教育，但对受教育者的分类并非直接依据其思想和行为差异，而是依据其思想和行为的相关性因素，如职业或文化程度。相比传统思想政治教育泛化导致的"万金油"的错误认识，思想政治教育数字化强调聚焦思想政治教育的问题域。数字技术以其高超的数据搜集和分析能力，统筹高校思想政治教育全系统，并精准到全过程和各环节，分析和预判各类情况，深挖思想政治教育根本问题，给予思想政治教育相关工作技术支持。在高校思想政治教育课堂上，师生之间的关系不仅是传统的信息传播与接收，还包括从不同维度生产和使用数据。在此基础上，运用大数据评估与预测手段，能够有效规避非理性因素的负面影响，并显著提升信息反馈的及时性，从而弥补传统教育模式中因信息反馈滞后而导致的教学效果不佳的问题。

在宏观层面，数字技术可以对思想政治教育的过程、结构、群体反馈行为进行数据分析，能够帮助教师系统分析学生学情，明确思想政治教育课程中的重难点，优化学生的学习效果。在微观层面，可以运用数字技术整合数据建立高校思想政治教育支持系统，能够对教师教学与学生学习情况进行动态监测与评估，促进多元化教学策略的实施与应用。数字技术最为显著的优势在于明确教育主客体在教育过程中的定位，利用数据实现教育主体与客体的深度交互，推动其实现从信息的传播者和接收者到数据的生产者与消费者的转型。数据收集囊括师生基础信息数据、教师教学与学生学习活动数据、日常管理服务数据以及教师培训研修数据，可以精准到个人的出勤率、点头率、互动频次、反馈数量等。在强大的数据支撑下，高校思想政治教育的定量分析具有前所未有的精准性。

教育者通过思想政治教育数字化平台提取受教育者的基本信息、思想特征、行为表现数据，可以对受教育者的具体情况进行深入了解和精准化分析，包括受教育者的基础素养、学科背景、家庭环境等基本情况描述，以及受教育者知识掌握、思想发展、情感变化、行为倾向等受教育后的思想政治素质和状况描述，能够对受教育者进行精准画像，获得可供分析的思想政治教育发展模型和个人思想行为模型，从受教育者的视角发现教育效果与教育内容、教育方法、教育环境、教育管理等变量的关系，直接锁定教育的盲点、难点，精准定位思想政治教育的瓶颈所在，聚焦重点任务、重点对象、重点领域、薄弱环节，解决高校思想政治教育长期以来的疑难杂症。相比以往阶段性的数据收集导致的分析滞后，数字化技术可以实时获取师生的思想和行为数据，最充分地还原师生思想的真实面貌，挖掘师生在思想政治教育中的痛点、疑点，依据师生的思想品德发展需要，主动供给定制化的教育内容和服务资源，改变抽象的内容呈现和生硬的灌输方式，为其吸收、转化、践行思想政治教育内容创设优良条件，还可以预测师生未来思想和行为的可能性，做到实时预警、精准干预，进而不断提升高校思想政治教育的针对性和实效性。

在数字化时代背景下，思想政治教育的数字化能够依托全面的数据分析和先进的数字技术，深入理解不同受教育者的个性化需求、多样化的发展目标和独特的成长路径。在此基础上，教育者可以实施针对性的引导和差异化的教育塑造，打造一种个性化的"点对点"定制化教育模式，实现精确的目标定位，满足受教育者的个性化需求，以获得学生群体的广泛认同。为了达到"内化于心"的教育效果，思想政治教育的数字化进程应以受教育者的需求为核心，利用数据资源和数字技术作为支持手段，通过搜集和分析受教育者的行为数据和在线活动痕迹，洞察其背后的思想动态和心理变化，解码个体复杂的内心世界和成长需求。在此基础上，教育者可以利用各类数据资源全面绘制个体的数字画像，精确地制定教育内容，选择合适的教育方法和匹配适宜的教育资源，同时根据受教育者的反馈和行为变化不断优化教育内容、方法和策略，以提高教育的适应性和有效性，从而更好地实现教育的意义传达和价值共鸣，持续提升思想政治教育的针对性，优化实际效果。

第二节　高校思想政治教育数字化发展
面临的现实困境

在当今数字化浪潮席卷全球的背景下，高校思想政治教育正经历着前所未有的变革。数字化技术犹如一把双刃剑，为新时代高校思想政治教育的高质量发展带来了机遇，但同时也带来了诸多挑战。这些挑战不仅涉及教育的内容和形式，更深入到教育的本质和价值观层面。从宏观层面来看，数字化深刻影响了思想政治教育的方方面面，特别是给意识形态教育、教育主体、教育环境和教育方法等方面带来了新的挑战。这些挑战如果得不到有效化解，将严重阻碍思想政治教育的高质量发展。

一 数字化发展给思想政治教育带来新的挑战

(一) 对主流意识形态教育提出新挑战

意识形态教育一直是思想政治教育的核心任务和重中之重。然而，在数字化时代，意识形态领域的斗争呈现出前所未有的复杂性、隐蔽性和激烈性，这给思想政治教育带来了全新的挑战。这些挑战主要体现在以下三个方面。

首先，数字化发展带来的去中心化趋势削弱了主流意识形态传播的权威性。在传统媒体时代，主流意识形态的传播往往依赖于权威机构和官方媒体，但随着数字技术的发展，特别是社交媒体的兴起，出现了所谓的"新媒体赋权"现象。这一现象使得每个个体都拥有了前所未有的发言权和影响力。虽然这种变化在某种程度上促进了言论自由和信息多元化，但同时也带来了一系列问题。网络空间中充斥着海量的信息，其中不乏错误、片面甚至恶意的内容。面对这种情况，在保证信息自由流通的同时维护主流意识形态的话语权，成为思想政治教育工作者面临的一大挑战。

其次，碎片化信息的泛滥削弱了主流意识形态内容的深刻性和系统性。在当今"流量为王"的互联网时代，信息的传播越来越倾向于碎片化和娱乐化。传统的意识形态教育往往强调系统性和理论深度，需要学习者进行长时间的思考和消化。然而，短视频、图文快闪等新兴媒体传播方式的信息呈现方式往往是零散的、片段化的。这种传播方式虽然能够吸引用户的即时注意力，但难以传达复杂的思想内容。大量同质化、浅表化的信息积累，不仅无法有效传达主流意识形态的核心内容，反而可能削弱其完整性和严密性。如何在碎片化的信息环境中保持主流意识形态教育的深度和系统性，成为思想政治教育工作者需要深入思考的问题。

最后，数字技术正在成为西方国家进行意识形态渗透的有力工具。马丁·海德格尔（Martin Heidegger）曾直言："只消我们既没有充分追问现代科学的本质来源，也没有充分追问现代技术的本质，那么，这样一个假象就总是能维护自己的。"[①] 在当前的国际格局中，西方发达国家在技术革

---

① 〔德〕马丁·海德格尔：《演讲与论文集》，孙周兴译，生活·读书·新知三联书店，2005，第22页。

新方面仍然占据优势地位。数字信息环境下信息的开放性、庞杂性、自由性色彩浓厚，其在时间和空间维度上的非线性拓展，打破了国家、地域、社会制度及意识形态的界限，使得民族意识、国家情怀趋向淡化。西方发达国家利用这种技术优势，结合其长期积累的文化影响力，通过互联网和社交媒体等渠道，大规模传播西方价值观和意识形态。这种技术驱动的意识形态渗透具有多种特点：首先，隐蔽性强，往往以看似中立的信息或娱乐内容为载体；其次，渠道多样，可以通过社交媒体、在线游戏、流媒体平台等多种渠道进行；最后，影响范围广泛，特别是对青年群体具有较强的吸引力。这种全方位、多角度的意识形态渗透对我国的主流意识形态教育构成了严峻挑战。在技术发展的浪潮中坚持和发展中国特色社会主义意识形态，有效抵御西方意识形态的侵蚀，成为新时代思想政治教育工作的重要课题。

（二）对思想政治教育主体提出新挑战

思想政治教育的核心始终在于人，数字化的发展并不意味着教育主体自动具备了所需的素质和能力；相反，它对教育者和受教育者都提出了更高的要求，推动着整个教育体系的变革。

从受教育者的角度来看，数字化教育转型是一个循序渐进的过程，充满了机遇与挑战。尽管当代学生普遍具备基本的数字素养，但大多数人仍然习惯于传统的被动接收信息的学习方式。这种惯性思维模式与数字化时代要求的主动学习、批判性思考之间存在明显的矛盾。虽然学生们已经掌握了一定的信息搜索能力，但他们往往只关注自己感兴趣的内容，忽视了全面系统的学习任务。这种选择性学习可能导致知识结构的不平衡，影响思想政治教育的整体效果。

更值得警惕的是，海量信息的冲击可能削弱受教育者的独立思考和辨别能力。在信息爆炸的时代，学生们很容易陷入同质信息的陷阱，形成固有的思维模式，难以接受不同的观点。这种情况不仅不利于批判思维的培养，还可能导致认知偏差和价值观扭曲。更有甚者可能沉迷于网络世界，丧失对现实生活的兴趣和对未来的规划，这无疑是思想政治教育面临的重大挑战。

从教育者的角度来看，数字化时代对他们提出了全新的要求。传统的教学方法和知识储备已经无法满足数字化教育的需求。教育者不仅要具备扎实的专业知识，还需要掌握应用数字化工具的能力，了解新媒体的运作规律，熟悉学生的网络行为特征。这要求教育者不断更新知识结构，提升数字素养，以适应快速变化的教育环境。

此外，教育者还需要改进教育方法，将数字技术有机融入教学过程。"在数字技术融入社会经济发展的过程中，作为主要教育资源的人力资本的流动已经不限于传统的实体流动，而是倾向于数字化、信息化和虚拟化的流动。"① 例如，利用大数据分析学生的学习行为，开发个性化的教学方案；运用 VR 和 AR 技术，创造沉浸式的学习体验；通过社交媒体平台，拓展课堂之外的互动空间。这些创新举措都旨在推动思想政治教育的高质量转型升级，但同时也对教育者提出了更高的要求。

（三）对思想政治教育环境建设提出新挑战

思想政治教育环境本质上是开放且包容的，它受到政治、经济、文化等多重因素的影响，同时还受到家庭、学校、社会等多元环境的影响。在数字化的驱动下，思想政治教育环境正在经历深刻的变革。开放的社会信息环境虽然为教育提供了丰富的资源，但同时也提高了思想政治教育的难度和复杂性。

在当今"人人都是媒体"的数字化环境中，信息的传播方式和获取途径发生了根本性的变化。网络已经成为人们，尤其是年轻人获取信息的主要渠道。这种变化虽然提高了信息传播的效率，但也伴随着负面思想和错误观点的快速传播。信息泛滥、失真、造假等问题使信息环境变得愈加复杂，思想政治教育环境因此处于一种高度复杂的状态。这种复杂的信息环境对受教育者的世界观、人生观、价值观的形成构成了巨大挑战。

另一个值得关注的问题是算法推荐可能导致的"信息茧房"效应。智能算法虽然提高了信息推送的精准度，但也可能使受教育者长期接收同质化的信息，忽视其他观点，最终陷入信息封闭的状态。这种情况不利于培养受教

---

① 许恒等：《数字化发展对教育公平的影响研究：理论机制与运行路径》，《中国电化教育》2023 年第 10 期。

育者全面、客观的思维方式，可能导致偏见和极端观点的形成。此外，信息过载也是一个严峻的挑战。面对海量信息，受教育者往往难以有效筛选和整合有价值的内容，这种信息消化不良的状况可能对思想政治教育产生消极影响。

更为严重的是，数字化时代还带来了一系列新的社会问题，如网络暴力、网络欺凌和网络犯罪等。这些问题不仅威胁着网络空间的秩序，更严重影响受教育者的身心健康。在这种复杂的环境中，引导学生正确使用网络，培养健康的网络行为习惯，成为思想政治教育的重要任务。

（四）对思想政治教育方法提出新挑战

数字化时代的到来，如同一场席卷教育领域的革命，彻底改变了传统的教学模式和方法。在这个信息爆炸、技术飞速发展的时代，传统的"言传身教"和"大水漫灌"式的教学组织形式显得越来越力不从心。这些曾经行之有效的方法，在数字化的浪潮中暴露出了诸多局限性，已经无法满足现代教育的需求。因此，数字化对思想政治教育方法提出了前所未有的挑战，迫使我们必须重新思考和革新教育方法。

第一，传统的单向教育模式面临着巨大的挑战。在过去，教育过程往往以教师为中心，知识的传授是单向的、线性的。教师被视为知识的权威，学生则是被动的接受者。然而，数字时代的到来彻底颠覆了这种格局。如今，学生可以通过互联网轻松获取海量的知识和信息，有时甚至比教师掌握更多的前沿信息。这种变化使得教师的角色不得不从知识的传授者转变为学习的指导者和引导者。教育方式也随之变得更加灵活自主，强调师生之间的互动和交流。现代学习者渴望更加开放、互动和个性化的学习方式，这就要求思想政治教育必须适应这种变化，创新教学方法，以满足学生的新需求。

第二，对教育的多样性提出了新的挑战。数字化的普及使学习者的需求变得更加多元化和个性化。每个学习者都有自己独特的学习风格、兴趣爱好和知识背景。他们期望学习的内容和形式能够切实满足自身的需求，而不是被动接受统一的、标准化的教育。这就要求现代教育必须更加注重个性化和多元化，采用灵活多样的教学策略，如翻转课堂、项目式学习、混合式学习等，以满足不同学习者的需求。思想政治教育也需要顺应这种趋势，通过多样化的教学方法来吸引学生，优化教学效果。

第三，知识共享带来的挑战不容忽视。数字化的发展使得知识共享变得前所未有的便捷。学习者可以通过网络轻松获取各种学习资源，并与他人分享自己的学习成果和心得。这种开放式的知识共享模式对传统的思想政治教育方法提出了新的挑战。教育者需要重新思考如何在这种开放的环境中引导学生，如何利用这种知识共享的优势来促进学生的学习和思考。同时，也需要培养学生辨别信息真伪、批判性思考的能力，以正确对待网络上良莠不齐的信息。

第四，学习评估面临新的挑战。在数字化时代，学习者的学习行为和成果可以被详细记录和分析，大数据和人工智能技术使得对学习过程的精确评估成为可能，这就要求现代教育方法必须更加注重学习者的反馈和评估。教育者需要善用这些数据，深入了解学生的学习需求和学习成果，并据此设计更加科学、有针对性的教学方法。对于思想政治教育而言，如何利用这些技术手段来评估学生的思想动态、价值观念的变化，是一个值得深入研究的课题。

此外，数字化时代还带来了注意力分散、深度思考减少等问题，这些都对思想政治教育的方法提出了新的挑战。如何在信息爆炸的环境中吸引学生的注意力，如何培养学生的深度思考能力，如何使学生在碎片化的学习中保持系统性和连贯性，这些都是教育工作者需要认真思考和回答的问题。

面对这些挑战，教育工作者需要不断更新教育理念，改进教育方法。必须充分利用数字化和新媒体手段，如虚拟现实技术、在线互动平台、智能学习系统等，来增强思想政治教育的吸引力和实效性。同时，也要注意保持传统教育方法的优势，将传统与现代相结合，以更好地服务于思想政治教育的发展。

二　思想政治教育数字化发展面临的问题

"教育数字化是我国开辟教育发展新赛道和塑造教育发展新优势的重

要突破口。"① 在数字化浪潮席卷全球的背景下，思想政治教育领域也不可避免地受到了深远影响。面对这场前所未有的变革，我国的思想政治教育工作者们积极探索，努力将数字化技术融入教育实践，以期实现高质量发展。这一过程虽然取得了一定的成效，但同时也暴露出了一系列亟待解决的问题。联合国教科文组织 2021 年 11 月发布的《人工智能伦理问题建议书》中也明确指出："人工智能算法可能复制和加深现有的偏见，从而加剧已有各种形式的歧视和成见，由此产生新的伦理挑战。"② 正视这些问题，深入分析其根源和影响，是我们在推进思想政治教育创新过程中必须保持的理性态度，只有这样才能确保思想政治教育在数字化时代不断前进，不断完善。

（一）数字化赋能宏观规划不足且保障不到位

数字化赋能思想政治教育是一个循序渐进的过程，它需要政策、技术、人才等多方面的协同推进。近年来，我国在这方面的政策语境逐渐完善，数字化思想政治教育的基本架构已具雏形。然而，从顶层设计到地方实践，再到学校教育，高校思想政治教育数字化发展仍然面临诸多挑战。

1. 宏观规划体系有待完善

目前，数字化赋能思想政治教育的宏观规划在目标设定上缺乏清晰的界定。一是虽然国家层面强调教育数字化的重要性，但在具体落实到思想政治教育领域的目标规划时，尚未形成明确、可操作的指导方针。对于如何通过数字化手段实现思想政治教育的精准化、个性化，尚未有系统的指导方案。二是数字化赋能思想政治教育涉及教育、宣传、科技等多个部门，但各部门之间的协调机制尚未健全。各部门在政策制定、资源分配和技术应用等方面缺乏有效的沟通与协作，导致政策执行过程中出现脱节现象。高校和教育机构内部存在大量数据孤岛，各部门之间的数据难以共享与整合。这种数据孤岛现象不仅制约了数字化赋能思想政治教育的深度发展，也影响了教育决策的科学性。数据安全保障不足，数字化赋能思想政

---

① 习近平：《扎实推动教育强国建设》，《求是》2023 年第 18 期。
② 联合国教科文组织：《人工智能伦理问题建议书》，2021 年 11 月，https：//unesdoc. un es-co. org/ark：/48223/pf0000381137_chi。

治教育涉及大量学生个人信息和思想动态数据，数据安全至关重要。然而，当前的数据安全保障体系尚不完善，数据泄露、隐私侵犯等风险依然存在。三是数字化赋能思想政治教育的资源分配存在明显的区域差异。发达地区在数字化基础设施、教育资源和技术应用方面具有明显优势，而欠发达地区则面临设备短缺、网络覆盖不足等问题。具体来说，即使在同一地区，不同高校之间的数字化资源分配也存在显著差异。重点高校在资金、技术和人才方面更具优势，而普通高校和职业院校则面临资源匮乏的困境。这种资源分配不均衡严重影响了数字化赋能思想政治教育的全面推广。

2. 政策保障体系尚不健全

尽管近年来我国加强了数字安全方面的立法工作，但整体法律法规体系仍然存在诸多不足。首先，缺乏统一的数字安全法律。目前，我国的数字安全相关法律分散在不同的法律法规中，缺乏一部统一、全面的数字安全法。这导致了法律适用的困难，也不利于形成系统的数字安全保护体系。其次，法律细节解释不足。许多现有的法律条文过于原则化，缺乏具体的操作指南和解释说明。这使得在实际执行过程中常常出现模糊地带，难以有效应对复杂多变的数字安全问题。再次，保护与发展的协调不够。在制定和执行数字安全法律时，如何平衡数据保护和数字经济发展的关系是一个棘手的问题。目前的法律体系在这方面还没有找到最佳平衡点。最后，学校层面的规章制度不完善。在思想政治教育数字化的背景下，学校作为主要实施场所，却普遍缺乏相应的管理制度。这种制度保障的缺失为数据隐私问题带来了潜在风险。例如，在收集和使用学生数据时，缺乏明确的规范和限制；在保护学生个人信息方面，缺乏系统的管理措施；在处理数据安全事件时，缺乏应急预案；等等。这些问题不仅可能导致学生隐私泄露，还可能影响思想政治教育的有效开展。因此，完善政策保障体系，不仅需要国家层面的法律法规建设，还需要学校等教育机构制定相应的规章制度。

（二）数字化自主创新受阻且融入不充分

我国数字化建设呈现出蓬勃发展的态势，创新成果层出不穷。然而，由于技术发展本身具有周期性和复杂性，数字化的整体推进和成熟仍需要一个漫长的过程。尤其在思想政治教育这一特殊领域，数字化创新不仅要考虑技术层面的突破，更要注重其对教育理念和方法的革新。这就要求我们在引进先进数字化技术的同时，积极开发适合本土化的数字工具和平台。只有真正掌握应用的主导权，才能避免在数字化浪潮中处于被动局面，进而推动思想政治教育的质量全面提升。

1. 核心技术自主创新存在难题

技术自主创新无疑是企业乃至国家获得竞争优势的关键所在。然而，在实际操作中，我们却面临着一系列难以逾越的障碍。首先是技术研发周期长、成本高昂的问题。尤其在教育领域，数字化改造不仅需要大量资金投入，更需要长远的战略眼光和持续的努力。许多教育机构面临着技术基础设施更新滞后的困境，这在很大程度上制约了数字化教育的推广和应用。与此同时，科研投资的不足也使持续的技术研发变得举步维艰。在资金有限的情况下，如何平衡短期效益和长期发展，成为摆在每个决策者面前的难题。

除了资金和时间的投入，技术自主创新还需要强大的技术能力作为支撑。这不仅包括高素质的人才队伍，还涉及领先的技术基础设施和持续的创新研究。然而，现实情况是我国在数据管理和分析技术方面的能力尚不足以满足日益增长的数据处理需求。特别是在一些关键核心技术领域，如高性能计算、分布式计算和实时计算等方面，与国际先进水平相比仍存在明显差距。这些技术短板不仅限制了我国在数字化领域的自主创新能力，更影响了整体的核心竞争力。突破技术瓶颈，培养和吸引高端人才，打造世界一流的技术研发团队，成为亟待解决的问题。

技术自主创新的实现不仅依赖于内部因素，还需要良好的外部环境和政策支持。一个理想的创新生态系统应当包括鼓励创新的文化氛围、完善的知识产权保护机制、降低创新风险和成本的配套措施等。然而，我国在这些方面的政策环境建设和支持力度仍显不足。例如，知识产权保护的执行力度不够，导致许多企业和个人的创新成果得不到应有的保护；创新激励机制不完善，使得一些潜在的创新主体缺乏动力；产学研合作的深度和广度不够，影响了创新成果的转化效率。这些因素共同作用，无疑增加了技术自主创新的难度。如何构建一个有利于创新的政策环境，如何平衡保护与激励，如何优化资源配置以支持自主创新，这些都是我们需要深入思考和回答的问题。

2. 数字化与思想政治教育的融合应用不充分

虽然数字化技术在教育领域，特别是思想政治教育方面已经开始试点和应用，但由于数字化处理的复杂性以及思想政治教育主体能力的限制，这一融合应用过程面临着诸多挑战。这种不充分的融合应用主要体现在以下几个方面。

（1）数字化赋能思想政治教育的目标导向不清晰

数字化技术与思想政治教育在目标导向上存在着一定的差异，这可能导致实践中的方向偏差。数字化应用通常追求效率提升和成本降低，而思想政治教育则更注重人才培养的质量和价值观的塑造。这种目标上的不一致可能会导致数字化技术在思想政治教育中的应用偏离正确轨道。例如，过分追求数字化带来的便利和效率，可能会忽视思想政治教育中人际互动和情感交流的重要性。

因此，在推进数字化与思想政治教育融合应用的过程中，必须明确二者的共同目标，确保数字化应用始终服务于思想政治教育的根本任务。这就要求我们以思想政治教育的发展需求为导向，进行精细化和专业化的应用。我们需要深入分析思想政治教育中的具体问题和潜在机遇，有针对性地设计和实施数字化解决方案，以充分发挥数字技术在优化教育效果、激发学习兴趣、拓展教育渠道等方面的优势。

（2）数字化赋能思想政治教育的研究中存在对赋能限度认识不清的问题

在数字化赋能思想政治教育的研究中，存在对赋能限度认识不清的问题。部分学者过分夸大了数字化技术的作用，将其视为解决一切教育问题的万能钥匙，而忽视了传统思想政治教育方法的独特优势。这种"技术万能"的理念不仅可能削弱传统思想政治教育的优势，还可能导致教育过程中人文关怀的缺失。

从物理形态的角度来看，未来大学之间的界限将变得模糊，传统的校园围墙将被拆除；从运作方式来看，大学之间以及大学与社会之间将实现全面连接和互动，实现教师、课程、设施、服务等资源的共享，以最大限度地利用社会资源。这种以学生为中心的教学模式，将彻底改变传统大学的教学管理模式。"然而，工业社会形成的院校、专业、课程等教育教学体系仍然沿着惯性发展，数字化赋能教育还在延续工业社会的思路。"① 一方面，信息技术促进的教育教学改革仍固守既有教育体系，还在学校、专业、课程、教学原有的框架内作优化；另一方面，"技术论"长期主导教育信息化，新技术因缺乏相应的能力建设和管理制度更新导致应用效果不佳，投资回报成效遭到质疑，难以彰显技术促进变革的潜力。

同时，这些研究未能正确把握数字化与思想政治教育融合的"度"，无法实现将传统优势与技术优势相结合。事实上，数字化技术应该是对传统教育方法的补充和增强，而非完全替代。我们需要深入研究在融合过程中哪些因素应该改变，哪些应该保持不变，以及变化的原因和方式。只有这样，才能在保持思想政治教育本质特征的同时，充分发挥数字化技术的优势。

因此，我们需要进一步深化研究，探索数字化与思想政治教育融合的最佳模式。这不仅需要理论层面的探讨，更需要在实践中不断总结经验，以推动数字化在思想政治教育中的有效应用和创新。

（3）数字化在思想政治教育中的融合应用深度不够

目前，数字化在思想政治教育中的融合应用深度还远远不够。正如一些学者所指出的，当前思想政治教育与信息技术的融合往往缺乏整体观照和宏观视野，更多停留在表面的结合层面，而非真正的深度融合。许多现有的数字化平台和新载体主要是作为思想政治教育内容的呈现渠道，虽然在一定程度上丰富了表现形式并增强了吸引力，但这种简单的结合远未达到真正融合的程度。

尽管已有研究对博客、微博、微信等数字化平台在思想政治教育中的应用进行了探索，取得了一定成果，但仍然缺乏对网络与思政教育融合规律的共性研究和动态研究。特别是在互联网思维与思想政治教育融合的深

---

① 李铭等：《高等教育教学数字化转型的愿景、挑战与对策》，《中国电化教育》2022 年第 7 期。

层机制方面，目前的研究还不够深入，整体研究和应用深度仍然有待提升。

（三）数字硬件基础设施薄弱且发展不平衡

数字化在思想政治教育中的应用是一个复杂的系统工程，它依赖于人工智能、虚拟现实技术等前沿科技的支撑。这些技术通过大规模的数据采集和精准的数据处理，为教育决策提供了强有力的支持。然而，我国在数字化思想政治教育的基础设施建设方面仍存在明显的不足。虽然国家大力推动了互联网和5G移动通信技术的普及，但与之相关的技术基础设施建设却未能同步跟上，这一问题在学校和学生端尤为突出。硬件设施的投入和升级需要大量资金支持，资金的缺乏导致网络质量的提升并未紧跟时代脚步，这些基础设施的不足严重制约了数字化技术在思想政治教育中的深入应用和创新发展。

综观我国数字化思想政治教育的发展现状，其虽然取得了一定的成果，但整体上数字化应用的综合性成效改革仍不成熟，发展不平衡、不充分的问题尤为突出。这种不平衡主要体现在地区差异上：东部地区的数字化水平较高，中部地区次之，而西部地区则明显滞后。造成这种差距的主要原因在于东部地区拥有更为完善的数字基础设施和更充足的财政支持。这种区域间的发展不平衡不仅影响了思想政治教育的整体效果，也加剧了教育资源分配的不公平性，进而可能导致更广泛的社会问题。

从市场研究数据来看，我国的数据中心机架数量呈逐年增长趋势，但其分布却呈现出明显的地域集中特征，主要集中在华东、东北和华北三大区域。这种分布格局反映出数字经济较为发达、政策环境较为优越的区域在数字基础设施建设上具有显著优势。然而，这种区域性的集聚发展模式也导致了西部地区在数字基础设施建设上的相对滞后。缺乏技术支持和基础设施不仅直接影响了西部地区思想政治教育的数字化服务能力，且数字技术更新换代速度快，可能会进一步扩大区域间的差距。这种数字鸿沟的不断加深，不仅影响了思想政治教育的均衡发展，也可能成为国家整体教育水平提升的瓶颈。

因此，要真正实现数字化赋能思想政治教育的高质量发展，需要在全国范围内统筹规划，加大对落后地区的投入和支持，建立健全数字基础设施，缩小地区间的差距。同时，还要注重技术创新和对应用模式的探索，充分利用数字化技术的优势，提高思想政治教育的针对性和实效性。只有这样，才能真正发挥数字化在推动思想政治教育发展中的积极作用，为培养新时代的高素质人才提供坚实的技术支撑。

（四）数字软件平台建设滞后且运行不规范

近年来，我国教育信息化建设取得了显著成果，尤其是自 2006 年"数字校园"建设计划实施以来，计算机和网络技术在教学、科研、管理和服务等方面的普及度大幅提升，极大地提高了校园整体运行效率。"教育新型基础设施建设是数字化时代教育变革的牵引力量，是加快教育现代化和建设教育强国的重要战略举措。"① 随着技术的不断进步，"数字校园"理念逐步升级为"智慧校园"，融入了更多先进的数字技术和创新理念。然而，智慧校园的建设任务可谓艰巨复杂，堪比一个微缩版的智慧城市工程。

遗憾的是，部分高校对智慧校园建设仍持保守态度，其数字化建设往往停留在推进 Wi-Fi 覆盖等基础层面，未能深入探索和利用更先进的数字技术。这种浅层次的数字化建设不仅效果不尽如人意，更无法满足新时代受教育者日益增长的多元化需求。在数字化赋能高校思想政治教育发展的进程中，数字教育平台的建设更是暴露出诸多问题，主要表现为平台建设不完备、保障不足以及运行不畅等。要有效解决这些问题，必须从三个关键平台入手：数字信息采集平台、数字资源管理平台和数字资源运行平台。

首先，在数字信息采集平台方面，新时代思想政治教育面临着有效数据采集平台缺失的困境。尤其值得关注的是，物联网传感器数据采集系统的建设明显滞后，这直接影响了教育工作者对受教育者在学习、交友、生活等方面的数据获取能力。没有全面、及时、准确的数据支撑，思想政治教育工作者就难以做到精准施教，无法真正实现因材施教和个性化教育。

---

① 陈云龙、孔娜：《我国教育数字化转型的基础、挑战与建议》，《中国教育学刊》2023 年第 4 期。

其次，在数字资源管理平台方面，随着数据量的急剧增加，数据管理问题日益突出。目前，高校普遍缺乏统一的数据标准，包括数据分类、格式标准、传输协议和编码规则等。这种标准的缺失严重阻碍了数据的互联互通，使得各个系统之间的数据难以有效整合和利用，大大降低了数据的关联价值。数据孤岛的存在不仅造成了资源浪费，更限制了数据分析的深度和广度，进而影响了教育决策的科学性和有效性。

最后，在数字资源运行平台方面，当前的数字教育平台运行机制仍处于探索阶段，缺乏成熟完善的体系。一个健全的数字教育平台应该具备分析、控制与反馈机制，引导、协调与整合机制，防范、扩散与教育机制，宣传、管理与决策机制等多重功能。然而，现实中的平台往往难以全面覆盖这些方面，导致平台运行效率低下，无法充分发挥数字化赋能思想政治教育的潜在价值。

这种数字教育平台建设的不完善已经成为思想政治教育发展的瓶颈。它不仅影响了教育资源的有效利用和教学效果的优化，还阻碍了思想政治教育工作的创新和发展。在信息化、数字化快速发展的今天，如何构建高效、全面、智能的数字教育平台，已经成为摆在教育工作者面前的一个重要课题。

（五）教育数据资源供给不足且共享不通畅

数据是驱动教育发展的核心要素。然而，当前思想政治教育领域还面临数据资源供给不足和共享不通畅的严峻挑战，其不仅制约了数字化赋能思想政治教育的进程，也阻碍了教育创新和质量提升的步伐。要充分发挥数字化在思想政治教育中的作用，必须首先解决教育数据资源供给不足的问题。

1. 教育领域的数据获取与利用存在一定的难度

教育数据的特殊性在于其高度敏感性，涉及个人隐私和机构信息等多方面内容。这就要求在数据采集、处理和利用的全过程中，必须格外谨慎，严格遵守相关法律法规和伦理准则。此外，教育数据的主要来源往往限于政府部门和学校等机构，这些机构在数据管理和共享方面往往存在诸多限制和顾虑。种种因素叠加，导致教育数据资源的更新速度难以跟上时代发展和教育需求的步伐，形成了一个亟待突破的瓶颈。

2. 教育数据的挖掘和应用还存在一定的技术难题

教育领域的数据具有体量庞大、结构复杂的特点，这对数据处理和分析技术提出了极高的要求。然而，当前教育界普遍面临着数据专业人才匮乏和技术手段不成熟的困境。这种人才和技术的双重短板，严重制约了教育数据资源的深度挖掘和有效应用，使得许多宝贵的数据资源未能充分发挥其应有的价值。

3. 教育领域在数据利用上的意识和能力还需要进一步提升

尽管数字技术在思想政治教育中的应用日益广泛，但其应用深度和广度仍有待拓展。目前，数字技术的运用多停留在管理优化等表层应用上，对于内容数据的深度挖掘和创新性应用仍显不足。这种局限性使得数据的多样化价值和创新潜力未能得到充分释放，无法真正体现数据在推动高校思想政治教育发展中的核心作用。

当然，数字资源的共建共享本应成为促进信息交流、优化教育资源配置的有力手段。然而，在思想政治教育领域，数字资源共享的通畅程度远未达到理想状态，这极大地限制了数字化应用的实际效果的发挥。造成这一问题的原因是多方面的。首先，思想政治教育各部门和机构之间普遍存在"信息孤岛"现象，各自为政、互不相通。其次，不同系统间的数据往往互不兼容，缺乏统一的数据标准和规范。最后，数据共享平台的建设还不完善，无法为数据的流通和共享提供有效的技术支持。这些因素共同阻碍了数据资源的有效流通和共享。

更深层次的问题在于，许多个人、机构或企业对数字资源的价值认识不足，同时又过分担心数据泄露的风险，因此不愿将自身拥有的数据资源放入流通环节。这种观念上的障碍在数字资源挖掘公司与思想政治教育研究机构的合作过程中表现得尤为突出，需要通过长期的努力和教育来克服。

（六）教育主体数字意识淡薄且能力不匹配

思想政治教育在数字化应用方面面临着严峻挑战，民众整体数字意识的淡薄也是一个非常关键的因素。数字意识并非与生俱来，而是需要通过持续的实践和体验逐步培养而成。只有积极培育这种意识，我们才能在数字时代中游刃有余，真正实现高质量的数字生存，充分发挥数字化的潜在价值；反之，若缺乏清晰的数字意识，我们将难以保障数字资源的质量和价值，甚至在信息海洋中迷失方向。

综观历史，我国教育主体数字意识薄弱的现状一定程度上也是受传统文化的影响。中华文明自古以来就有重人文、轻科学的倾向，对工具理性持相对排斥态度，这在无形中阻碍了数字意识的培养。传统文化强调直觉智慧和经验主义，虽然这种思维方式在艺术创作领域大放异彩，却在科学研究和数据意识的形成过程中设置了无形的障碍。尽管当今中国已跻身"数据大国"之列，但数据的实际利用率却不尽如人意，大量宝贵的数据资源未能充分发挥其应有的价值。这种根深蒂固的数字意识淡薄现象是在漫长的历史进程中逐步形成的，短时间内难以彻底改变，因而对新时代思想政治教育的数字化进程产生了深远的影响。

推动高校思想政治教育数字化转型需要将数字技术与教育主体、教育客体以及教育内容等方面进行有机融合，以满足当下的教育需求。教育主体需要更新传统观念，从理念层面加强对数字化转型的理性认识，灵活运用数字技术。首先，部分教育主体缺乏对高校思想政治教育数字化转型的正确认识，对数字化转型的认可度不高，导致其在教育实践过程中难以掌握和运用数字技术辅助教学。其次，部分高校思想政治教育工作者在面对数字化转型时，表现出明显的技能短板。他们的数字化认知多停留于技术操作的表面，对于互联网、大数据等前沿技术的深层次应用缺乏足够的知识储备和实践经验。这种"不会用""不敢用"的现象成为数字技术与高校思想政治教育相结合的障碍。此外，部分教育工作者对数字化转型的本质存在误解，担忧数字化进程会削弱教育者的主导地位，这种抵触情绪不仅不利于教育者的个人成长与职业发展，还严重阻碍了高校思想政治教育数字化转型的顺利推进。

"教育中的数字鸿沟不仅仅体现为技术鸿沟，更是一种素养鸿沟。"①当教育者与受教育者的数字素养不足时，大量虚假信息、谣言以及不负责

---

① UNESCO, Reimagining our future together: a new social contract for education (report from the International Commission on the Futures of Education, 2021), https://unesdoc.unesco.org/ark:/48223/pf0000379707.

任的传播行为会使人们迷失在是非混杂、真假难辨的信息洪流之中,甚至极易被煽动进而导致产生偏见、仇恨言论和攻击行为。同时,广泛的技术渗透和不断扩大的学习空间,对未来的学习者和教学者的数字适应能力提出了挑战。数字素养和应用能力的不足也是数字化发展过程中的一大瓶颈。数字素养涵盖对数字化的全面理解、深入分析、灵活应用,以及应对潜在风险和挑战的能力。在新时代背景下,思想政治教育工作者肩负重任,必须通过不懈地学习和实践来提升自身的数字素养,唯有如此,才能推动思想政治教育的创新发展,使其与时俱进,焕发新的生机与活力。

上述原因导致新时代思想政治教育工作者在提升数字素养的过程中面临多重问题,这主要体现在顶层设计、实践感知、培养培训和实践支撑等方面。在顶层设计方面,尽管国家已出台数字技术发展的纲领性文件,但针对思想政治教育工作者数字素养的具体要求和评估标准仍显不足,导致其在实践中缺乏明确的指导方向;实践感知方面,由于相关制度规范和政策支持不够完善,数字化应用在实际操作中常面临诸多困难,如数据安全和隐私保护等问题,增加了思想政治教育工作者对数字化应用的顾虑;在培养培训方面,思想政治教育工作者与数字化专业知识之间存在较大距离,现有的培训模式难以取得理想效果;在实践支撑层面,目前的研究过于侧重理论,对实际操作和数据安全等关键问题的研究明显不足,缺乏必要的实践指导。

三　思想政治教育数字化发展的潜在风险

在数字化时代,思想政治教育与数字技术的关系主要体现为一种相互赋能的关系。数字化无疑为思想政治教育带来了前所未有的发展机遇,推动其向着更高质量、更高效率的方向迈进;然而,我们也必须清醒地认识到,数字化并非万能灵药,其在为思想政治教育提供强大技术驱动力的同时,也带来了诸如张力失度、关系失和、数据失范和算法失当等一系列风险。面对这些潜在的风险,我们既不能视而不见,也不能谈"数"色变,而应该以理性和审慎的态度,在推进高校思想政治教育数字化创新的过程中,采取针对性措施加以规避和应对。

（一）思想政治教育落入技术陷阱的风险

思想政治教育是一个复杂的系统工程，其内在运行机制具有一定的张力和韧性。这一特性为数字化赋能提供了广阔的应用空间，但同时也对技术嵌入的深度和广度造成了一定的限制。关键是要把握好数字化应用的"度"，既不能对数字技术采取排斥和抵制的态度，也不能对其过度依赖和迷信。否则，就可能使思想政治教育陷入技术形式主义、技术实用主义和唯技术主义的泥潭，背离其应有的发展方向。

1. 数字悬浮

数字悬浮是指数字化仅仅停留在思想政治教育的表层，并没有真正实现与教育内容和教学过程的深度融合，导致技术应用流于形式的现象。具体表现为：一些思想政治教育工作者热衷于将数字化作为教育创新的亮点来展示，却没有在教学实践中深度整合技术，使其发挥实质性作用；有的数字思想政治教育资源只是简单复制了传统教育模式，没有充分利用数字技术的优势进行优化创新；还有一些数字教育资源由于缺乏系统规划和持续更新，出现了闲置和浪费的问题。这些现象都反映出：如果单纯追求数字化的形式而忽视其内容建设，就难以真正发挥数字化的应有效能。

2. 数字依赖

数字依赖是指思想政治教育过度依赖数字技术，以至于其自主性和独立性受到技术的牵制和控制，一旦脱离了技术的支撑，教育活动就难以正常开展的问题。在数字化的浪潮下，一些思想政治教育工作者可能会产生"唯技术论"的倾向，认为数字技术是解决一切教育问题的"灵丹妙药"，而忽视了思想政治教育自身发展的内在规律。甚至有人认为，传统的教育模式已经成为阻碍数字化发展的"绊脚石"，应该予以摒弃。殊不知，尽管数字技术具有巨大的发展潜力，但人类的情感、创造力和直觉在教育中的作用是不可替代的。如果过度依赖数字化，忽视人的主观能动性和人文精神的培育，就容易落入"数字至上"的窠臼。

3. 数字至上

长期的数字依赖容易滋生数字崇拜和数字独裁的心理，导致唯技术主义的思想倾向。一些人过度强调技术创新，将数字化本身的发展视为思想政治教育的首要目标，甚至无限放大数字化的功能，将所有的教育问题的解决都寄托于技术。在这种取向下，技术成了教育的主宰，而教育则沦为技术的附庸。教育的价值追求和育人目标被技术的光环所掩盖，思想政治教育的本真内涵也被数字化所掩盖。这无疑是本末倒置、舍本逐末的做法，违背了"以人为本"的根本宗旨。

（二）思想政治教育主体关系异化的风险

数字化的嵌入重塑了教育中的人际关系，虽然理想情况下其应促进人的全面发展，但实际上，数字化的本质特性并没有改变，反而加剧了思想政治教育中人际关系的复杂性。这种复杂性表现为人的自我、人与人、人与技术和教育、人与社会关系的失调和异化。

1. 人的自我异化

在数字化生存环境中，人们逐渐习惯于依赖技术手段解决问题。过度依赖和沉迷于技术使人们成为技术网络中的符号化、数字化节点，导致主体性逐渐丧失。在思想政治教育中，"数字原住民"倾向于借助数字手段获取信息。随着时间的推移，"技术的逻辑有可能偏离原有的轨道，甚至会挣脱主体的控制"[①]，他们的知识吸收能力和独立思考能力在技术的逻辑下逐渐弱化，主动性和能动性也随之减弱。这种情况下，人的自我意识和主体性受到严重挑战，人的全面发展面临巨大障碍。

2. 人与人的关系异化

技术既可以连接人与人，也可以在他们之间形成鸿沟。网络交流虽然超越了时空限制，但也在一定程度上取代了现实中的人际交往。虚拟关系掩盖了现实的互动，人与人之间的关系被技术所主导，技术削弱了人的道德情感，导致现实关系的冷漠和疏离。在思想政治教育中，教育者不再是唯一的知识来源，受教育者反过来影响教育者。数字化教学模式使得教育者与受教育者之间的面对面沟通减少，现实中的师生交往被异化为符号与符号之间的交往，技术理性排斥情感因素，师生情感互动和情感生成受阻，灵魂与灵魂的碰撞、情感与情感的交流难以实现，教育者的影响力和

---

① 周洪宇、李宇阳：《ChatGPT 对教育生态的冲击及应对策略》，《新疆师范大学学报》（哲学社会科学版）2023 年第 4 期。

权威性被削弱。这种情况下，教育主体之间的情感交流和价值引领受到阻碍，教育效果大打折扣。

3. 人、技术、教育关系的异化

人与技术相互塑造，技术改变了受教育者的思维、生活方式、学习方法等。受教育者作为互联网的主要用户，生活越来越依赖网络。数字时代的多元、碎片化信息使他们难以集中注意力，人的情感、特性、价值、多样性逐渐被消解，沦为庞大机器体系中的零件，主体变为抽象的数字和符号。受教育者在信息过载中迷失，数字化教育的节奏不符合成长规律，技术从促进发展的工具变成了监视和制约的手段，引发了受教育者的迷失和抵触情绪。这种情况下，技术与教育的关系失衡，人的全面发展受到阻碍，教育的本质属性面临挑战。

4. 人与社会关系的异化

作为"数字原住民"，现代人在虚拟空间中越陷越深，对"数字身份"的认同感增强，有可能导致他们忽略现实中的"社会身份"，沉溺于虚拟世界。人的现实生活空间被挤压，难以找到在社会中的生存方式和自我价值，这与思想政治教育培养时代新人的目标相违背。如果不能正确引导受教育者在虚拟世界和现实社会中找到平衡，就可能导致他们在社会生活中迷失方向，无法实现自我价值，这无疑会削弱思想政治教育的针对性和实效性。

（三）思想政治教育数据过载、隐私泄露和数据安全的风险

在 21 世纪，数据俨然已成为数字时代的"新石油"。随着思想政治教育数字化的不断发展，海量的数据资源不断积累，其已然成为数字化赋能思想政治教育的重要基础，对思想政治教育的发展产生了深远影响。然而，面对数据带来的诱人红利，人们往往倾向于认为数据积累得越多，教育就会变得越科学、精准和有效；但事实上，思想政治教育中的数据如果被过度采集和滥用，很可能会导致出现数据过载、隐私侵犯和数据安全等一系列风险。

1. 数据过载

生成数字技术的过程中往往包含大量无用的信息。举例来说，在监控

录像中，可能只有几秒钟的数据是真正有价值的，而其余时间段的数据则毫无意义。这说明数字技术通常具有低价值密度的特点。随着互联网的日益普及，尤其是移动互联和社交网络的蓬勃发展，人们在不同地点、时间和场合产生的数据量呈几何级增长。因此，要想高效利用数字技术，就必须学会筛选和取舍数据，即留下有意义的数据，去除无意义的数据。这种数据取舍能够有效减少不必要的投资，提高数字技术的应用效率。

在当前思想政治教育融合数字技术的初期阶段，受各种主客观因素的制约，全方位的数据收集面临重重挑战。如果不能认真探索数据取舍的方法，不仅会增加烦琐低效的工作，还会阻碍数字技术在思想政治教育中的普及和长远发展。在现阶段，我们只能依赖现有的信息基础设施和数字技术平台，被动地收集所有能够采集到的数据，缺乏数据收集的主导权和主动性。同时，我们还没有深入思考哪些已获取的信息是真正有价值的，哪些是无意义的。此外，在获取能够直接反映教育对象思想状况的数据方面也存在很大的不足。

面对海量的数据，我们需要在法律和技术的框架内，积极探索如何有效收集和处理数据，从中去除冗余信息，筛选出有用的数据，明确数据采集的范围和边界，明确哪些数据能为我们所用。这些问题如果不能及时得到解决，就会导致数据过载。大量数据的无序收集会使思想政治教育中的数据井喷式增长，其中必然夹杂着无用、无效甚至失真、被污染的数据，这无疑会增加数据筛选、存储和分析的负担。

2. 隐私侵犯

隐私权作为自然人享有的基本权利，涵盖个人不愿公开的私人信息和领域。数字技术在收集和使用个人数据时，虽然其初衷是为了提高思想政治教育的针对性和实效性，但在实际操作中，却可能记录过多的个人信息，甚至涉及个人的行为习惯、兴趣爱好等敏感领域，这无疑对个人隐私构成了严重的威胁。

诚然，思想政治教育数字化发展需要深入了解受教育者的实际情况，但在数据收集和分析的过程中，隐私侵犯的风险也随之而来。在数字技术的全面监控下，思想政治教育对象的一举一动都被记录和分析，个人信息暴露无遗。更令人担忧的是，各类智能技术的自动化数据采集方式更加便捷和隐蔽，受教育者往往感到无所适从，甚至可能在不知情的情况下，个人数据就被收集和公开。

值得反思的是，在隐私保护方面，数字技术非但没有发挥应有的作用，反而因其强大的数据处理能力，使得隐私侵犯问题更加恶化。个人隐私频繁遭到侵犯，这不仅威胁到个人自由，还可能扰乱社会秩序、影响情感发展和扭曲价值观念。

数字技术的广泛应用导致数据生产者与拥有者、运用者处于不平等地位，人们的行为不断被监视，数据被企业或机构收集和分析。在此过程中，个人往往不自觉地转让了数据权利，随时面临隐私泄露和被骚扰的风险。思想政治教育如果不采取有效措施保护信息安全，教育对象将面临更大的隐私侵犯风险。

3. 数据安全

随着数字技术在思想政治教育中的广泛应用，数据存储和处理的安全性问题日益凸显。一旦数据发生泄漏，其影响范围可能从个人隐私延伸到国家安全。思想政治教育的特殊性和战略定位决定了其数据的重要性，一旦这些敏感数据被窃取或泄露，将严重威胁国家意识形态安全。可以说，思想政治教育的数据安全问题事关重大，关乎主流意识形态的传播和社会的稳定。

在复杂多变的数字环境中，思想政治教育面临的挑战更加严峻。数字资本的介入、黑客和病毒软件的入侵等因素，使得数据安全问题更加复杂和紧迫。一旦主流意识形态的传播受阻，其合法性和权威性就可能受到质疑和挑战，进而影响社会的和谐稳定。因此，加强对思想政治教育数据安全的保护，既是维护国家意识形态安全的需要，也是确保社会长治久安的必然要求。

面对数据安全领域的重重挑战，思想政治教育工作者必须高度重视，采取有效措施加以应对。一方面，要提高数据安全意识，完善数据管理制度，严格规范数据收集、存储、使用和销毁的全过程行为，防止数据泄露和滥用；另一方面，要加快数据安全保护技术的研发和应用，提高数据防护能力，为思想政治教育数据的安全提供坚实的技术保障。只有筑牢数据安全防线，才能为思想政治教育的健康发展保驾护航。

（四）算法失当：主流意识形态凝聚力、引领力被削弱的风险

"大数据时代促使思想政治教育实践思维从样本思维转向整体思维、因果思维转向关联思维、定向思维转向发散思维的变革。但此过程所产生的负面效应如'理念革新'的观念障碍、'数字鸿沟'的不公平和'信息茧房'的同质性束缚也困阻了转向进程。"① 算法技术作为数字时代的产物，已经深深地嵌入了我们的日常生活和社会运作过程。它通过复杂的数学模型和海量的数据分析，能够精准地捕捉用户的行为模式、兴趣爱好和思想倾向，从而为用户提供量身定制的内容推送。这种精准化的信息传递方式，无疑为思想政治教育注入了新的活力，使其能够更加贴近受教育者的实际需求，提高教育的针对性和有效性。

然而，算法的应用并非没有风险。当我们过度依赖算法时，可能会陷入一系列潜在的陷阱。首先，算法可能会造成偏见，这种偏见源于设计者的主观意图或训练数据的局限性。其次，算法可能会创造信息茧房，使用户被困在自己熟悉的信息环境中，难以接触到不同的观点和思想。最后，算法的复杂性和不透明性可能会导致"算法黑箱"问题，使我们难以理解和控制算法的决策过程。这些问题如果得不到有效解决，将会严重削弱主流意识形态的凝聚力和引领力，带来不可忽视的意识形态风险。

1. 算法偏见

算法偏见是一个复杂而深远的问题，它的根源在于算法设计和应用过程中无法避免的主观性。每一个算法都是由人类设计和实现的，因此它们不可避免地会携带设计者的价值观、偏好和预设。这种主观性不仅存在于算法的初始设计过程中，还会在算法的使用和优化过程中不断累积和强化。

算法的工作是基于对海量历史数据的分析和学习。它通过识别数据中的模式和规律，建立预测模型，进而对新的数据进行分类和预测。在数据管理的视角下，算法进行决策的过程对于教育工作者乃至一般技术人员而言，通常不易被理解，因此很少有人质疑其可能存在的错误、偏见或漏

---

① 祁峰、林延鸿：《大数据时代思想政治教育实践思维的转向、困阻与创新》，《学校党建与思想教育》2024 年第 9 期。

洞。当前的算法决策机制和逻辑并不透明，对个人不公开，使得算法对大多数人来说就像是一个装满不透明数据的"黑匣子"。教育者、学生或管理者只能理解算法输出的结果，而对其背后的原理和生成过程却知之甚少。更复杂的是，像深度学习算法和机器学习算法这样的人工智能算法模型，有时连开发者自己也无法完全解释其工作原理。

这个过程在某种程度上类似于人类社会中的范畴化机制，我们倾向于将相似的事物归类，并基于这些类别做出判断。然而，正如人类的范畴化过程可能导致刻板印象和偏见一样，算法也容易放大和固化已经存在于数据中的偏见。例如，如果历史数据中存在性别歧视或种族歧视的偏见，算法可能会"学习"并复制这些偏见，在未来的决策中继续强化这些偏见。在思想政治教育的语境下，这种算法偏见可能会导致某些观点或群体被过度代表或被边缘化，从而损害教育信息的客观性和全面性。

更严重的是，由于算法的复杂性和不透明性，当人们在教育领域因算法的缺陷而受到不公正对待时，他们可能并不自知，即使有时能感觉到问题的存在，也不知道应该向谁反映，甚至不清楚应该讨论什么。在这种情况下，无论是决策者还是执行者，其在教育活动中的数字权力可能因数据的不透明而变得微不足道，这与使用算法来优化决策的初衷背道而驰。这些偏见往往难以被察觉和纠正。它们可能以一种微妙而持续的方式影响人们的认知和判断，增加了主流意识形态传播的难度。面对这种挑战，我们需要更加警惕地审视算法的设计和应用，建立有效的监督和纠错机制，确保算法能够公平、公正地服务于思想政治教育的目标。

2. 信息茧房

信息茧房是数字时代一个广受关注的现象，它描述了一种个体被自己的信息偏好所束缚的状态。在这种状态下，个人长期沉浸在满足自身兴趣和观点的信息环境中，逐渐与外部多元的信息世界隔绝。这种现象的形成与现代信息技术，尤其是个性化推荐算法的广泛应用密不可分。

在数字化时代，算法推荐系统通过分析用户的浏览历史、点击行为、停留时间等数据，构建用户的兴趣模型，继而推送高度个性化的内容。这种方式无疑大大提高了信息获取的效率，使用户能够快速找到自己感兴趣的内容。然而，这种便利性的背后隐藏着潜在的风险：用户可能会越来越多地接触到与自己现有观点一致的信息，而较少接触到不同的，甚至是挑战自己既有认知的观点。

对于思想政治教育而言，信息茧房的存在带来了严峻的挑战。思想政治教育的本质在于培养全面发展的人才，需要为受教育者提供广阔的视野和多元的思想。然而，信息茧房的存在使得教育内容的完整性和系统性难以得到保障。受教育者可能会倾向于接受符合自己已有认知的教育内容，而对于新的、挑战性的观点持抵触态度。这不仅限制了个体的认知发展，也可能导致社会整体的思想分化和对立。

影响更为深远的是，信息茧房引发的伦理问题不仅仅局限于个体层面的信息选择局限和新事物缺失。在社会层面，它可能导致网络群体的极化现象。人们长期沉浸在充满相似观点的环境中，容易形成强烈的群体认同感，同时对观点不同的群体产生排斥和对立情绪。这种现象不仅削弱了社会的凝聚力，也降低了不同群体之间合作的可能性。

3. 算法黑箱

算法推荐技术的发展为教育领域带来了新的变革，它可以根据受教育者的个性化需求，精准地筛选出最适合他们的教育内容，并将其推送给他们。这种个性化的信息推送机制无疑提高了教育的针对性和效率。但是，我们还需意识到，这种看似高效便捷的信息推送机制，实际上是在一个由算法逻辑主导的"黑箱"中运作的，在这个"黑箱"中，主流意识形态的话语权和主导权正在被逐步削弱。从数据收集的角度来看，人在算法中将不被视作个体，而是被视为群体中的一员，被迫"戴上某顶帽子"抑或被赋予某种偏见。因此，如果现实中并非所有的人都习惯或者善于用现代化的教育平台、教育应用和教育工具来表达自己的立场和观点，那么算法收集到的数据可能只反映了特定年龄阶段、特定学历背景、特定学校类型和特定动机偏好人群的意见，从而使相关教育活动陷入恶性循环。

此外，算法本身也必然会给如何框定行为设立合理的假设，如若不然，现实中的算法就没法运行。上述算法逻辑的最后结果是"算法所依据数据的不对称难免导致教育政策、资源和经费向更有利于'特殊人群'的方向倾斜，严重时将导致相关奖惩、督导和引领背离教育公平的基本价值"①。算法的复杂性和背后的商业利益，使得它成了一个难以被探知的领域。用户无法了解算法的设计原理、控制者以及责任归属，也无法对其进行有效的评估和监督。这种不透明性使得算法推荐可能被某些势力操纵，偏离教育的初衷，甚至使算法成为意识形态斗争的新战场。

虽然算法推荐表面上是基于客观数据和用户行为进行分析和推送，但实际上，它并非完全中立和客观。算法的设计和运行，往往涉及人类的利益需求和社会环境的多重影响。算法背后的商业利益、政治诉求、文化偏好等，都可能对其产生重大影响。对于普通用户而言，他们在使用算法推荐时，表面上看起来是在自主选择感兴趣的信息，但实际上，他们能够选择的范围已经被"算法黑箱"预先控制和限定了。用户只能在算法提供的有限选项中进行选择，而无法突破算法设定的边界。这种隐蔽的操纵导致用户逐渐失去主动选择和判断信息的能力，被动地接受算法推送的内容。长此以往，用户的思维可能变得狭隘和单一，丧失多元思考和跨领域交流的机会。更危险的是，用户可能在不知不觉中陷入"信息茧房"，只接触到符合自己既有观点的信息，形成封闭的思维圈层，难以接纳不同观点，最终导致社会的分化和对立。

在数字技术和算法推荐的推动下，西方的哲学、政治、文化思潮正以前所未有的速度和规模涌入国内。其中既有先进的科学理念和人文精神，也不乏一些低俗、庸俗甚至有害的内容。如果受教育者对这些内容缺乏必要的分析和批判，盲目地接受和追捧，其思想便极易受到误导和侵蚀。尤其是一些意识形态色彩浓厚的言论，可能混淆是非、颠覆价值观，对受教育者的三观形成冲击。而这恰恰为西方国家实现文化渗透提供了可乘之机。他们可能利用算法推荐，有针对性地向特定群体散播某些观点和言论，试图影响和改变受教育者的思想。如果我们不能及时意识到这种隐蔽的意识形态斗争，不能加强对受教育者的引导和教育，任由西方思潮在算法的推动下肆意蔓延，那么我们就可能在这场"战争"中处于被动和劣势。

---

① 杨欣：《教育数字化转型的算法机遇、挑战与调适》，《高等教育研究》2022 年第 2 期。

　　新时代的思想政治教育在一定程度上受益于算法推荐技术。算法可以根据受教育者的特点和需求，精准推送思想政治教育内容，提高教育的针对性和实效性。然而，我们也必须清醒地认识到，主流意识形态正面临着被削弱的危机。数字化和互联网的发展极大地加速了各种价值观念的传播和交融，也增加了对价值观进行引导和管控的难度。面对海量的信息和观点，受教育者有了更多的选择，这对主流意识形态的凝聚力和号召力构成了潜在威胁。与此同时，网络谣言和西方资本主义国家的文化渗透进一步加剧了意识形态斗争的复杂性。一些别有用心的势力可能利用算法推荐传播有害信息，在价值观方面对受教育者进行误导。尤其是年轻学生，他们的辨别力和判断力还不够成熟，更容易受到错误观点的影响和蛊惑，进而动摇对主流意识形态的认同。如果任由这种趋势发展，主流意识形态的凝聚力和引领力必将遭到严重削弱。

第四章

高校思想政治教育数字化发展的目标定位
和基本原则

"理想信念的坚定，来自思想理论的坚定。认识真理，掌握真理，信仰真理，捍卫真理，是坚定理想信念的精神前提。中国共产党人的理想信念，建立在马克思主义科学真理的基础之上，建立在马克思主义揭示的人类社会发展规律的基础之上，建立在为最广大人民谋利益的崇高价值的基础之上。"① 数字技术的迅猛发展为思想政治教育的高质量发展提供了强大动力。通过激发数字技术的活力，可以推动思想政治教育实现现代化转型，使其更加适应时代发展的需求。然而，在这个过程中，我们必须始终把握思想政治教育的育人本质，坚持正确的价值追求。数字技术应当服务于思想政治教育的创新和发展目标，而不能本末倒置，让技术主导教育。这就要求我们在思想政治教育中科学、合理地应用数字资源，深入挖掘数字技术的潜力，通过精心设计和不断优化，为思想政治教育提供坚实的基础保障。只有这样，我们才能真正实现数字技术对思想政治教育的赋能，推动其高质量发展。

第一节　高校思想政治教育数字化发展的目标定位

"当今世界，新一轮科技革命和产业变革深入发展，围绕高素质人才

---

① 习近平：《坚定理想信念 补足精神之钙》，《求是》2021 年第 21 期。

和科技制高点的国际竞争空前激烈。"① 2022 年，教育部启动了教育数字化转型，强调要通过推进教育信息化，促进教育高质量发展。在这一背景下，数字技术已经广泛应用于思想政治教育的各个方面，推动了整个教育系统的深刻变革。面对新形势、新任务，思想政治教育必须根据整体发展的需要进行相应调整，以更好地满足党和国家的战略需求。这就要求我们立足新时代，审时度势，科学谋划思想政治教育数字化发展的目标和路径，使其与国家发展大局相契合，为实现中华民族伟大复兴的中国梦贡献智慧和力量。

一　强化数字理念，增强思想政治教育的实效性

当前，数字技术迅猛发展，深刻改变着经济社会的发展方式和人们的生活方式。面对数字化、网络化、智能化的新趋势，思想政治教育必须与时俱进，主动拥抱变革，以新的理念引领新的实践，不断增强教育的针对性和实效性。因此，要推动思想政治教育创新发展，首要前提就是要强化数字理念，用数字化思维武装头脑、指导实践、推动工作。

数字时代，信息技术日新月异，新媒体快速发展，极大拓宽了人们接收信息的渠道，改变了人们的思维方式和行为习惯。新媒体凭借其数字化、多媒体融合的特质，以及无与伦比的实时传播与深度交互能力，构筑起了一个信息资源海量、交流畅通无阻的媒介环境。"新媒体交互性、即时性、开放性等特点以及其包罗万象的内容恰好满足了高校师生的沟通需求、信息需求、个性需求，新媒体已成为高校师生获取知识和信息的重要平台，深受大学生的欢迎和喜爱。"② 在这一背景下，思想政治教育如果仍然固守传统观念，就难以适应新形势新要求，难以赢得学生的认同和接受。只有树立数字理念，以开放包容的心态拥抱新技术，以创新进取的勇气探索新路径，才能激发思想政治教育的生机与活力。同时，还要注重加强数字素养教育，引导学生树立正确的网络观、媒体观，提高其运用数字

---

① 习近平：《扎实推动教育强国建设》，《求是》2023 年第 18 期。
② 《十谈》编写组：《加强和改进新形势下高校思想政治工作十谈》，人民出版社，2017，第157 页。

技术的能力，使其成为适应数字时代发展的高素质人才。

数字化思想政治教育是一项复杂的系统工程，涉及内容、渠道、方法等诸多要素，不可能一蹴而就，必须坚持系统观念，统筹谋划、整体推进。一方面，要处理好传统媒体与新媒体、线上教育与线下教育、显性教育与隐性教育的关系，做到优势互补、协调联动；另一方面，要立足学生实际，精准施教、因材施教，增强思想政治教育的吸引力和感染力。唯有如此，才能形成思想政治教育数字化发展的整体合力，不断提升教育实效。

思想政治教育的根本任务是立德树人，要坚持以人为本，把促进人的全面发展作为出发点和落脚点。在运用数字技术开展思想政治教育时，必须牢牢把握这一根本要求，注重内容与技术的深度融合，严格规范管理，防止片面追求技术和形式而忽视教育内涵。要始终坚持以社会主义核心价值观引领高校思想政治教育，强化价值导向，用科技的力量弘扬向上向善的正能量，用人文的情怀温暖、滋养学生的心灵，促进学生全面发展。只有坚持育人为本、德育为先，数字化思想政治教育才能行稳致远，越来越有吸引力、感染力、影响力。

在强调数字理念的同时，也要正确认识和处理好数字技术与思想政治教育的关系。一方面，要充分认识数字技术的重要作用，积极运用大数据、人工智能等新技术赋能思想政治教育，不断拓展教育时空、丰富教育形式、创新教育方法；另一方面，又要坚持教育规律，把握数字技术的适用边界，将其作为增强教学效果的有益补充，而不是简单地以之替代传统教育。既不能把数字技术神化，陷入技术万能的"泥潭"，也不能将数字技术妖魔化，陷入排斥抵触的误区。只有辩证看待，才能在继承优良传统的基础上，推动思想政治教育实现守正创新、提质增效。

二 把握数字特征，增强思想政治教育的精准性

在新时代背景下，思想政治教育越来越重视精细化发展，这种精准思维强调关注"人""事""时""势"的具体情况和差异化需求。"要推动思政课建设的精准发展，吸取全面脱贫攻坚的经验，做到投向精准、实施

精准、效果精准。"[①] 数字技术凭借其自动化收集和动态分析的能力，能够为思想政治教育的精细化发展提供有力支持，使教育过程更加精准有效。数字技术可以实时捕捉和分析海量数据，从中发现规律和趋势，为教育者提供全面、动态的信息反馈，帮助其及时调整教学策略，提高教育的针对性和实效性。此外，数字技术还能够根据受教育者的个体特点，提供个性化的学习资源和服务，满足其差异化的学习需求，实现因材施教。

新时代思想政治教育应当积极采用"精准思维"，充分利用数字技术来增强教学的精准性。过去，受限于客观条件，思想政治教育多以大班授课的形式进行，教育者难以准确把握每一位受教育者的个性需求和思想变化，这在一定程度上影响了教学效果。而数字技术通过自动化的信息收集与分析，能够为教育者提供受教育者的"数字画像"，帮助其精准了解受教育者的需求和特征。基于这些数据分析，教育者可以更有针对性地调整教学内容和方法，因材施教，实现个性化教育。例如，通过学习平台的数据分析，教育者可以掌握每个学生的学习进度、知识掌握程度、兴趣爱好等信息，从而提供个性化的学习资源和指导，增强学生的学习效果。再如，通过社交媒体数据分析，教育者可以及时了解学生的思想动态和情绪状态，有针对性地开展思想引导和心理疏导，预防问题的发生。可见，数字技术为思想政治教育提供了精准化的数据支持，有助于提升教育的针对性和实效性。

数字技术赋能的思想政治教育，需要教育者与受教育者的共同参与，尤其是双方数字素养的提升。数字素养不仅包括识别优劣信息的能力，还包括合理运用数字技术的能力。在信息泛滥的数字时代，受教育者面临着海量信息的冲击，甄别信息的真伪、筛选有价值的信息是数字素养的重要组成部分。特别是千禧一代被认为是最切身感受数字化时代到来的一代，他们重视个性、效率和创新，对生成式人工智能有着天生的熟悉感和亲和力，但是他们也容易受到虚假信息的影响，或将数字技术应用于不恰当的场景。[②] 因此，受教育者还需要掌握运用数字技术进行学习、交流、创作

① 颜晓峰：《论守正创新推动思政课建设内涵式发展》，《思想理论教育》2024 年第 7 期。
② 杨耀文、张崇旺：《机遇·隐忧·进路：生成式 AI 介入思政课的三维探赜》，《江汉大学学报》（社会科学版）2024 年第 3 期。

的能力,以适应数字化学习和生活的需要。对于教育者而言,数字素养不仅意味着熟练运用数字技术开展教学,还要掌握利用数字技术分析学情、优化教学的能力,以及引导学生提升数字素养的能力。因此,应当将数字素养教育作为思想政治教育的重要组成部分,在课程设计中加入相关内容,并通过数字技术拓展教育资源,加强对数字伦理和数字安全的关注,提高师生的数字素养,为思想政治教育的精准化发展奠定基础。

三 融通数字技术,增强思想政治教育的协同性

"三全育人"理念要求全员、全程、全方位协同育人,思政课一体化建设和思政课程与课程思政的协同要求,正是这一理念的具体体现。思想政治教育应当在纵向上实现阶段性与连续性的一致,同时在横向上协调现实与虚拟空间、单向反馈与双向沟通,以提高教育的整体效力。"新时代背景下,思想政治教育若要更好地培育能够担当民族复兴大任的时代新人,就必须致力于实现思想政治教育的纵横贯通,使其贯通到人们生活的方方面面,渗透到每一个人的学习、生活与工作中。"[①] 思政教育的"纵横贯通",强调的正是思政教育的全过程和各方面。长期以来,思想政治教育资源分散在不同部门和领域,缺乏统筹协调,影响了教育的整体效果。而数字技术赋能则可以有效解决这一问题,促进各方资源的整合与共享,实现协同育人。

(一) 要促进主体之间的协同

思想政治教育涉及专任教师、学工队伍、团学组织、家庭、企业、社会等多个主体,但各主体分散、缺乏沟通合作、育人职责不明确,导致育人效果有限。而新时代思政协同育人场域不是静态的庞大的体系群落,而是多领域、多主体、多群落的系统化体系工程,它需要各方协同工作,树立同向目标,调动自身资源禀赋形成同向同行的合力。[②] 而数字技术提供了方便快捷的沟通平台,能够加强各育人主体之间的联系和协作。例如,

---

① 骆郁廷:《思想政治教育贯通论》,人民出版社,2023,第 307 页。
② 李明锡、白艳:《储存与释放:大思政体系建设中协同育人能量场域探究》,《江苏高教》2023 年第 12 期。

通过建立育人主体共享的数字平台，可以实现信息的及时传递和共享，促进不同主体之间的交流与合作。平台上可以发布育人任务和目标，明确各方职责，实现分工协作；可以交流育人经验和心得，分享优秀案例，方便各主体相互学习借鉴；可以对育人过程进行监督评估，及时发现和解决问题。通过数字平台的连接，各育人主体能够形成合力，协同推进思想政治教育工作，提升育人实效。

（二）要促进课程之间的协同

课程思政旨在通过知识传授、价值塑造和能力培养的有机统一，实现立德树人的目标。数字教育资源平台的建设，不仅面向思想政治理论课，还要向所有学科课程开放，促进思政课程与课程思政的协同育人。一方面，通过数字平台，思政课教师可以与其他学科教师分享育人资源和经验，实现优质资源的共享共用，促进跨学科协作；另一方面，各学科教师也可以在平台上挖掘所授课程中的思政元素，将其与思政课教学内容有机结合，形成育人合力。同时，数字时代对学生的综合素质提出了更高的要求，需要对学生开展数字技能培训和素养教育。这就需要调动计算机等相关学科的教育者共同参与，使其发挥各自的专业优势，通过跨学科协同，提升学生的数字素养和综合能力，为其全面发展奠定基础。

（三）要促进大、中、小不同学段之间的协同

思想政治教育应当贯穿于学生成长的各个学段，形成一个有机联系、持续发展的整体。但目前大、中、小学思想政治教育在育人目标、内容设置等方面存在不一致的问题，影响了教育的系统性和持续性。只有"实现思想政治教育主体育人的自动衔接，将思想政治教育贯通到思想政治教育各个阶段育人主体的思想与行为中"[①]，才能促进不同阶段育人活动的自动衔接，促进思政教育纵向贯通。通过加强网上教育资源的共建共享，为不同学段学生提供适应其身心发展特点的学习资源，可以实现大、中、小学思政课的有效衔接。例如，在数字教育资源平台上，可以建立涵盖各学段的思政课资源库，实现资源的纵向贯通和横向共享；同时，通过学段间

---

① 骆郁廷：《思想政治教育贯通论》，人民出版社，2023，第313页。

教师的交流合作，共同研究教学内容和方法，实现思想政治教育目标的纵向一致和递进，确保思想政治教育在各学段无缝衔接和持续推进，形成育人合力。

第二节　高校思想政治教育数字化发展的基本原则

习近平总书记强调："要运用新媒体新技术使工作活起来，推动思想政治工作传统优势同信息技术高度融合，增强时代感和吸引力。"[①] 科学技术不仅推动思想政治教育向系统化、科学化和智能化的方向发展，创新了思想政治教育的思维方式和认知方法，还能够在实践中实现个性化、数据化、具象化和实时化。这些技术的应用可以帮助教育者根据受教育者的特点定制个性化的教育方案，通过数据化的方式描述教育过程，并实时反馈评估结果，从而进一步提升思想政治教育的科学性和智能化水平。数字化技术为思想政治教育提供了更加精准、高效的手段，使教育过程更加贴近受教育者的实际需求，提高了教育的针对性和实效性。同时，数字化技术也为思想政治教育的创新发展提供了广阔的空间，促进了教育理念、内容、方法等多方面的变革，为思想政治教育的现代化发展注入了新的动力。

一　个性化原则：思想政治教育对象个性化定制

个性化定制需要结合教育对象的特点，从内容、方法和环境三个方面进行个性化设计，"针对教育对象个性化发展需求和成长中的问题，做到因材施教、精准施策"[②]。探索个性化定制需要从原因、范畴和方法三个角度展开。

首先，从原因的角度来看，实施个性化定制教育的必要性在于思想政治教育对象的多样性和复杂性。每一位受教育者都是独特的个体，他们在认知水平、思维方式、情感特点、生活背景等方面存在巨大差异，导致其

---

① 习近平：《论党的宣传思想工作》，中央文献出版社，2020，第 278 页。
② 程波：《高校实施精准思政的内涵原则与推进路径研究》，《中国高等教育》2024 年第 2 期。

思想表现呈现出多样化和复杂性的特点。传统"一对多"的思政课往往教学效果低下，这正是因为教学内容和进度的统一设定难以满足学生的差异化学习需求。[①] 因此，思想政治教育不能采用"一刀切"的方式，而需要根据不同教育对象的特点进行针对性的设计和实施，以有效满足其个性化需求。

其次，从范畴的角度来看，个性化定制涉及教育内容、教育方法和教育环境三个方面。在教育内容方面，要根据受教育者的认知水平、兴趣爱好等特点，选择适合其接受和理解的教育内容，避免"一股脑"地灌输；在教育方法方面，要根据受教育者的学习习惯、接受能力等特点，采用多样化的教育方式，如讨论式、体验式、案例式等，提高教育的吸引力和感染力；在教育环境方面，要根据受教育者的生活背景、价值取向等特点，营造适合其成长发展的教育环境，如组织主题活动、搭建交流平台等，让其在潜移默化中接受教育。

最后，从方法的角度来看，个性化定制需要运用数字化技术手段，通过数据分析、智能推送等方式，实现教育的精准化和智能化。例如，可以通过大数据分析，准确把握受教育者的个性特点和需求，为其提供个性化的教育资源和服务；可以通过智能推送技术，根据受教育者的学习情况和反馈，及时调整教育内容和方式，提高教育的针对性和实效性；可以通过虚拟现实等技术，为受教育者提供沉浸式的体验和互动，增强教育的吸引力和参与度。

（一）思想政治教育对象个性化定制的原因

思想政治教育对象是教育的直接作用对象，既包括个体性对象，也包括群体性对象。这些对象既是教育的客体，又是具有主观情感和客观存在的人，思想政治教育需要对他们进行情感关照和人文关怀。由于教育对象在认知、思维、情感、生活背景等方面存在巨大差异，他们的思想表现呈现出多样化且复杂的特点。

正是由于思想政治教育对象具有典型的个性化特征，呈现出"千人千

---

①　吕鹏、林晶：《数字化赋能高校思想政治理论课的理论内涵、实践探索与路径优化》，《思想教育研究》2024 年第 6 期。

面"的状态，为了合理了解并正确掌握他们的心理特点，教育者需要进行个性化定制教育。精准化思政教育能够更好地满足当代大学生的需求，提高高校思想政治教育的针对性和有效性，培养大学生的综合素质和创新能力。思想政治教育的个性化定制有深刻的必要性，它有助于科学地满足教育对象的不同需求。

个性化定制对于思想政治教育具有多方面的积极意义。首先，个性化定制是智能算法时代高校思想政治教育的必然要求。智能算法时代促使高校思想政治教育因事而化、因时而进、因势而新，智能算法与思政个性化定制相结合是符合新时代要求的育人范式。其次，个性化定制有助于实现思想政治教育的层次性。通过依据受教育者不同的发展阶段和需求，设定不同的教育目标，可以推动各类教育对象找到适合自己的目标定位，实现教育的分层推进。再次，个性化定制能够更好地关照个体的内在需求。通过尊重并满足个体的独特需求，可以实现个体社会价值与自我价值的有机统一，增强教育的吸引力和感染力。最后，个性化教育更加符合思想政治教育的接受特征。通过针对性的教育设计，可以有效化解人与人之间的矛盾，充分满足个体的实际需求，使其适应时代发展的要求。

（二）思想政治教育对象个性化定制的范畴

思想政治教育对象的个性化定制是一种基于个体特点，在教育内容、方法、环境三个方面进行个性化设计的教育模式。这种模式旨在尊重和满足个体的多样化需求，促进个体差异性和主体性的形成，最终实现人的自由全面发展。传统的"灌输式"教育模式虽然强化了教育者的权威性，但容易忽视受教育者的个性需求和主体性。这种模式往往以教育者为中心，采用统一的教育内容和方法，而忽略受教育者的个体差异和实际需求。结果导致教育效果不佳，受教育者难以真正接受和内化教育内容。相比之下，数字化时代的思想政治教育创新需要以"现实的个人"为中心，重视教育对象的个性化要求。这意味着教育者要充分考虑受教育者的背景、性格、兴趣等个体特点，从教育内容、方法和环境三个方面进行个性化定制。只有切实满足受教育者的个性化需求，才能提高教育的针对性和有效性，激发他们的学习兴趣和主观能动性，最终实现教育目标。

1. 教育内容的个性化定制

思想政治教育内容的个性化定制是指结合受教育者的背景、性格、兴趣等特点，甄选符合其需求的教育内容，以更有针对性和高效性的方式开展教育。这就要求教育者深入了解每一位受教育者，对其特点进行细致分析，然后有的放矢地设计教育内容。例如，对于理工科背景的学生，可以侧重讲解科技伦理、工程师精神等内容；而对于人文社科背景的学生，则可以着重阐释人文精神、社会责任等主题；对于个性外向、好奇心强的学生，可以提供更多探索式、互动式的教育内容；而对于个性内敛、思维缜密的学生，则可以提供更多理论分析、逻辑论证的内容。

虽然个性化定制旨在满足个体需求，但思想政治教育作为马克思主义意识形态的重要组成部分，仍需坚守其政治教育的根本目标。教育内容的选择应立足于政治教育的前提，确保思想提升、价值丰富、道德内化，并符合时代发展和社会需求。个性化定制不能偏离思想政治教育的正确方向，而应在坚持马克思主义指导地位的基础上，因材施教，多维度、多角度地开展教育。

2. 教育方法的个性化定制

个性化定制教育方法是思想政治教育目标实现的重要途径，思想政治教育方法的个性化定制需要结合受教育者的知识储备、成长背景和发展愿景，选择适合其特点的教育方法，以提高受教育者对教育内容的接受度和认同感，丰富教育载体，促进思想政治教育的有效进行。例如，对于知识储备丰富的学生，可以采用启发式、讨论式的教学方法，鼓励他们深入思考、积极发言；而对于知识储备相对薄弱的学生，则可以采用讲授式、示范式的教学方法，帮助他们夯实基础、突破难点；对于成长于传统家庭的学生，可以多运用国学经典、历史故事等开展教育；而对于成长于现代都市的学生，则可以多运用网络媒体、流行文化等开展教育。

个性化的教育方法需基于马克思主义的矛盾分析方法，尊重社会历史发展规律。教育者要善于抓住受教育者成长过程中的主要矛盾，通过因材施教来有针对性地对其加以解决。同时要立足社会发展大势，引导受教育者把个人发展与国家命运、民族复兴紧密结合，在服务社会、奉献他人中实现自身价值和全面发展。

3. 教育环境的个性化定制

思想政治教育环境是思想政治教育工作的关键支持，是教育实践的重要场域。营造良好的教育环境，对于提升教育效果、实现教育目标具有不可或缺的作用。教育环境不是单纯由客观条件或教育者决定的，而是通过人与环境的互动生成的。每一个受教育者所处的环境都有其特殊性，如家庭环境、学校环境、社会环境等。这些环境与人的生产生活密切相关，对人的思想观念、行为方式具有重要影响。因此，教育环境的营造需要尊重人的主体地位，从受教育者的实际出发，满足其成长需要。

数字化时代为教育环境的个性化定制提供了更多可能。根据教育学家霍华德·加德纳（Howard Gardner）提出的多元智能理论，学生由于逻辑、语言、认知等方面的原因，获取知识的效率和能力各不相同，拥有各不相同的天赋智能。① 因此，个性化定制的教育方式能够很好地促进学生探索、实践适合自己智能的学习路径。教育者可以通过创建数字化环境，利用信息技术为受教育者提供可视化和数据化的教育环境。例如开发在线学习平台、设计虚拟仿真系统、制作交互式课件等，为具有不同特点和需求的受教育者提供个性化的学习体验。同时，数字技术还可以整合教育资源，优化教学流程，实现教学过程的智能化管理和精准化评价，为因材施教提供有力支撑。此外，学校还可以依托智能科技，营造智慧化、科技化的教育环境。如利用物联网、人工智能等新技术，建设智慧教室、未来教室，为受教育者提供沉浸式、体验式的学习环境。在此基础上，学校还要注重人文关怀，塑造温馨向上的校园文化，激发受教育者的获得感、幸福感，充分发挥环境育人功能。

（三）思想政治教育对象个性化定制的要求

习近平总书记强调："要用好课堂教学这个主渠道，思想政治理论课要坚持在改进中加强，提升思想政治教育亲和力和针对性。"② 思想政治教育对象个性化定制方法是实现个性化定制目标的重要手段，它不仅仅是一

---

① 〔美〕霍华德·加德纳：《多元智能新视野》（纪念版），沈致隆译，浙江人民出版社，2017，第 7 页。

② 《习近平谈治国理政》第二卷，外文出版社，2017，第 378 页。

种简单的教育技巧，更是一种深刻的教育理念和实践方式。它体现了教育者对受教育者的尊重和关怀，同时也反映了思想政治教育在新时代背景下的创新和发展。这种方法不仅能够优化教育效果，还能够促进受教育者的全面发展，使思想政治教育真正落到实处。

1. 人本价值与社会价值相协同

思想政治教育对象在整个教育过程中扮演双重角色：既是思想政治教育的主体，也是个性化定制的重要影响因素。这种双重角色要求教育者在进行思想政治教育时，必须充分考虑到每个人的独特性和主体性。思想政治教育的终极目标并非塑造一批千篇一律、缺乏个性的人，而是在尊重个人主体性的基础上，培养具有丰富"自由个性"的人。这种"自由个性"不是放纵和无序，而是使受教育者在社会主义核心价值观的引导下，充分发挥个人潜能，实现自我价值的同时也为社会作出贡献。

为了实现这一目标，思想政治教育工作者需要深入了解和分析教育对象的现实特点，包括他们的年龄、教育背景、生活经历、兴趣爱好等，以此为基础制定合理的教育目标、选择合适的教育方法。在数字化时代，这种个性化定制更需要注入人文关怀，坚持以人为本的理念。例如，在设计教育内容时，可以结合当代青年的兴趣点，通过他们喜闻乐见的形式传递思想政治教育内容；在选择教育方法时，可以充分利用新媒体技术，创造互动性强、参与度高的教育环境。

尽管思想政治教育强调社会价值和政治价值，但这并不意味着忽视个人价值。在推动个体政治觉悟和思想意识提升的过程中，必须将人本理念贯穿始终，注重人的情感、需求和价值实现。这就要求教育者在教育过程中不仅要关注知识的传授，更要关注受教育者的情感体验和价值认同。例如，可以通过组织社会实践活动，让学生亲身感受社会主义建设的成就，激发他们的爱国情怀；通过开展志愿服务，让学生在服务他人的过程中体会到自身价值的实现。只有这样才能真正实现人本价值与社会价值的协同发展，使思想政治教育既能满足个人发展需求，又能使人实现社会价值。

2. 传统载体与现代载体相配合

思想政治教育工作载体是推动思想政治教育工作发展的核心工具，它直接影响教育效果的好坏。传统载体如教师讲授、参观历史遗址等，在实现教育目的上虽然有其独特优势，但也存在一定的局限性。例如，单向的教师讲授可能缺乏互动性，难以激发学生的学习兴趣；而参观历史遗址虽然能够给学生带来直观感受，但受时间和空间的限制，无法频繁开展。

随着信息技术的飞速发展，新型数字化载体为思想政治教育带来了前所未有的机遇与挑战。这些现代载体极大地增强了教育的交互性、自主性和可视性。例如，通过虚拟现实技术，学生可以"身临其境"地体验历史场景；通过在线讨论平台，学生可以随时随地参与思想交流；通过数据分析技术，教育者可以精确掌握每个学生的学习进度和思想动态。这些新型载体不仅丰富了教育形式，还提高了教育的针对性和有效性。

利用数字技术等现代信息技术，可以更加精确地掌握受教育者的思想动态，实现教育载体的变革。例如，通过大数据分析，可以了解不同群体的思想特点和需求，从而制定更有针对性的教育方案；通过人工智能技术，可以为每个学生提供个性化的学习路径和资源推荐。然而，我们也要认识到，现代载体并不能完全取代传统载体。思想政治教育对象的个性化定制需要传统载体与现代载体的有机结合，扬长避短，相互补充，以推动思想政治教育工作更加有效地开展。

3. 工具手段与目的手段相统一

思想政治教育方法作为中介载体，是实现政治内容宣扬和思想引导的核心工具，历来受到高度重视。它不仅是传递知识的渠道，更是塑造价值观、培养政治素养的重要手段。随着时代和技术的发展，传统的低技术含量的教育方法如单纯的课堂讲授、读书会等，虽然仍有其价值，但已经难以完全适应现代需求，尤其是在面对个性化思想问题时显得力不从心。

因此，现代化的高技术含量方法变得越来越必要，它们能够更好地解决个性化思想问题。例如，通过社交媒体平台进行思想引导，可以更好地贴近年轻人的生活方式；利用大数据分析进行舆情监测，可以及时发现和解决思想问题；运用游戏化学习方法，可以提高思想政治教育的吸引力和参与度。这些现代化方法不仅提高了教育效率，还能够更好地满足受教育者的个性化需求。

然而，我们必须警惕对工具手段的过分推崇，避免陷入盲目的技术依赖。思想政治教育应始终坚持以马克思主义意识形态为指导，这是思想政

治教育的根本立场和出发点。要做到内容为主、技术为辅，保持工具手段
与目的手段的统一。例如，在使用新媒体平台进行思想政治教育时，要注
重内容的正确性和深度，而不是一味追求形式的新颖；在应用人工智能技
术时，要确保算法的设计符合社会主义核心价值观，而不是被商业利益所
主导。

二　具象化原则：思想政治教育过程具象化感知

"思政课与当代大学生的思维和行为的网络特点之间如何有效契入使
思政课生发新的活力，'具象化'教学已成为有益探索。"[①] 具象化感知作
为一种新的教育方式，能够将抽象的思想政治教育内容与人们的现实生活
联系起来，使之更加直观、易于理解和记忆。通过图像、音频、视频等多
媒体手段，将思政教育的内容具象化，可以使受教育者能够更好地理解和
接受。这种方式不仅能够增强思政教育的效果，还能够增强受教育者的参
与感和互动性，激发他们的学习兴趣和积极性。

（一）思想政治教育工作具象化感知的原因

据估算，2025 年全国范围内产生的数据量预计将达到 48.6ZB。[②] 在信
息爆炸的时代，人们每天接收大量的信息，传统的思政教育方式难以吸引
受教育者的注意力；而具象化感知则能够通过生动形象的方式，将思政教
育的内容呈现出来，使受教育者更容易理解和接受。具象化感知能够将抽
象的思维与具体的感知相结合，通过时空张力、话语转化等方法，将思政
教育的理论传播转向场景化、情感化表达。这种方式能够增强思政教育的
实效性，使受教育者更加深刻地理解和认同思政教育的内容。因此，具象
化感知成为思想政治教育方法创新的必然要求。

1. 思想政治教育过程具象化感知超越了传统的感知方式

传统的感知方式往往局限于表面的感官刺激，难以深入人心，而具象
化感知则能够通过数字技术的支持，在真实与虚拟世界中拓展感知空间，

① 匡和平：《视觉文化背景下的高校思想政治理论课"具象化"教学原则》，《现代教育科学》2018 年第 7 期。
② 王胜利、梁苗苗：《数据要素助推全国统一大市场建设：机理、问题与对策》，《福建论坛》（人文社会科学版）2023 年第 6 期。

并通过故事化叙事等方式，细致呈现思政教育过程的每一个细节。这种感知方式不仅仅停留在感官层面，还融入了情感的因素，使得感知更加深刻和持久。通过具体的载体或形式，将抽象的思想直观地呈现出来，能够引发受教育者的情感共鸣和思想共振，使他们更好地认同和接受思政教育的内容。

在数字技术营造的具象化空间中，受教育者可以通过真实的体验，实现从虚拟到现实的认知转化。这种体验式的学习方式能够增强受教育者对思政教育内容的认同感和归属感，使他们更加主动地参与到思政教育的过程中来。具象化感知扩大了思政教育的共情空间，能够激发受教育者的情感体验和价值认同，从而增强思政教育的效果。

2. 思想政治教育过程具象化感知能够客观再现思想政治教育过程及结果

在数字化时代，具象化感知依托于海量数据和智能计算技术，能够超越普通感知的局限，精准揭示思政教育过程中的异同和深层次联系。通过对已知结果和环节的分析，具象化感知可以推导出相关领域的过程与结果，从而客观再现思政教育的全貌。这种方式能够帮助教育者更加全面地了解思政教育的过程和效果，发现存在的问题并及时改进，不断优化教学方案和教学内容，提高思政教育的针对性和有效性。

3. 思想政治教育过程具象化感知是思想政治教育现代化发展的必然要求

思政教育涉及思想观念和政治素养的培养，这些抽象的内容需要通过具象化的载体与社会成员的生产生活相结合，才能实现受教育者对主流意识的体认和理解。因此，具象化感知在思政教育中扮演至关重要的角色，它依靠具体的方式、方法和载体，使教育活动更加便捷、可感知、易于理解和交流，其不仅是理论宣传和教育实践的要求，也是科学进行教育实践的必要手段。

（二）思想政治教育过程具象化感知的阶段

具象化感知是思想政治教育过程中一种重要的方法和途径，它通过将抽象的思想政治理论转化为具体、直观的表现形式，使受教育者更容易理解和接受。基于日常生活的具象化教学容易使教育者和受教育者产生情感共鸣，实现同频共振，从而引起受教育者思想上的转变。具象化感知并非简单地将抽象概念具体化，而是在特定的价值导向和情感认知基础上，对教育内容进行重新塑造和表达。通过运用生动形象的案例、鲜活的语言、生动的场景等具体载体，思想政治教育者可以将党和国家的意识形态、价值观念、道德情感等抽象内容转化为具象的表现形式，从而实现思想政治教育的价值输出和接纳。具象化感知的过程实质上是主观与客观、具体与抽象、内容与形式相统一的过程，它使思想政治教育更加鲜活化、生活化，具有重要的理论和实践价值。

从宏观角度来看，思想政治教育过程具象化感知是对整个教育过程的理解与掌握。思想政治教育内容具有阶级性和抽象性，在传播过程中容易导致受教育者产生对理论内容的抽象化理解，使思想政治教育显得脱离实际、高高在上。思想政治教育应该紧密联系现实生活，具象化感知则成为把握其各个环节和方面的重要途径。通过具象化感知，教育者可以更好地理解受教育者的实际需求和思想状况，有针对性地开展教育工作，帮助化解思想政治教育过程中存在的矛盾，提高教育的实效性。

在具体的思想政治教育实践过程中，具象化感知可以分为四个阶段：立象、定象、具象和造象。

第一阶段是立象阶段，这是思想政治教育的初始阶段，教育者与受教育者在这一阶段进行思想碰撞、试探和磨合。通过初步的交流和讨论，双方逐渐发现彼此在价值观、世界观等方面存在的差异，思想政治教育的核心问题和矛盾开始显现。教育者需要通过提问、举例等方式，引导受教育者思考和表达自己的观点，同时也要认真倾听和理解受教育者的想法，寻找双方思想的共同点和契合点，为后续的教育工作奠定基础。

第二阶段为定象阶段，在这一阶段，教育者和受教育者围绕思想政治教育的焦点问题展开深入讨论和交流。通过理性的分析和论证，问题的本质逐渐变得清晰明了，双方的价值观和思想态度在潜移默化中发生变化。教育者要善于抓住关键问题，运用恰当的方式方法，引导受教育者正确认识问题的实质，帮助他们在思想上实现转变和提升。同时，教育者也要虚心听取受教育者的意见和建议，不断完善自己的教育方式和内容，使思想政治教育更加贴近实际、符合受教育者的需求。

第三阶段是具象阶段，这是思想政治教育中的思想变现阶段。教育者通过运用场景化的教育方式，将抽象的政治理论转化为具体、生动、互动的话语场景。借助图像、音乐、仪式等具象化符号，通过情景再现、角色扮演等手段，教育者可以将枯燥乏味的理论知识转化为生动有趣的教育内容，使抽象的思想政治理论变得具体、直观、易于理解。这种具象化的教育方式能够提升意识形态的亲和力和感召力，激发受教育者的学习兴趣和参与热情，使他们更加主动、积极地投入思想政治教育。

第四阶段是造象阶段，这是推动思想政治教育成果外化、扩散和应用的阶段。造象不仅仅局限于某个具体的教育场域，而是要将思想政治教育的成果转化为一种普遍现象，促使受教育者在更广泛的范围内发生思想和行为的改变。教育者要引导受教育者将所学知识和思想觉悟运用到实际生活和工作中去，在社会实践中检验和巩固教育成果，推动形成良好的社会风气和行为习惯。同时，教育者也要注重挖掘和宣传优秀的教育成果和典型案例，通过多种渠道和方式进行宣传和推广，拓展思想政治教育的影响力和辐射面。

（三）思想政治教育过程具象化感知的路径

现代信息技术的飞速发展为思想政治教育工作提供了更加具体、直观的感知条件。智能感知技术通过各种传感设备，可以将人的思想、情感等抽象的心理活动转化为可量化、可分析的数据，为思想政治教育提供了重要的数据基础。互联网和物联网技术则解决了数据传输的问题，使得分散的、海量的数据能够快速、高效地实现汇聚和交互。云存储技术为海量数据的存储提供了可靠的解决方案，而数据挖掘技术则可以从海量数据中发现有价值的信息和规律，为思想政治教育提供决策支持。云计算和深度学习技术进一步提升了数据处理和分析的能力，可以帮助教育者发现数据背后隐藏的复杂模式和规律，为思想政治教育提供更加智能、精准的服务。虚拟现实技术则实现了数据的可视化呈现，将抽象的数据转化为生动、逼真的场景和体验，提高了思想政治教育的吸引力和感染力。此外，基于大数据的算法模型还可以对受教育者未来的思想动态和行为趋势进行预测，为思想政治教育的问题预防和行为引导提供参考。例如中国高等教育学会和中国教育出版传媒集团共同发起的"数字思政"项目，就融合了虚拟仿真、大数据、人工智能、区块链、云计算等一系列现代信息技术，对各项思想政治教育数据进行分类采集和归纳整理，进而构建起精准有效的思想政治教育平台，建立了数字时代思想政治教育资源共建共享机制，增强了思想政治教育的协同联动效果。①

在具象化感知的过程中，各种叙事载体发挥着重要作用。通过图像、仪式、数据等载体，思想政治教育可以将抽象的思想意识具象化为可以感知、识别的形式，实现价值观念的有效输出和接纳。这种具象化的叙事实践既是工具理性的体现，同时也蕴含着对价值理性的追求。一方面，它借助现代信息技术手段，提高了思想政治教育的针对性和有效性；另一方面，它又立足于社会主义核心价值观，传递着真善美的价值取向。在数字化时代，图像、仪式、数据等载体构成了思想政治教育过程具象化感知的重要路径，成为开展思想政治教育工作的有力抓手。

1. 图像具象化叙事

图像作为一种古老的叙事方式，在人类历史上一直扮演着重要角色。从原始社会的岩画到现代社会的电影、电视、短视频等，图像始终是承载思想观念、记录历史记忆的重要介质。随着现代信息技术的发展，图像在叙事中的地位日益凸显，甚至在某些方面超越了传统的语言和文字叙事，成为思想政治教育表达的重要途径。相比于抽象的语言和文字，图像具有更强的视觉冲击力和感染力。它能够通过色彩、构图、镜头等艺术手法，将抽象的思想转化为具体、形象的视觉符号，使之变得更加感性化、易于接受。同时，图像叙事也更加符合当代人的感官需求和认知习惯。在快节奏、碎片化的信息环境中，人们更倾向于通过图像来获取信息和知识。因此，运用图像进行思想政治教育，能够有效提高教育的吸引力和感染力，增强受教育者的参与感和认同感。

2. 仪式具象化叙事

仪式是人类社会中一种特殊的文化现象，它通过一系列程式化、象征性的行为，表达特定的意识形态和价值观念。在思想政治教育中，仪式往往具有强烈的政治表达和价值灌输的特征，是开展思想政治教育工作的重

---

① 杜晓东、胡沫：《ChatGPT 在高校思想政治教育中的价值、风险与应对》，《学术探索》2024 年第 6 期。

要手段。通过组织主题鲜明、形式多样的仪式活动，思想政治教育可以营造特定的氛围和情境，增强参与者的体验感和认同感。仪式的互动性和参与性，能够拉近教育者与受教育者之间的距离，促进情感的交流和价值观的认同。尽管仪式的建构需要一定的时间积累和文化沉淀，但一旦形成，它就会成为一种稳定的文化符号，在潜移默化中影响人们的思想和行为。通过仪式，思想政治教育可以将爱国主义等抽象的思想情感具象化、仪式化，使之成为一种集体记忆和情感体验，推动思想政治教育在情感层面和信仰层面的升华，增强人们对党的认同、对国家的认同。

3. 数据具象化叙事

随着数字技术的广泛应用，数据不仅改变了人们的生产和生活方式，也深刻影响着人们的学习方式和思维方式。将数据运用于思想政治教育，能够使意识形态教育更加具体、真实、可感。通过数字化的方式，思想政治教育可以将抽象的思想意识形态转化为可视化的数据图表、模型等，使之变得更加直观、易于理解。同时，数据化的思想政治教育还可以通过采集和分析个人的思想动态数据，精确刻画个体的思想状况，预测可能出现的思想异常，从而有针对性地开展教育引导工作。这种数据驱动的思想政治教育方式，能够有效解决传统思想政治教育中存在的传播不畅、反馈不足等问题，提高思想政治教育的精准度和有效性。此外，数据化的思想政治教育还可以通过数据的共享和交互，促进不同主体之间的沟通和协作，形成合力，共同推进思想政治教育的发展。

三 数据化原则：思想政治教育工作数据化描述

思想政治教育工作描述是对受教育者的思想、政治观点和道德品质的全面外化表达，它需要通过科学、有效的方法来实现。"数字技术与思想政治教育的深度融合重塑了思想政治教育理念、决策以及评价机制，数据思政成为思想政治教育新范式。"① 数据化描述作为一种新兴的工作方法，通过采集和分析真实、海量的数据，可以确保思想政治教育结果的可靠性

---

① 温晓年：《数据思政的内涵特征、负面效应与规避路径》，《重庆工商大学学报》（社会科学版）2024 第 2 期。

和真实性，同时也能显著提高工作效率。数据化描述不仅可以适应未来智能社会的发展趋势，更重要的是，它为思想政治教育注入了新的活力，使其能够紧跟时代步伐，具有持久的生命力。下面将按照"为什么—是什么—怎么样"的思维路径，逐步揭示思想政治教育工作数据化描述的原因、内容及方法。

（一）思想政治教育工作数据化描述的原因

自人类进入文明社会以来，对事物进行量化认识一直是人类认知世界、改造世界的基础。无论是古代的结绳记事，还是现代的数字化技术，数据的准确性和处理效率都直接决定了人类的发展空间。随着社会的不断进步，数据的价值也在不断上升。从古代简单的记录工具，到现代数字化时代的核心资源，数据已经成为推动人类生活、生产和发展的重要力量。当今时代，以互联网、大数据、人工智能为代表的数字技术对高等教育的内涵与外延产生深刻影响，高等教育在理念、模式、结构、流程、内容等方面都时刻发生着系统性的"数字颠覆"。[①] 而在数字化时代，海量的数据不仅为思想政治教育提供了更加丰富、多元的内容，更重要的是，它改变了思想政治教育的客体世界景观。受教育者的思想动态、行为特征、价值取向等，都可以通过数据化的方式呈现出来。这就要求教育者必须转变思维方式，适应数据化的工作环境。主体的思维方法受到思维对象和内容的制约，因此数据在某种程度上影响了主体的行为、决策和判断。教育者必须学会利用数据来洞察受教育者的内心世界，优化教育方式和内容，提高教育的针对性和有效性。

1. 思想政治教育工作数据化描述的结果真实、可靠和可信

数据化是一种将世界万物进行量化的方式，它试图用数字来描述和表征各种事物的特征和规律。即便是对于那些看似无法量化的抽象概念和主观感受，人们也能够找到相对简单、可操作的量化方法，从而了解和把握比以前更多的信息和内容。正因如此，数据化被视为一种强大的认知工具和量化方法，它为人们认识世界、理解自我提供了新的视角和路径。在思

---

① 《推动高等教育数字化 塑造教育发展新优势——〈无限的可能：世界高等教育数字化发展报告（2023）〉导读》，《中国教育信息化》2024年第1期。

想政治教育领域，数据化描述同样具有重要的意义和价值。通过采集和分析海量的思想动态数据，教育者可以更加全面、立体地刻画受教育者的思想状况，洞察其内心世界，把握其价值取向和行为逻辑，为开展针对性、差异化的教育实践提供依据。

与传统的主观感受和经验判断不同，数据化描述依据的是客观事实，而非主观臆想。它通过对海量数据的采集、分析和挖掘揭示事物的本质规律和内在逻辑。在思想政治教育中，数据化描述需要教育者掌握和运用海量的思想动态数据，借助这些数据来描述思想政治教育的内容、过程、效果和结果，从而为教育实践提供实时性、实效性的参考依据。通过对数据的多维度呈现和动态分析，教育者可以及时发现受教育者思想状况的新变化、新问题，预判可能出现的思想风险和行为偏差，从而及时调整教育策略，优化教育方式，提高教育的针对性和有效性。同时，数据化描述也为思想政治教育的评估和反馈提供了可靠的依据，通过对教育效果的数据化评估，教育者可以客观地审视教育工作的得失，不断改进和完善教育实践，提升教育质量。

2. 思想政治教育工作数据化描述可节省大量的人力、物力和财力

思想政治教育工作的数据化描述是建立在现代信息技术基础之上的，特别是数字技术、云计算和云储存等技术的广泛应用，为数据化描述提供了强大的技术支撑。借助这些技术，教育者可以低成本、高效率地采集、存储和分析海量的思想动态数据，实现数据和软件工具的多次利用，从而大大节约教育成本。当然，数据化描述的实施也离不开必要的人力和物力投入，特别是在前期的数据采集、系统搭建等环节，需要投入大量的人力、物力和财力；但从长远来看，数据化描述所带来的效率提升和成本节约，将远远超过前期的投入成本。

与传统的思想政治教育方式相比，数据化描述最显著的优势在于它能够在短时间内处理海量的数据信息，自动生成分析报告和决策建议，大大减少了人工统计和分析的工作量。通过数据化手段，教育者可以全方位、多角度地描述思想政治教育工作的各个方面，既包括受教育者的静态特征，如人口属性、社会背景等，也包括其动态变化，如思想动向、行为轨迹等。这种立体化、动态化的描述方式，能够精准刻画不同时间、空间和情景中的思想政治教育状况，为教育决策提供更加全面、可靠的依据，实现传统方法无法企及的目标。与此同时，数据化描述还可以通过算法模型的不断优化和迭代，实现描述结果的自动生成和动态更新，进一步提高教育工作的效率，节约人力、物力和财力成本。

3. 思想政治教育工作数据化描述观照未来社会，有助于保持思想政治教育的鲜活生命力

未来社会将是一个高度智能化、信息化的社会，人与人之间的交往方式、思想观念将发生深刻变革，呈现出更加复杂、多元的特征。在这样一个瞬息万变的时代，人们的思想状况也将更加多变和难以捉摸，思想波动的频率和幅度都将大大提升。面对这种情况，传统的思想政治教育方式难免显得力不从心，难以适应未来社会的发展需求；而数据化描述则为应对这一挑战提供了新的可能。通过对海量思想动态数据的实时采集和分析，数据化描述能够第一时间捕捉到思想变化的风向标，预警可能出现的思想风险，为教育工作的预防、引导和干预提供依据，从而更好地适应未来社会的发展趋势。

思想政治教育是一项以人为本、与时俱进的工作，它必须紧跟时代步伐，不断更新理念、改进方法，才能保持旺盛的生命力。随着社会的发展和生存条件的变化，人们的思想观念、价值取向也在不断发生变化，这就要求思想政治教育工作必须与时俱进，创新工作方法，提高工作效能。数据化描述正是顺应这一趋势而产生的一种新的工作方式。它立足于对现实社会的精准把握，通过数据的采集、分析和呈现，动态反映人们思想状况的变化轨迹，为思想政治教育工作提供客观、可靠的决策支持。同时，数据化描述还可以通过数据的集成和共享，实现不同主体、不同层面的协同联动，形成思想政治教育工作的整体合力，推动思想政治教育工作的创新发展。

（二）思想政治教育工作数据化描述的内容

思想政治教育工作数据化描述是指运用现代信息技术手段，将人的思想动态、情感状态和心理样态等难以捉摸的内在活动进行形象化、数据化和可视化呈现。相较于传统的样本调查、谈话访谈等方式，数据化描述是一种全新的认知方式，它突破了主观感受和经验判断的局限，力图以客观、精准的数据分析来刻画思想动态，为思想政治教育工作提供科学、可靠的决策依据。通过数据化描述，思想政治工作可以突破以往主观性和情感化的认知局限，实现精准画像、科学分析和智能预警，从而大幅提升工作的针对性和有效性。

在数字化时代，人的一言一行、一举一动都会在数字空间留下痕迹，思想观念、情感状态也能够通过行为数据来映射和呈现。这意味着人的精神世界正在被数字化、可视化，思想政治教育也因此成为一个可观测、可测量、可计算、可控制的数据系统。思想政治教育的数据化描述，既是顺应数字时代发展的必然要求，也是提升思想政治教育科学化水平的必要方法。它涵盖对思想政治教育各个环节的多层次描述，包括对教育内容的知识结构分析、对教育过程的动态追踪监测、对教育结果的综合评估反馈，以及对教育效果的预测预警等，力图构建一个全景式的思想政治教育数据化描述体系。

1. 思想政治教育内容的数据化描述

思想政治教育内容是一个开放的、动态更新的知识系统，它涵盖政治教育、思想教育、道德教育等多个层面，旨在通过理论灌输、价值引导、行为规范等方式，影响和塑造教育对象的思想意识、价值取向和行为方式。作为思想政治教育的核心要素，教育内容的科学性、先进性和针对性直接决定了教育效果的好坏。因此，加强思想政治教育内容的数据化描述，对于提升教育实效具有重要意义。数据化描述可以从教育内容的结构、逻辑、关联等方面入手，运用知识图谱、语义分析等技术，对教育内容进行系统梳理、关联分析，揭示内容要素之间的逻辑关系，优化内容的组织结构，为教育内容的优化完善提供依据。

从内容结构上看，思想政治教育内容可以分为主导性内容、基础性内容和拓展性内容等。主导性内容主要涉及国家意识形态和政党理论，如马克思主义基本原理、中国特色社会主义理论体系等，是思想政治教育的灵魂和主线。基础性内容则包括世界观、人生观、价值观教育，如社会主义核心价值观、公民道德建设等，是思想政治教育的基础和根本。拓展性内容则涉及更广泛的人文素养教育，如文化修养、艺术熏陶等，是思想政治教育的延伸和补充。数据化描述需要对不同层次的教育内容进行系统梳理，厘清内容间的逻辑关系，构建科学合理的知识结构谱系，为教育内容的优化提供依据。

思想政治教育要取得实效，关键在于教育内容能够被教育对象所接受和内化。然而，目前思想政治教育内容的传播方式仍以传统的课堂教学、主题讲座等为主，这些方式往往难以调动受教育者的学习兴趣，教育内容也容易被受众选择性接收和过滤，导致教育效果难以保证。因此，思想政治教育内容的传播亟须与时俱进，充分运用现代信息技术手段，推动教育内容的形象化、趣味化呈现。比如，可以运用数字媒体、虚拟现实、增强现实等技术，将枯燥的理论内容转化为生动形象的数字产品，提高教育内容的吸引力和感染力。同时，还可以利用大数据分析、人工智能等技术，对教育内容进行个性化推荐和精准投放，实现教育内容的精准传播和高效吸收。

2. 思想政治教育过程的数据化描述

思想政治教育过程是实现教育目标的中心环节，它涉及教育计划的制定、教育活动的组织实施以及教育效果的评估反馈等一系列环节。在整个教育过程中，教育者、教育对象、教育环境、教育媒介等要素相互作用、动态交织，共同影响教育效果。由于思想意识、情感状态等精神活动难以直观展现，教育过程的效果评估往往流于主观感受和经验判断，缺乏客观、精准的数据支撑，这成为提高思想政治教育实效性的重要障碍。而数据化描述为突破这一障碍提供了新的路径和可能。运用现代信息技术手段，教育过程的方方面面都能够被数字化、可视化地呈现出来，思想动态、情感变化也能够通过行为数据来追踪和刻画，从而为教育过程的精准把控提供科学依据。

随着数字技术和智能算法的日臻成熟，通过采集教育对象的浏览、搜索、互动、出行、消费等行为数据，再结合自然语言处理、情感分析、知识图谱等智能技术，就能够将隐藏在行为背后的思想动态、情感变化等数字化、可视化地呈现出来。这些数据化的思想画像、情感指数，能够实时反映教育对象的思想动态和接受状态，为教育过程的动态监测、精准施教提供数据支撑。比如，通过对教育对象的浏览、转发、点赞等数据的分析，可以客观评估教育内容的传播效果；通过对互动、提问等数据的挖掘，可以精准把握教育对象的认知水平和理解程度；通过对情感表达的智能分析，可以洞察教育对象的情感态度和价值取向。这些数据化的过程描述，不仅可以为教学活动的及时优化提供依据，也可以为教育效果的综合评估提供数据支撑，有助于教育决策更加科学、精准。

3. 思想政治教育结果的数据化描述

思想政治教育的结果评估是衡量教育工作成效的重要依据，它直接反映了教育活动的针对性和有效性。然而，由于思想政治教育主要聚焦于人的政治素养、思想情感和道德品质等内在精神领域，这些隐性的、多变的特征很难用传统的语言文字直观地展示出来。受访者的主观表达与真实想法可能存在偏差，调查问卷的设计也可能存在局限，导致教育后的情感变化和效果评估往往流于表面化和印象化，缺乏精准、客观的数据支撑。这种传统的结果描述方式难以全面、动态地反映思想政治教育的实际成效，在一定程度上增加了教育评估和改进的难度。

在数字化时代，现代信息技术的发展，尤其是数字技术、人工智能、物联网和虚拟现实等技术的融合应用，为思想政治教育结果的精准化描述提供了新的可能。通过对教育对象行为数据的采集和分析，再结合自然语言处理、情感计算、知识图谱等智能算法，就能够将隐藏在行为背后的思想动态、情感变化等数字化、可视化地呈现出来。比如，通过对教育对象的浏览、转发、评论等社交数据的分析，可以客观评估其对教育内容的认同度；通过对其情感表达的智能分析，可以洞察其情感态度和价值取向的变化；通过对其行为轨迹的关联分析，可以刻画其行为模式的转变轨迹。这些数据化的结果描述能够直观、立体、动态地展现教育对象的思想变化和行为转变，既弥补了传统语言文字描述的主观性和片面性，也为教育成效的精准评估提供了数据支撑，有助于推动思想政治教育方法向更加科学化、精准化、智能化的方向发展。

4. 思想政治教育效果的数据化描述

思想政治教育效果是衡量教育工作质量的关键标准，它综合反映了教育内容传播的针对性、教育方法运用的有效性、教育对象接受的主动性以及教育形式的吸引力等多个方面的成效。作为一项系统工程，思想政治教育旨在通过知识传授、能力培养、价值引领等方式，塑造教育对象的思想观念、政治立场和道德品行，最终实现提高思想道德素质、巩固政治思想基础的目标。思政课的考评体系要符合思政课建设的实际状况和发展规律，既要看有形的成果，也要看无形的成效；既要有量化的指标，也要有整体的判断；既要考核建设现状，也要判断发展趋势，以科学的导向推动持续发展。① 因此，思想政治教育效果的评估，不仅要看教育内容是否准确全面、教育方式是否灵活多样，还要看教育对象能否真正接受教育，将教育内容内化于心、外化于行。只有教育效果得到充分彰显，思想政治教育工作才算真正取得成功。

思想政治教育是一个开放的、动态的复杂系统，其效果评估面临诸多不确定性因素的影响。传统的效果评估主要依赖于抽样调查、个案访谈、经验总结等，这些方法虽然可以在一定程度上反映教育效果，但仍存在样本有限、主观性强、时效性差等局限，难以全面、精准、动态地反映教育对象思想行为的变化。在数字时代，人们的情绪感知、知识获取、价值判断、行为方式日益呈现出多样化、碎片化、个性化特点，单一的评估手段和评判标准已难以适应新形势下思想政治教育效果评估的需要。因此，必须充分利用数字技术和智能算法，对教育全过程、各环节的海量数据进行采集、挖掘和分析，才能更加全面、精准、动态地刻画教育对象思想行为的变化轨迹。这些数据来源涵盖社交媒体、个人、传感器、交易和管理机构等各个方面，数据类型包括文本、图像、音频、视频等多种形态，数据分析涉及语义理解、情感计算、画像标签等多个维度，可以多角度、多层次地评估思想政治教育效果。

通过数据化手段描述思想政治教育效果，可以为教育实践提供精准的导向和依据。首先，海量的数据分析能够帮助教育者全面了解教育对象的特点和需求，有针对性地设计教育内容和方式，提高教育的时效性和吸引力。其次，数据化的效果评估能够及时呈现教育过程中的问题和不足，为教学优化提供客观依据，促进师生互动、资源共享、环境优化，不断增强教育的感染力和凝聚力。最后，数字化的效果呈现能够直观展示教育对象

---

① 颜晓峰：《论守正创新推动思政课建设内涵式发展》，《思想理论教育》2024 年第 7 期。

在不同阶段的变化情况，帮助教育者掌握教育对象的思想动态和行为趋势，及时采取干预措施，确保教育工作沿着正确方向持续推进。可以说，数据化描述思想政治教育效果，能够实现对教育全过程的精准监测、对教育各阶段的动态跟踪、对教育多维度的交叉分析，从而为思想政治教育工作提供更加综合、科学、全面的评估视角和优化路径，推动思想政治教育迈向高质量发展的新阶段。

（三）思想政治教育工作数据化描述的方法

在数字化时代，电子计算机、智能手机、物联网、VR/AR/MR 穿戴设备等技术的飞速发展，不仅极大地优化了人们的生产生活方式，还深刻地影响了人们的认知模式和思维方法。这些技术赋予了设备前所未有的能力，使其能够实时感知、精准分析、智能预测各种复杂的现象和问题。在教育领域，数字技术的应用也带来了深远的影响，为教育教学提供了新的手段和途径。特别是在思想政治教育领域，数字技术为实现教育过程和结果的数据化描述提供了强大的支持。然而，思想政治教育数据化描述并不是简单地将数据技术的模板或传统方法照搬到教育领域，它既不是对思政课的替代，也不是对技术的简单移植和复制，而是通过对技术的改造和利用，将其理念与方法有机嵌入思政课各环节，为思政课的场域构建、资源整合、精准教学、精准服务与评估等提供技术支持。[①] 可以说，思政教育工作数据化要通过对数字技术、人工智能、物联网和可视化等现代信息技术的综合运用，将这些技术与思想政治教育工作的特点和规律紧密融合，形成全新的、适应数字时代要求的数据化描述方法。这些方法主要包括全数据分析法、相关分析法和智能预测法，它们能从不同角度、不同层面实现对思想政治教育过程和结果的数字化呈现，为提升思想政治教育的针对性、实效性提供有力支撑。

1. 全数据分析法

在数字化时代，全数据已经成为一个显著的特征。得益于数字技术的发展，各种数据可以被海量、全面、实时地获取和存储，成为揭示事物本

---

① 潘莉、任凤梅：《数字智能技术赋能高校思政课深度学习研究》，《思想理论教育导刊》2023 年第 9 期。

质、创造新知识和新价值的重要源泉。全数据带来了认识世界的全新方式，许多过去无法计量、难以存储、无法分析的内容，现在都可以通过数据化的方式加以呈现和利用，这为人们开启了认识世界的新大门。比如，通过对人们行为数据的全面采集和分析，可以洞察其兴趣爱好、消费习惯等；通过对自然环境数据的实时监测和分析，可以预警灾害、优化资源配置等。

思想政治教育工作全数据分析法就是要将思想政治教育各个环节的数据纳入分析视野，通过数据化的方式实现对教育过程的智能化把握、对教育结果的实时化评估、对教育规律的科学化探索、对教育成效的形象化展示。具体而言，就是要采集和分析教育者的教学行为数据、教育对象的学习反馈数据、教育内容的传播效果数据、教育方法的应用成效数据、教育环境的影响因素数据等，通过数据分析技术揭示各教育要素之间的内在联系，发现教育教学中的突出问题，把握学生的思想动态和行为特点，进而优化教学策略、改进工作方法、营造育人环境，不断提升思想政治教育的质量和水平。全数据分析法可以打通思想政治教育工作的各个领域和环节，让思想政治教育变得更加具体、更加可感、更加可操作，极大地提升思想政治教育的针对性和实效性。

2. 相关分析法

相关分析法关注的是事物之间的相关关系，而不是因果关系。它更加重视探讨"会发生什么"，而不是"为什么发生"。在传统的分析方法中，受限于技术水平和认知水平，人们往往倾向于用因果关系来解释事物，习惯于用线性思维来认识世界。然而，在现代社会高度复杂多变的关系网络中，这种因果分析和线性思维方式存在固有的缺陷，难以准确把握事物的本质和规律。很多时候，我们很难判断究竟是什么原因导致了某个结果的发生，事物之间错综复杂的关联往往超出人的认知范畴。

随着数字技术的快速发展，海量数据的广泛应用为分析工作提供了全新的能力，使我们能够从纷繁复杂的数据中发现隐藏的模式和规律，获得有价值的产品、服务或观点。数字技术一方面消除了传统分析方法中的主观性和片面性，另一方面让我们能够突破因果思维的限制，用相关分析的方法来认识事物的多元联系。数据化分析不再拘泥于单一视角和局部细节，而是能够利用大数据技术从整体上把握事物的相关性和趋势性，形成更加精准、全面、立体的事物描述方式。数字技术的迅猛发展也为思想政治教育工作提供了新的分析工具和方法，打破了过去教育要素之间的孤立状态，建立起错综复杂的网状联系，大大拓展了思想政治教育工作的广度和深度，提高了思想政治教育工作的成效。

3. 智能预测法

智能预测法是实现思想政治教育智能化研判的关键方法，对于预防和应对思想政治教育工作中的各种问题具有重要意义。在传统的思想政治教育中，由于技术条件的限制，教育者难以对教育对象的思想动态和行为表现进行实时感知和精准预判，往往只能被动应对问题，缺乏前瞻性和预见性。而在数字化时代，随着人工智能、大数据、云计算等技术的飞速进步，这些问题将有望得到有效解决。

在数字化时代，通过数字技术手段，思想政治教育可以实现全过程、全方位的数据化监测和分析。一方面，可以通过各种智能设备和传感器实时采集教育对象的思想状态、情感变化、行为表现等数据，并将其反馈到智能分析系统中；另一方面，可以利用机器学习算法对这些海量的数据进行深度挖掘和分析，揭示其蕴含的内在规律和发展趋势，并与预设的理想目标进行比对，及时发现偏差和问题，进而调整教育策略、优化教育方案，实现教育过程的动态优化和教育效果的持续增强。智能预测法还可以对教育对象的思想行为异常进行全面、及时的监测和预警，通过数据分析及早发现苗头性、倾向性问题，并采取针对性的教育干预措施，将潜在的问题消除在萌芽状态，从而大大提高思想政治教育工作的前瞻性和预防性。总的来说，智能预测法标志着思想政治教育工作正在向智能化、精细化、动态化的方向发展，必将推动思想政治教育工作实现从经验式向科学化、从被动式向主动式、从粗放式向精准式的智能化转型和升级。

四　实时化原则：思想政治教育评估实时化反馈

"课程思政"的育人成效需要教育评估来检验，好的教育必须通过定量、定性相结合的教育评估来评价课程目标是否达成。① 思想政治教育评估是思想政治教育工作的重要环节，它不仅能够明确各个阶段的教育效果，还能够通过及时反馈为下一步的教育工作提供参考和指导。在数字化时代，信息技术的飞速进步使思想政治教育评估变得更加精确和高效，评估结果的反馈也变得更加及时和直接，这为实现思想政治教育评估的实时化提供了坚实的基础和广阔的空间。实时化的评估反馈不仅能够帮助教育者及时调整教育策略、优化教育方法，还能够促进教育对象更好地理解和接受教育内容，从而极大地提升思想政治教育的针对性和实效性。

（一）思想政治教育评估实时化反馈的原因

思想政治教育评估通过对教育对象的内化吸收结果进行测量和判断评估整个教育过程的效果和影响，为后续的教育活动提供经验和策略参考。评估的内容涵盖教育目标的达成情况、教育内容的适宜性、教育方法的得当性等诸多方面，涉及教育活动的方方面面。评估结果的及时性对于提升教育效果而言至关重要，只有通过及时、准确的评估反馈，教育者才能够根据实际情况及时调整教育策略、改进教育方法，才能够更加精准地把握教育对象的思想动态和行为特点，进而有的放矢地开展教育工作。因此，在数字化时代，实现思想政治教育评估的实时化反馈已经成为思想政治教育发展的必然趋势和重要方向。

1. 思想政治教育评估实时化是增强思政教育效果的重要手段

评估是思想政治教育工作中的重要手段，是衡量教育效果的重要方式，同时也是教育者调整教学方法、更新教育内容的重要参考。科学、有效的教育评估需要建立在客观的数据基础之上，需要运用科学的评估标准和方法，以确保教学目标的达成、教育效果的实现、教育内容的适宜、学生素质的提升等各个方面都能够得到全面、准确的评估和反馈。可以说，没有科学的评估，就难以实现科学的教育；没有及时的反馈，就难以保证教育的实效性。因此，评估已经成为现代思想政治教育不可或缺的重要组成部分。

---

① 鄢显俊：《论高校"课程思政"的"思政元素"、实践误区及教育评估》，《思想教育研究》2020 年第 2 期。

评估不仅是教育实践活动的重要环节，更是指引和优化后续教育工作的关键所在。评估结果的精确性直接影响到下一步教育工作的针对性和有效性，而评估反馈的及时性则间接影响到教育活动的实施和推进。只有将评估结果及时、准确地反馈给教育工作者，他们才能够根据反馈情况迅速调整教育策略、改进工作方法，才能够更加精准、高效地开展思想政治教育工作；反之，如果评估结果反馈不及时、不准确，教育工作者就可能错失教育时机，无法及时纠正教育偏差，从而影响教育效果的发挥。因此，评估实时化反馈已经成为提高思想政治教育实效性的重要手段。

2. 数字化时代所形成的信息技术图景为思想政治教育评估反馈提供了基础条件

思想政治教育需要与时俱进，需要与科学技术相结合，以更好地实现其政治性和科学性的双重目标。数字化时代所形成的科学技术图景，尤其是信息技术的广泛应用，为思想政治教育评估的实时化反馈提供了强大的技术支持和现实可能性。海量数据的获取和分析不仅奠定了评估工作的基础，也为评估结果的实时反馈提供了坚实的数据支撑。通过数字化手段，教育者能够全面、系统地收集和分析教育对象的思想动态、学习状况、行为表现等各方面的数据，从而更加准确、客观地评估教育效果，把握教育规律。

在数字化时代，数据的实时跟踪和智能计算能够保证评估过程的准确性和高效性，能够真实、全面地反映教育的效果和影响，并随时将评估结果与预期目标进行对比分析，及时发现问题和不足，提出针对性的改进措施。数字化时代所形成的技术条件，尤其是大数据、人工智能、云计算等技术的应用，为思想政治教育评估反馈提供了强大的技术支撑和智力保障，确保了评估反馈的有效性、及时性和全面性，为实现评估反馈的实时化奠定了坚实的基础。

3. 思想政治教育评估与反馈日益成为同一活动的两个方面

在传统的思想政治教育中，反馈往往被视为评估之后的一项独立活动，是教育者反思教育过程、总结教育经验的重要方式。但是，在数字化时代，随着智能感知技术和数据获取技术的广泛应用，思想政治教育过程中的每个细节、每个环节都能够被全面、准确地记录下来，教育活动产生的"结果"也能够被实时地呈现出来并反馈给教育工作者。这意味着评估过程和反馈过程能够在时间和空间上实现高度的统一，二者不再是相互独立、相互割裂的活动，而是日益成为同一活动的两个方面。

建立起科学、完善的评估和反馈数据模型，合理设置评估指标和反馈机制，评估才可以与反馈同步进行，形成一个动态循环、密不可分的整体。评估结果可以实时反馈，反馈信息又可以即时指导评估工作，二者相互促进、相得益彰。这种评估与反馈的同步化、一体化，不仅大大提高了评估工作的效率和及时性，也为教育工作者及时掌握教育动态、优化教育策略提供了有力支持。

（二）思想政治教育评估实时化反馈的内容

思想政治教育评估反馈的内容是多样且复杂的，涵盖思想政治教育的方方面面，包括教育主体、教育过程和教育效果等多个维度。在数字化时代，随着信息技术的飞速发展和广泛应用，思想政治教育评估的内容也在不断丰富和拓展，呈现出更加多元化、精细化、动态化的特点。数字化时代的思想政治教育评估实时化反馈，主要包括对思想政治教育主体的评估反馈、对思想政治教育过程的评估反馈和对思想政治教育效果的评估反馈三个方面。这三个方面相互联系、相互影响，构成了思想政治教育评估实时化反馈的完整内容体系，对于全面、准确地把握教育现状、优化教育策略、增强教育效果具有重要意义。

1. 对思想政治教育主体的评估反馈

习近平强调："思政课教学离不开教师的主导。"[①] 思想政治教育主体是整个思想政治教育活动的关键，是思想政治教育工作的组织者、实施者和引导者，在把控教育方向、宣扬主流意识形态、实现立德树人根本目标等方面发挥着不可替代的关键作用。教育主体的思想认识水平、理论素养、道德品质、工作能力等直接影响到教育工作的质量和效果，因此对教育主体进行科学、准确的评估反馈是十分必要的。

教育主体的思想状况是复杂多变的，他们的思想观念、价值取向、行为方式等都会随着时代的发展、社会的变迁而不断发生变化。通过实时捕

---

① 习近平：《思政课是落实立德树人根本任务的关键课程》，人民出版社，2020，第21页。

捉和评估教育主体的思想状况，可以全面、动态地反映出他们对教育内容、教育方法、教育目标等方面的理解和认识，揭示出他们在教育实践中存在的问题和不足，为优化教育策略、改进工作方法提供重要参考。同时，通过评估反馈，教育主体也能够及时发现自身的不足，加强学习，在教与学的互动中不断进步，从而达到教学相长、共同提高的目的。因此，对教育主体的评估反馈理应成为思想政治教育实时化评估的首要内容和重点领域。

2. 对思想政治教育过程的评估反馈

思想政治教育过程是连接教育目标和教育结果的重要纽带，是实现教育价值、达成教育目的的关键环节，贯穿于整个思想政治教育活动的全过程、各方面。对思想政治教育过程进行科学、有效的评估反馈，对于优化教育策略、提高教育质量具有十分重要的意义。评估反馈应当全面覆盖思想政治教育过程的各个环节，包括教育目标的设定、教育内容的选取、教育方法的运用、教育载体的使用、教育结果的衡量、教育评价的反思等，形成全面系统、有机联动的评估反馈机制，并根据反馈情况及时调整教育策略、改进工作方法，确保思想政治教育工作始终朝着正确的方向前进。

传统的教育评估模式通常以结果为导向，主要依靠经验推断和定性判断，缺乏精准性和个性，难以全面、客观地反映教育过程的复杂性和多样性。而在数字化时代，借助海量数据的统计分析，思想政治教育评估可以突破传统模式的局限，实现更加科学化、精准化、个性化的过程评估和反馈。通过收集、分析教育过程中产生的各类数据，可以准确把握教育对象的学习状态、思想动态、行为表现等，实现教育过程的可视化、可量化、可追踪，为优化教学策略、推动教学改革提供科学依据和实践指导。数字化评估还能够充分尊重教育对象的个体差异，提供个性化的学习反馈和指导建议，激发他们的学习兴趣和主动性，提高教育的针对性和实效性。

3. 对思想政治教育效果的评估反馈

教育效果是检验教育工作成败的根本标准，是思想政治教育的落脚点和归宿。对教育效果进行科学、准确的评估反馈，是思想政治教育工作的关键内容，是评判教育质量、衡量教育水平、调适教育策略的重要依据。

只有通过及时、有效的评估反馈，深入分析教育效果的影响因素、制约条件，准确把握教育对象的思想实际、认识水平，才能有针对性地改进教育方法、优化教育内容，不断提高教育的针对性和实效性，实现高质量、高水平的思想政治教育。

思想政治教育对象具有鲜明的个性特点和独特的思想轨迹，他们的认知结构、价值观念、行为方式等都呈现出多样性和复杂性。因此，教育效果的评估反馈必须充分尊重教育对象的个体差异，深入了解他们的基本情况、兴趣爱好、性格习惯等，运用个性化、精准化的评估手段，多角度、全方位地分析教育效果的影响因素和制约条件，精准把握教育对象的思想实际和认识水平，从而为优化教育方案、改进工作方法提供重要参考。

（三）思想政治教育评估实时化反馈的方法

思想政治教育的评估反馈是一个动态、复杂的过程，旨在通过对比分析教育效果与预期目标之间的差距，发现问题、总结经验，进而不断优化教育策略、提升教育质量。思想政治教育评估反馈需要适应一体化建设要求，深入研究贯穿大中小学各学段的育人评价标准，探索科学、多元的评价办法和指标体系，切实体现"教学优先"的评价导向。[①] 在数字化时代，随着现代信息技术的飞速发展和广泛应用，思想政治教育评估反馈的方法也在不断创新和完善，呈现出更加科学化、精准化、实时化的特点。科学评估不仅要立足于教育实践，紧密结合受教育者的实际情况，还要充分利用大数据、人工智能等现代技术手段，通过对受教育者思想动态和行为表现的实时数据进行跟踪采集和智能分析，实现对教育过程的动态监测和精准把控，及时发现问题、反馈信息，为教育者优化教学策略、改进工作方法提供重要参考，进而不断提升思想政治教育的针对性和实效性。

1. 数据信息可视化的评估反馈

思想政治教育是一项关乎人的思想觉悟、政治素养和道德情操的崇高事业，旨在通过理论学习、实践锻炼等多种形式，引导人们树立正确的世界观、人生观、价值观，提升思想境界和道德修养。然而，由于思想情

---

① 翁铁慧：《以一体化建设引领推动新时代思政教育高质量发展》，《人民日报》2024 年 7 月 22 日，第 9 版。

感、政治态度等因素具有一定的抽象性和隐蔽性，难以通过直观的方式呈现出来，传统的思想政治教育评估反馈方法往往依赖于文字描述、语言表达等定性分析手段，带有较强的主观性和经验性，缺乏直观性和生动性，难以准确、全面地反映教育对象的真实思想状况和行为表现。

随着数字化时代的到来，现代信息技术的飞速发展为思想政治教育评估反馈提供了新的路径和可能。通过大数据采集、智能分析等技术手段，可以将海量的思想政治教育数据进行深度挖掘和可视化呈现，以图表、图像等直观、生动的方式，展示教育对象思想动态、行为轨迹的变化趋势和关联模式，犹如医学领域利用心电图、脑电图等可视化手段监测人体生理活动一样，使那些难以感知、难以捕捉的思想状态和行为特征变得"可视化""数据化"，从而帮助思想政治教育工作者更加全面、准确地把握教育规律、发现教育问题，为优化教育策略、改进工作方法提供直观、可靠的数据支撑和科学依据。

2. 虚拟与现实要素相结合的评估反馈

评估反馈是提升思想政治教育质量、推动其科学发展的关键环节，对于准确把握教育现状、科学制定教育策略具有重要意义。在数字化时代，随着信息技术的快速发展和广泛应用，思想政治教育的外部环境和内部要素都发生了深刻变化，教育评估反馈也面临新的机遇和挑战。实时化的评估反馈不仅要立足于教育实践，紧密结合时代发展的新特点、新趋势，还要充分关注各领域、各要素的动态变化，确保思想政治教育全面融入社会生活的方方面面，真正做到入脑入心、润物无声。

在数字化时代，人们的学习生活已经突破了传统的时空限制，广泛延伸到网络空间等虚拟环境之中。虚拟世界与现实世界的边界日益模糊，两个空间的交互融合也越来越紧密。因此，思想政治教育评估反馈必须紧跟时代步伐，全面覆盖现实与虚拟世界中的各个要素，既要重视课堂教学、社会实践等现实场景中的教育效果评估，也要高度关注网络空间、虚拟社区等新兴领域的思想动态和行为表现，通过线上线下的有机结合、虚拟与现实的互补共融，构建全方位、多层次、立体化的评估反馈体系，确保评估反馈在虚拟与现实环境中都得到充分重视和有效实施，实现虚拟与现实要素评估的全面性、一致性和连续性，不断提升思想政治教育的针对性和实效性。

3. 传统与现代结合的评估反馈

在数字化时代之前，思想政治教育评估反馈主要依赖于教育工作者的主观经验和知识积累，通过样本抽样、问卷访谈等传统方式开展，侧重定性分析和结果呈现。这类评估反馈方式虽然注重人文关怀、情感交流，有助于深入了解教育对象的内心世界和真实想法，但也存在一定的局限性，如评估结果的精准度和客观性可能受到主观因素的影响，评估过程的及时性和连续性难以保证，个性化、精准化的评估反馈也难以实现，等等。随着现代科学技术的飞速发展，数字化时代为思想政治教育评估反馈注入了新的活力和动力，使其逐步实现了从定性到定量、从事后到实时、从笼统到精准的转变和升级，评估反馈的科学性、精准性和实时性都得到了显著提升。

然而，尽管现代评估方式在信度、效度等方面相比传统评估方式有了长足进步，但我们必须认识到，传统评估方式是现代评估方式得以发展和完善的重要基础，两者之间并非对立和排斥的关系，而是相互补充、相互促进的辩证统一关系。一方面，现代评估方式并没有完全否定传统评估方式的价值和意义，传统评估方式所强调的人文关怀、情感交流和道德引导等因素，在现实教育环境中可能更容易被教育对象所接受和认可，有助于拉近师生距离、增进彼此的了解、营造良好的教育氛围。另一方面，现代评估方式为传统评估方式提供了更加科学、精准、高效的技术支撑和数据支持，有助于弥补传统评估方式的不足，拓展评估反馈的广度、深度和力度。因此，在实际教学过程中，高校思政课教师既要学习新技术，又要使用传统方式，不能只采用数字技术来达到一劳永逸的育人效果。处于对数字化技术不断探索、学习和实践过程中的高校教师只有不断尝试并战胜思想政治教育数字化实践中遇到的困难，才能充分利用数字红利为人才培养赋能。[①] 此外，在思想政治教育评估反馈过程中，我们要积极推动传统评估与现代评估的深度融合、优势互补，形成传统与现代相结合的评估反馈新模式，在坚持以人为本、注重人文关怀的同时，充分运用现代信息技术手段，不断提升评估反馈的科学性、精准性和时效性。

---

① 盖逸馨、浩日娃：《新时代高校思政课教师数字素养提升的价值意蕴、现实困境和策略探析》，《思想理论教育导刊》2024 年第 8 期。

| 第五章 |

高校思想政治教育数字化发展的构成与功能

事物的结构是指其内部各要素之间相互制约、相互影响和相互作用的方式，包括要素的比例关系、排列顺序以及结合方式。这种内在结构决定了事物的性质和发展方向。高校思想政治教育作为一个复杂的系统，其数字化发展必然伴随着内部结构的重构和功能的转变。每一个构成要素在数字化的浪潮中都在发生着或微小或巨大的变化，这些变化相互交织、相互影响，最终导致整个系统的性质发生改变，呈现出全新的面貌。

深入分析高校思想政治教育数字化发展过程中各要素的变化趋势及其相互影响，对于我们全面理解数字化发展的内在逻辑和运行机制具有重要意义。唯有透过表象，抓住事物发展的本质和规律，才能更好地把握高校思想政治教育数字化的特性，理解其深远意义，进而在实践中不断优化、完善，推动高校思想政治教育事业的创新发展。因此，本章将重点探讨高校思想政治教育数字化发展的构成及功能，力求构建一个全面、系统的认识框架，为推进高校思想政治教育数字化实践提供参照。

第一节　高校思想政治教育的数字化进程

从数字技术介入高校以来，高校思想政治教育数字化进程就在不自觉与自觉中开始了，并且在社会发展和技术革新中不断趋于完善，在育人理念、场景、方式、组织流程、治理生态等转变中充分凸显了育人实效。有人认为，数字化发展的三个阶段是将信息从模拟格式转化为数字格式的数字化转型阶段，以数字技术为支撑、优化组织流程和信息管理过程的数字化升级阶段，以及以数字技术重塑组织的价值主张、构建新发展生态的数字化转型阶段。高校思想政治教育数字化发展作为一项系统性、阶段性工程，展现出由表及里、由浅入深的演进逻辑，依循思想政治教育规律和数字化发展规律的双重逻辑，具体分为以计算机、多媒体为主流媒体的数字信息技术促进思想政治教育资源从模拟技术转向多媒体数字技术的转化阶段；以因特网、多媒体计算机为主流媒体的网络信息技术促进思想政治教育资源汇聚于网络平台，实现优质教育资源普及和共享的数字化转型阶段；以大数据、人工智能、移动终端为主流媒体的智能数字技术促进教育数据收集、分析、整合、分发和各类智能化教育服务的实现，促进思想政治教育走向智慧化的阶段。

一　数字化初级阶段：转化阶段

概括讲，初级阶段是数字技术介入高校思想政治教育的转化阶段。从时间上说，高校思想政治教育数字化发展始于计算机、多媒体支持的转化阶段，这是数字化发展的起点。计算机和通信技术的发展推进人类的信息化进程，这是教育数字化发展的基本前提，教育数字化发展的溢出效应必然反映在高校思想政治教育的数字化进程中。

从逻辑上说，高校思想政治教育的数字化发展要先打牢物质基底，将数字技术整合应用到思想政治教育中，实现原子到比特的初步转化，为构筑虚实融合的学习空间架构起桥梁。所谓转化阶段就是以计算机通信技术为手段，收集、分析信息，促进信息交流与共享，推动社会转型和高质量发展的历史进程。这一阶段，纸质文档、其他分散的信息以及传统人工操作逐渐转化为二进制数码，存储到电子化的信息系统中。转化阶段在高校中主要表现为内部信息系统的建立、信息的数据化管理以及联通网络的应用，在教育领域，教育形式由广播教育、电视教育转向媒体教学。这一阶段以计算机教育的兴起为主要特征，主要利用数字技术将模拟数据转化为数字化信息，初步实现以数字信息系统服务教育资源管理的目标，信息超时空互联互通成为现实。随着办公自动化系统建设的开展，在数据库、知识库、专家咨询系统等技术加持以及一些初步的机器学习、图形添加和演绎数据库等功能迭代下，高校思想政治教育数字化的进一步发展获得了技术支撑。在思想政治教育领域，数字技术逐渐介入高校思想政治教育，社会信息交流以现代通信技术为架构，将现实世界以二进制形式编码，完成符号化和数字化，通过电子终端呈现，在现代通信技术的支持下，实现信息交流便利化、教育资源数码化。计算机设备普遍应用，使数字资源更容易实现高度共享，同时，充分挖掘和调动社会资源，确保整个的教育行为、组织决策和教育运行过程顺利推进，并逐渐趋向于更加合理化的理想状态。思想政治教育数字化是信息技术发展以及技术在教育领域扩散的基础上，不断以数字技术改造传统思想政治教育结构，从而通往合理化、规范化的合目的性状态的一段持续进程。

在党的百年奋斗史上，思想政治工作贯穿其中，作为我党长期形成的优良传统，成为我党独特的政治优势和一切工作的生命线。自从学校大规模开展信息化教育以来，党中央和政府就一直把积极推动各级各类的思想政治教育与数字技术创新融合作为一以贯之的基本策略，从办公自动化到网络思想政治教育，思想政治教育紧随教育数字化发展进程，实现了基础设施、资源库、主体素养和教育方法等方面的信息化升级，充分彰显了党在利用现代技术加强和改进思想政治教育工作上的实践探索，这些有益的探索构成了高校思想政治教育数字化发展的历史根基，促进了思想政治教育数字化发展的初步积累。思想政治教育数字化的意识形态性意在强调其育人导向和价值立场，侧重用党的创新理论铸魂育人、引领社会思潮；思想政治教育数字化的技术性意在强调其智能性、精准化，大数据、算法、人工智能等数字技术是思想政治教育数字化转型的重要引擎和驱动力量，随着技术的更新迭代其功能不断优化升级。[①]

在数字化发展的第一阶段，学校意识到了信息技术的重要性，"软硬兼施"推动高校思想政治教育数字化发展。软硬件基础架构是数据生产的重要支撑，计算机设备辅助教学和多媒体课件应用的普及，将模拟信号转化为数字信号，并以可视化媒体形式呈现，实现了对学习场景的拓展，扩

---

① 罗红杰：《思想政治教育数字化转型：认知前提、实践原则与推进策略》，《思想理论教育》2023 年第 12 期。

充了思想政治教育内容，拓展了知识呈现样态，改变了高校的传统教学方式，以多感官形式改造抽象知识的传播形态，助力学生的知识理解与意义建构。计算机、多媒体设备等硬件设备不仅提供了数字化教学所需的基本工具，还为学生提供了更加丰富多样的学习方式和资源，促进了思想政治教育模式的多元转化。此外，着手开发在线教学平台、电子化教材、多媒体课件等相应的教育软件设施，可以提供丰富的教学资源，实现互动式教学的功能，进一步增强学习效果。在线课程学习使学生能够进行在线交流和讨论，提高学习的互动性，促进实践反馈。

教育资源信息化的一个重要目标是实现资源的整合与共享。信息化是将纸质的教育资源转换为电子化的数字格式的过程，这个过程以资源需求为驱动力，涉及教育信息和资源的收集、整合、分发与共享，因此，不仅需要搭建基础设施，还需要考虑感知设备、交互体验的课堂设备和个人学习终端等技术工具的应用。这些设备的引入与教育资源信息化的目标相契合，可以提供更丰富多样的教育资源呈现方式，增强学生的思政课程学习体验。这意味着要将来自不同领域、不同学科的教育资源整合起来，形成有机的教学体系。随着信息技术和通信技术的发展，信息化工具对社会态势的感知更加成熟、收集信息的能力得到提升、使沟通和反馈更畅通，高校作为思想政治教育的前沿阵地，信息化基础设施的基础性保障最先得到落实，促进了教育资源共享，进一步促动学习时空延展，不仅提高了资源的利用效率，还扩大了思想政治教育的辐射范围。

数字素养与技能是思想政治教育数字化发展的关键因素。注重提升教育主体借助数字资源、数字分享、数字表达、数字分析、数字协作进行持续学习和自我提升的能力，有利于在思想政治教育数字化发展的初始阶段就占据有利位置。因此，一方面，学校需要向教师提供相关的培训，使他们熟悉数字化教育的操作和教学方法，以促进教师在数字化教育中的专业发展和创新能力的提升。教师需要掌握和应用数字化教育技术，善于利用在线教学平台、教育软件、多媒体教学等工具进行思政教育。应了解并熟练运用数字化教育资源和工具，设计有效的教学方案和有吸引力的议题，创设富有创新性和互动性的教学环境，增强教学效果和提高学生的参与度。此外，学校应建立教师交流分享平台，促进教师之间的交流和合作，共同探索数字时代立德树人的实践经验和创新策略。另一方面，在思想政治教育数字化发展的转化阶段，提高学生的主体信息素养关乎思想政治教育成效，事关学生的思想认知能力、道德品质、法治意识的培养和公民意识的养成。

高校思想政治教育的初级阶段，基础设施建设逐步完善，软硬件设备不断磨合，教学活动开始突破时空限制。教学活动、环境等核心要素得到优化升级。教育主体数字化素养培训不仅在一定程度上解放了教师的双手，提升了教学质效，还为进一步开展数字化建设初步奠定了人才基础。教育资源的多样化一定程度上实现了教育资源整合与共享，部分解决了教育资源分配不均的问题，同时为教育大数据时代的来临奠定基础。

二　数字化发展阶段：转型阶段

概括讲，该阶段是高校思想政治教育在与数字技术的深度耦合中实现自我转型与流程再造的阶段。转型阶段是信息化阶段的延伸和深化，在此阶段，高校的信息高速公路基本完善，教育的产学研"放管服"等环节以数字化方式展开，业务流程的数字化再造、结构重组进程加快。教学方式多样化助力教学效率提高，实现了教育资源有效集成和共享。"信息技术的应用是一个通过技术与课程的'物物整合'，革新教学内容呈现，注重知识推送，促进学生知识获取，从而提升工业化'教育生产'效率的过程。"[1] 在数字化发展阶段，我国通过大力实施和推进"校校通"工程、农村中小学校的现代远程教育工程、"三通两平台"、"教学点数字教育资源全覆盖"、"数字校园建设"等实践，加快了各地各校联网建设的速度，信息化终端配备相对完善。高校思想政治教育逐渐实现了教学内容、教学资源和教学方式的数字化。教材、课件、学习资料等教学资源以数字化形式存储和传播，教学过程中引入了多媒体技术和远程教育技术。这一阶段以数字技术的赋能为基本特征，强调从数字基座完善、数字资源整合、传播矩阵构建等方面统筹部署、整体规划和系统推进，为思想政治教育数字化

---

[1]　蔡连玉、金明飞、周跃良：《教育数字化转型的本质：从技术整合到人机融合》，《华东师范大学学报》（教育科学版）2023年第3期。

良好生态的构建奠定了基础。

数字化发展阶段以移动互联网为核心进行基础架构布局，依靠计算机和其他电子设备来辅助教育流程，建立计算机实验室和网络中心，用于信息的存储、分析和传递，编写指令管理教育系统进程，实现教育内容、生产过程的半自动化或自动化，将各种非结构化、半结构化信息或符号转化为结构化数据，最大限度实现业务和经验的数字化，实现教育数据的可重复、可复制、可传播、可比较、可考核，促进思想政治教育实现高效率、低时延、广联结。

思想政治教育领域也要进行供给侧结构性改革，尤其是以数字技术嵌入为契机，改善传统思想政治教育资源供应链为满足主流价值生产需要和散播特定意识形态价值而建立的国家—高校—学生的供应网络。一方面，高校作为思想政治教育的中观层和主阵地，需要在思想政治教育资源供应链的数字化发展过程中设计好路线图，以精准化预测、精细化管理、精准化适配推动思想政治教育提质增效。另一方面，利用智能组件的互联互通性、系统集成性和数据生成能力，将高校思想政治教育资源供给链建构为设备互联、信息互通、资金融通、人才沟通的多功能、有韧性的智慧学习交流平台，赋能思想政治教育资源多元主体间的互动感知、交互响应和全域联通，为一系列动态性战略目标和复杂性决策提供坚实的底层架构。

高校思想政治教育数字化发展阶段，数字基座作为重要的器物基础，提供了网络设备、硬件设备、软件系统等必要的基础设施和环境，以支持教师和学生的数字化教学和学习。通过数字化技术将教学资料、学术论文、电子书等整合到公共服务平台，便利师生获取丰富多样的学习内容。以人工智能、大数据为代表的智能信息技术，促进教育过程中的数据深度分析和价值挖掘，使各类智能化教育服务与治理以数字化方式开展。教学平台和学习管理系统逐步建设完善，课程和教学评价的数字化管理得到推广，学生学习情况和成绩的数字化记录和分析成为常态，提高教学质量和效率，推动教育教学过程的自动化和智能化、数字化发展深化。随着数字校园建设推进，"平台+教育"服务模式完善，教育资源的整合和互联互通实现了新的跃升。数字化在高校思想政治教育教学应用方面稳步推进，逐渐将数字化技术与人才培养、教学改革和创新能力提升相结合，创新教学模式和教学方法，打造数字化学习环境和创新实践平台。系统推进慕课建设，"云课堂"助力大思政教育开展，互联网、区块链等新技术助力大中小学思政课一体化取得新成效。同时，数字化发展也推动了高校思想政治教育的开放和国际化，通过数字化技术和平台，高校得以与其他高校、教育机构甚至国际组织开展合作与交流。

数字技术与教育的融合重构带动了架构融合、资源融合、组织融合。通过整合数字资源，高校思想政治教育可以实现知识的共享和传播，提供学术交流和学习的平台，支持教师的教学研究和教育实践，促进教师专业发展和教学质量的提升。数字化发展阶段强调对组织架构和业务流程等进行整体优化，以适应数字化时代的需求和挑战。数字化发展重新定义和优化机构的职责和职能，减少重复工作和无效流程，并加强不同部门之间的协作和沟通。数字化、网络化带来的去中心化、扁平化的组织架构可以提高决策效率和灵活性，加快信息传递和响应的速度，有利于信息的共享和流通，并提供全面的数据支持和决策依据。通过优化组织架构，可以更好地适应数字化时代的需求，形成更高效、灵活和创新的工作方式。此外，业务流程是组织内部各个业务环节和步骤的有机组合。数字化技术嵌入对调整和改进业务流程，提高效率、降低成本和提升用户体验具有重要意义。可以通过数字技术的应用来简化和优化业务流程，如引入智能化的系统和工具，以自动化程序简化流程和操作，实现不同部门之间的有效合作和协同，提高工作效率和减少操作失误。

"教育数字化转型是数字技术赋能与教育内涵式发展同向并行的发展过程。"[①] 高校思想政治教育进入转型阶段，数字化技术与思想政治教育有机融合，以现代化的信息技术硬件设施和软件应用环境，包括高速而稳定的网络环境、数字化教室、多媒体教学设备等先进的硬件设施支撑起教学资源共享、在线学习平台建设和运营、教师和学生互动等数字化教育全过程。同时，优化满足数字化教育需求的智慧教育平台，形成协同联动的治理系统、学生学习管理系统等软件资源，推动教学模式、教学内容的创

---

① 陈林：《数字化转型赋能教育内涵发展：价值机理、行动框架与推进策略》，《江淮论坛》2024年第3期。

新，为思政课教学提质增效。

三　数字化生态阶段：智慧化阶段

概括讲，该阶段是高校思想政治教育完成再造，熔铸在人的社会生活中的阶段。高校思想政治教育在数字智慧化和智慧数字化的合成中将逐渐走向教育生态整体性创变的智慧化阶段，这两个方面共同促进人机融合的深度对话和深度学习，构建以智慧为纽带，从人机互动到人机一体的新生态，为思想政治教育生态重塑、结构变革提供了可能，并逐步向思想政治教育智慧化迈进，完成高校思想政治教育的整体重构。随着数字化从技术介入到文化渗透的深层次展开，数字化生存与数据化生存成为现代人的基本存在方式，数字化以"座驾"的形式成为制约人类思想行动、情感关系、伦理秩序的底层逻辑，为高校思想政治教育数字化发展提供了所需的新文化生态和创新环境。因此，要整合政产学研等多方力量，构筑"开放包容、安全可控、智能协同"的文化生态。

"每当一种技术成为社会化应用时，它往往会以重构性姿态介入人类生活。"① 智慧化阶段，数字以技术手段、社会资源、思维范式的形态全方位嵌入人类生活的各领域，高校思想政治教育环境、教育内容、治理体系、学习范式等发生全方位、全过程的变革。思想政治教育数字化转型源于信息技术引发的系统性变革，其本身就是一种崭新的生态系统的生成过程。随着数字技术与思想政治教育深度融合，思想政治教育边界的数字化延伸重塑了思想政治教育的要素构成，深刻改变了高校思想政治教育的生态系统。该阶段基于人的虚实共生逻辑，以数据驱动、人技结合打造数字化生态，以跨界融合拓展教育边界，最大化地实现人、技术和教育活动间的整体平衡与和谐统一，最终形成思想政治教育数字融合育人新形态，并有序开展生态治理，实现了高校思想政治教育的数字化生态价值共创。

从某种意义而言，高校思想政治教育数字化发展的根本目的就是构筑数字生态，通过根植于数字化初级阶段和发展阶段的数字理念更新、数字

---

① 赵丽涛、于露远：《思想政治教育数字化转型评价及其优化路向》，《思想理论教育》2023年第5期。

技术完善、数字平台架构，实现思想政治教育信息系统、资源、平台的有机联系和持续完善，构筑主体与数字技术之间彼此融合、共同生长的人技共同体，从而形成以共生为特征的生态关系，构建起一个具有技术性、开放性、适应性、柔韧性、永续性的教育生态。在虚实共生、万物互联、智能敏捷的数字化平台架构完善以及共建共享、跨界融合的教育资源平台和学习场景贯通衔接后，高校思想政治教育要进一步走向智慧化，就必须构建技术迭代、交往互动、文化协同的良好生态，实现高层次的理论跃迁和价值引领。

首先，以系统性思维重塑技术生态。鉴于高校思想政治教育与经济社会发展的伴生关系，数字技术作为人类社会的新引擎，不仅带来社会和人类生活节奏的加速，也在不断冲击人的价值观念，思想政治教育以传统的单向理论宣传难以适应技术时代的多样化呈现，不随数字技术系统变革重塑新的教育生态，便难以应对已然到来的数字化变革，只在教育资源收集、教学方式更新等环节上改变也难以应对即将到来的数字社会。技术重塑未来教育生态主要体现在教育系统整体性变革、赋能教学主客体、创新未来教育新形态、驱动教育治理现代化、科技与教育共塑人机共融时代等方面。从课程设置到具体活动的开展，教育教学资源的整合迈向了数智化阶段，智能检索、在线阅读、云班课程、远程学习等以一种集成式数据资源平台方式将思想政治教育数字化信息条理化，以便精准识别、科学决策、靶向诊治，全方位推进受教者的认知转变、价值塑造、能力提升。

其次，以主体思维重塑交往生态。随着数字化的持续演进，人与人之间、人与技术之间、人与环境之间的互动方式和模式发生了深层变革。交往生态呈现出交往场域虚实结合、交往主体交互拓展的复杂态势。在云网融合等数字场域中，主体交往呈现出广泛互动、自由转换的复杂样态，高度动态化的交往加剧了关系确认和价值认同的困难。一切社会关系的建立和社会价值的认同，既要在动态交往中建立，也要在稳定生态中巩固。一方面，高校数字化生态系统是嵌入在社会数字化外生系统内的，高校思想政治教育数字化发展以数字技术为多元主体间的沟通要件，实现了立体交叉的信息联通，知识在流动中传播，价值在沟通中传递，高校与政府、企业等其他参与主体在共商共建共享的生态系统中达成理解与认同。另一方面，智慧化阶段的人机共生关系挑战着人类中心主义的思维模式，未来构建人机和谐共生的系统可能是弥补人类理性不足和工具理性过度的重要进路，因而，人是唯一主体的认识难以应对数智时代的系列困境。人类社会与技术之间相互补充融合、共生共存的有机生态内蕴人与人、人与技术、技术与技术之间和谐的"主体"互动关系。在这一动态平衡的共同体中，数字技术最终嵌入人类生活，服务思想政治教育的价值引领和立德树人根本任务的完成，也为技术的再发展提供良性生长环境，形成人与技术和谐互动的虚实场域，以"全主体"的交往生态助力高校思想政治教育数字化发展。

最后，以整体性思维打造数字文化生态。"思想政治教育数字化转型建构的是一个将人—技术—育人实践活动有机融合的崭新教育生态系统。"① 数字文化是数字化发展达成普遍认同、实现质的变化的显著标志。数字化发展作为技术文明的特殊产物和发展过程，需要与之匹配的数字化语境。高校思想政治教育数字化文化生态是数字化发展过程中系统形成的价值观念和共同信念，影响着施教主体的数字化思维模式和行为方式。数字文化的发展是以人机互动为导向的，在人的数字化转化和数据化呈现日益明显的数字化时代，高校需要融合内部并行工作和远程分布式任务，兼顾数字虚体和现实实体，从传统人类中心主义向非人类中心主义转变，以人机互动、人—机—人关系网构筑数字文化生态。在数字化教育环境中，学生长期以"键对键"的互动方式取代大部分需要面对面才能有效互动的情景，减少了主体现实的社会化的环节，导致一些人无法深度领会现实文化的隐性知识和情感动向，造成理性认知偏差与情感流动阻滞，且高校思想政治教育已经超出传统的空间地域、技术组织、行业文化等限制边界，因此要打通虚实空间的障壁，构建互动性、沉浸式的整体性、融合性生态。文化具有"润物无声"的隐蔽的渗透力和稳定的引领力，处于一个良善的文化场域中，高校思想政治教育数字化发展将事半功倍。而良好的数字化文化生态并非高校思想政治教育数字化发展的自然结果，这是数字化

---

① 吴满意、高盛楠：《思想政治教育数字化转型：理论内涵、核心指向与实践进路》，《思想理论教育》2023 年第 4 期。

发展的关键目标，也是在人机融合的未来社会实现价值交流的理想生态，基于人机协同的理性认知和对未来人机关系的整体审思，打造人机和谐的文化生态将有利于巩固思想政治教育活动的平衡性、持续性、连贯性。

思想政治教育数字化发展的智慧化阶段是实现了多主体协同、多场景连接、多空间融合的思想政治教育发展新阶段。多元主体合力的有效发挥在数字化生态系统中获得了实现的可能，从各方力量博弈到系统力量整合，多元主体在通达、联结的技术生态、交往环境和文化语境中有效互动，思想政治教育得到系统性升级。多场景连接实现了教育场景的单一到多元，再到全场景拓展，促进学习方式从线下到线上线下混合式的转变，时空的延展促进了学习的自由。多空间融合为推动多场景数据联通、资源汇通、人才沟通提供了共享平台和供给链，为以数字图绘对主体进行精准分析，定制高质量、个性化学习服务创造了条件。总之，高校思想政治教育数字化发展的智慧化阶段是实现了思想政治教育理念、教学方式、组织模式、文化语境的系统性、整体性变革的阶段，形成了物联、数联、智联三位一体的智慧思政教育生态，将全面赋能立德树人根本任务的完成和人的全面发展。

第二节　高校思想政治教育数字化发展的要素构成

"全力发展数字经济已经成为当今的主题，加强数字产业建设是时代发展的必然趋势。高校思政教育必须顺应这一时代趋势，从教学内容到教学方法全面进行数字化转型，这是提高高校思政教育效率与水平的必然选择。"[①] 高校思想政治教育数字化发展是一个涉及面广泛、影响因素复杂的系统工程，涉及教育理念、内容、方式、队伍、环境等多个方面的变革与重构。在这个过程中，每一个构成要素都在发生着不同程度、不同方向的变化，特别是那些处于核心地位的要素，其变化往往对整个系统的发展走向具有决定性影响。正如马克思主义所指出的，事物的联系和相互作用是

---

① 谈文彩：《高校思政教育数字化转型的机理与路径》，《山西财经大学学报》2024 年第 S1 期。

客观存在的，是从事实中发现并通过经验加以证明的，而不是主观臆想或人为构建出来的。因此，准确把握高校思想政治教育数字化发展的要素构成及其内在联系，对于深入理解高校思想政治教育数字化发展规律、把握其运行机制具有重要意义。

在大思政理念的指导下，高校思想政治教育数字化发展必须立足教育实践，聚焦核心问题，着眼长远发展。一方面，要从宏观层面审视数字化发展对高校思想政治教育系统的整体影响；另一方面，又要从微观层面分析每一个构成要素在数字化浪潮中的变化趋势及其相互作用，进而探究这些变化对整个系统功能的影响。只有在全面分析、科学论证的基础上，才能准确把握高校思想政治教育数字化发展的内在逻辑，理清其发展脉络，进而在实践中因势而谋、应势而动，不断推进思想政治教育的创新发展。

一　高校思想政治教育领域的数字化发展

为了更加全面、系统地分析高校思想政治教育领域的数字化发展，我们可以从三个维度入手：现实维度、未来维度和虚拟维度。现实维度主要关注当前高校思想政治教育各领域的数字化现状、存在的问题和面临的挑战；未来维度着眼于高校思想政治教育数字化的发展趋势、前景展望和应对策略；虚拟维度则侧重网络空间、虚拟社区等新兴领域的思想政治教育问题，以及如何利用数字技术手段开拓思想政治教育新阵地、构建思想政治教育新模式等。通过多维度、多视角的综合分析，可以更加立体、全面地认识高校思想政治教育领域的数字化发展，把握其内在规律和发展趋势，进而在实践中科学谋划、精准施策，不断推进高校思想政治教育的创新发展。

（一）高校思想政治教育现实领域的数字化发展

从宏观层面看，在全球化的时代背景下，数字化发展必须立足国内，放眼国际，既要关注国内社会发展的现实问题，又要积极应对国际交流合作中的思想文化挑战。一方面，随着中国特色社会主义进入新时代，我国经济社会发展取得了举世瞩目的成就，人民生活水平显著提高，中国的国际地位日益提升；但与此同时，城乡差距、区域差距、收入差距等问题并未彻底消失，这些问题在一定程度上影响高校师生的思想观念和价值取向。高校思想政治教育必须主动适应数字时代的变化，运用数字技术手段，创新教育内容和方式，更加精准、高效地回应师生的现实关切，引导他们树立正确的世界观、人生观、价值观。

另一方面，随着中国全方位对外开放的不断深化，国际交流合作日益频繁，高校师生接触外部世界的机会大大增加。在这个过程中，不同思想文化的交流碰撞不可避免，西方意识形态渗透的风险加剧，高校思想政治教育面临的挑战更加严峻。因此，高校思想政治教育必须主动融入国际交流合作的大潮，运用数字技术手段，推动中华优秀传统文化和社会主义核心价值观的国际传播，提升中国的话语权和影响力。同时，要培养师生的国际视野和跨文化交流能力，增强他们的文化自信和民族自豪感，引导他们在交流互鉴中坚定文化自信，在合作共赢中彰显大国担当。

从微观层面看，高校思想政治教育的数字化发展要特别关注师生个体成长发展中的现实问题。随着社会生活节奏的不断加快，信息爆炸式增长，学生学业和就业压力不断加大，许多学生面临着学习困惑、情感困扰、心理压力等问题，亟须得到及时有效的引导和帮助。高校思想政治教育要主动运用微信、微博、短视频等数字化工具，开展形式多样、内容丰富的微教育活动，如微课堂、微团课、微咨询等，有必要"推进数字技术与教育教学的深度融合，创新混合式教学模式"①，针对学生的实际需求提供个性化、精准化的教育服务。通过这些贴近学生生活、体现学生特点的微教育活动，高校思想政治教育可以更好地引导学生树立正确的价值观念，缓解学生的心理压力，提升学生的综合素质，增强思想政治教育的针对性和实效性。

（二）高校思想政治教育未来领域的数字化发展

面向未来，高校思想政治教育的数字化发展要着眼长远，立足当下。尽管未来充满各种未知因素，对未来的研究和预测却始终是人类社会发展的重要议题。未来研究是一门综合性很强的交叉学科，涉及哲学、历史

---

① 胡钦太、危妙、陈颖珊：《高等教育数字化：演进、挑战与转型》，《国家教育行政学院学报》2023 年第 4 期。

学、社会学、经济学、管理学等多个领域，主要研究事物未来的发展趋势、变化规律以及应对策略，旨在帮助人们更好地认识未来、把握未来、开创未来。高校思想政治教育必须顺应时代发展潮流，主动融入未来研究的时代主题，运用前瞻性思维和创新性方法，加强对未来社会、未来教育、未来人才的研究，为思想政治教育事业的可持续发展提供智力支持和决策参考。

技术的进步为资源配置的优化提供了新的工具，促进了数字资源在形式、内容、互动、架构和服务等各个层面的全面革新，以适应学习者多样化和个性化的学习需求。在数字化信息时代，信息的交流和融合突破了时间和空间的限制，促成了多样文化理念和价值观的共存，有时甚至会引发它们之间的相互碰撞，这就需要"思想政治教育在与世界各种文化的对话与共存中，用社会主义核心价值观引领当前社会主义文化的基本走向，发挥其社会意识形态导向和整合作用"[1]。

高校思想政治教育未来领域的数字化发展，应该在继承和发扬马克思主义理论的基础上，紧密结合数字技术发展的时代特征，深入研究未来社会文化环境、价值观念走向、行为方式变迁等问题，预判未来思想政治教育面临的机遇和挑战。当前，世界正处于百年未有之大变局，不稳定性、不确定性因素明显增多，信息技术革命和多元文化激荡带来的影响更加深远。在这样的背景下，个体行为选择日益多样化，价值观念更加多元化，思想政治教育面临的形势更加复杂。因此，高校思想政治教育要立足师生个体成长需求，运用大数据分析、人工智能等数字技术手段，精准把握师生思想动态，提供个性化、精细化的教育引导和服务。同时，要加强对未来社会发展趋势的预判和研判，前瞻性地制定思想政治教育的发展规划和行动方案，推动思想政治教育创新发展，不断增强时代感和实效性。

（三）高校思想政治教育虚拟领域的数字化发展

网络空间不仅是人们工作、学习、生活的重要场所，更是人们思想交流、情感表达、价值塑造的重要阵地。在网络空间中，虚拟世界与现实世

---

[1] 李德煌、陈红升、张毅翔：《马克思"现实的人"视域下思想政治教育的数字化发展》，《学校党建与思想教育》2024年第1期。

界交织融合、相互影响，线上线下互动成为常态，给人们的思想观念和行为方式带来深刻变革。一方面，网络为人们提供了海量信息和多元思想，拓展了人们的认知视野和交往空间，促进了思想观念的更新和行为方式的变革。另一方面，网络也放大了人性的弱点和社会的阴暗面，不良信息泛滥、网络谣言横行、网络暴力频发等问题日益突出，对人们的心理健康和价值观念产生消极影响。

面对网络世界的机遇和挑战，高校思想政治教育必须主动作为、积极应对，加快虚拟领域的数字化发展步伐。一是要加强网络阵地建设，利用官方网站、新媒体平台等载体，建设一批思想内容健康、传播方式新颖、影响力辐射面广的网络教育阵地，通过生动鲜活、喜闻乐见的形式传播主流价值观念，引导网络舆论方向；二是要加强网络资源开发，整合校内外优质数字资源，开发一批内容丰富、形式多样的网络思政课程、网络文化产品，满足师生多样化、个性化的学习需求；三是要加强网络行为管理，完善网络管理制度，健全网络监督机制，及时发现和处置网络舆情，引导师生文明、理性、有责任地使用网络；四是要加强网络队伍建设，建设一支政治强、业务精、作风好的网络思政工作队伍，提升其工作能力和水平，增强网络教育的感染力、吸引力和影响力。

二　高校思想政治教育基本要素的数字化发展

高校思想政治教育的数字化发展确实是一个复杂而系统的工程，它不仅涉及技术的应用，更是对整个教育体系的全面革新。这种革新涉及思想政治教育的方方面面，从教育理念到具体实践都需要进行相应的调整和优化。

（一）高校思想政治教育数字化发展中主体的变化

在高校思想政治教育数字化发展的进程中，教育主体经历了一系列深刻的变革。这些变革不仅局限于主体的角色定位，还涉及主体所承担的教育任务、活动轨迹以及行为规范等多个方面。数字化时代赋予了思想政治教育施教者全新的角色内涵，施教者的角色变化推动思想政治教育从传统的"独角戏"走向"大合唱"，从封闭的"独立王国"走向开放的"共生生态"，从单一的"知识传授"走向多元的"学习引导"。这一系列转变标志着高校思想政治教育施教主体正在经历一场从量变到质变的革命性变革。

1. 高校思想政治教育数字化发展中施教者的角色变化

"办好思想政治理论课关键在教师，关键在发挥教师的积极性、主动性、创造性。"[①] 随着数字技术的飞速发展和广泛应用，高校思想政治教育施教者的角色正在经历一场前所未有的变革。角色作为社会心理学的重要概念，涵盖了社会身份、行为表现以及内在的态度和价值观等多个维度。不同的角色意味着不同的社会期待和行为规范。在数字化的冲击下，高校思想政治教育施教者的角色内涵正在发生深刻的转变，传统的身份定位和行为模式面临全方位的挑战。这种角色转变不仅影响着施教者个体的专业发展，更关乎高校思想政治教育事业的未来走向。

（1）数字化发展中教师主体角色的转化

在传统的高校思想政治教育模式中，教师作为施教主体，通常扮演着传道授业解惑的角色。他们依托课堂讲授、个别谈心等传统教学工具和方法，将社会主义核心价值观、马克思主义基本原理等理论知识传授给学生，引导学生树立正确的世界观、人生观和价值观。在这一过程中，教师占据着教育教学活动的主导地位，学生则处于相对被动的接受地位。然而，随着数字技术的迅猛发展和广泛应用，这一传统的施教主体角色正在经历深刻的转变，呈现出许多新的特点和趋势。

首先，教师主体的角色定位正在从传统的主导型向现代的共生型转变。在数字化时代，知识获取的途径日益多元，学生不再完全依赖教师的"满堂灌"式教学。教师需要充分利用信息技术手段，创设开放、互动、体验式的教学情境，吸引学生主动参与教学活动，调动学生的学习积极性和创造性。在此过程中，师生之间不再是简单的授受关系，而是形成了学习共同体。教师不再高高在上，而是走下讲台，与学生平等交流、共同成长，成为学生学习道路上的引路人和同行者。

其次，教师主体的知识结构正在从"输入型"向"输出型"转变。在

---

① 习近平：《思政课是落实立德树人根本任务的关键课程》，人民出版社，2020，第10页。

数字化时代，知识更新的速度远超以往，新事物、新问题层出不穷。教师如果仍然故步自封，满足于现有的知识储备，就难以适应时代发展的需要。因此，教师必须树立终身学习理念，不断优化自身知识结构，补充新知识、新方法、新技术，提升专业素养和教学技能。同时，教师还要加强与学生、同行的交流互动，积极"输出"自己的教学理念、研究成果和实践经验，在互学互鉴中实现共同提高。特别是面对数字化带来的机遇和挑战，教师群体更要加强协同合作，发挥团队的集体智慧，形成教学相长、共同进步的良好氛围。

最后，教师主体的教学方式正在从"人—人"互动向"人—机—人"的整合性交互转变。在数字化时代，人工智能、虚拟现实、大数据等新技术的应用，极大地拓展了教与学的时空边界。教师不仅要与学生开展面对面的交流互动，还要借助技术平台，实现更大范围、更多层次的教学交互。例如，教师可以利用智能教学系统，为学生提供个性化、精准化的学习资源和指导服务；可以通过网络社区、移动 App 等与学生开展跨时空的交流讨论；可以运用虚拟仿真技术，为学生创设身临其境的实践体验。在"人—机—人"的整合性交互中，教师、学生、技术三者形成了动态融合、相互促进的关系，共同构建起泛在、开放、融合的教学新生态。

（2）数字化发展中教师角色规范的转化

在社会生活中，规范作为一种行为准则，对个体的行为起到引导和约束作用。不同的角色面临不同的规范要求，这些规范有助于使个体的行为与其所承担的角色任务和群体目标保持一致。角色规范强调在社会组织和生活中，每个角色都必须遵守特定的行为标准和准则，以确保社会秩序的稳定和组织目标的实现。在高校思想政治教育领域，教师作为施教主体，其角色规范也在数字化发展的背景下经历了一系列重要转变，呈现出许多新的特点和要求。

首先，教学角色规范正在经历从传统到现代的转化。传统的思想政治教育教学对教师的教学角色规范有着明确而具体的要求，如严格遵循教材内容、认真备课授课、规范教学管理等。这些规范为教师的教学行为提供了基本遵循，保证了教学活动的正常开展。然而，在数字化时代，随着信息技术的广泛应用，教师的教学角色规范正在发生显著转变。一方面，教师需要熟练掌握和运用各种教育技术，如多媒体教学设备、在线教学平台、智能化教学助手等，这对教师的技术素养提出了更高的要求。另一方面，数字化环境下的教学内容呈现出碎片化、多样化、快速更新的特点，这要求教师在内容供给上遵循新的原则，如注重内容的时效性、互动性、个性化等。教师需要重新审视和改造传统的教学流程，建立适应数字化环境的教学规范体系。

其次，教师的学人角色规范正在经历从分离到融合的转化。在传统的高校教育中，教师的角色规范主要聚焦于教学引导，而学术研究则常常与教学活动相分离，存在一定的不一致现象。一些教师将大量精力投入教学，而忽视了学术研究；另一些教师则过于注重学术研究，而对教学工作不够重视。这种教学与研究的分离状态不利于教师专业素质的全面发展，也难以达到教学相长、学术争鸣的理想境界。随着互联网和信息技术的飞速发展，知识更新的速度日益加快，"未来教师与智能教育机器应该是一种合作共生关系"①，教师必须加强学术研究，以掌握学科前沿动态，拓展教学内容的深度和广度。这就要求教师树立教学与研究相融合的理念，将学术研究与教学实践紧密结合，以高质量的学术成果助推教学水平的提升。在此过程中，教师面临着诸多新的规范要求，如恪守学术道德、遵循学术规范、加强知识产权保护、更新学术思维方式等，这些都成为教师在数字化时代必须关注和遵循的重要规范议题。

最后，教师的伦理角色规范正在经历从单一到多元的转化。传统的思想政治教育对教师的伦理要求相对明确和单一，主要强调教师要有良好的思想品德和职业操守，做学生健康成长的指导者和引路人。然而，在数字化转型的大背景下，教师的伦理角色规范也在发生深刻变化，呈现出更加多元和立体的特点。新时代的思想政治教育教师不仅要继承和发扬"四有"好老师的传统标准，更要践行"六个要"的新要求，成为具有家国情怀、学识修养和人格魅力的新时代教师。同时，数字技术的广泛应用也对教师提出了新的伦理规制和行为要求，如遵守网络伦理、保护学生隐私、

---

① 尚俊杰、李秀晗：《教育数字化转型的困难和应对策略》，《华东师范大学学报》（教育科学版）2023 第 3 期。

防范技术风险等，教师必须增强技术伦理意识，提高风险防范能力，在享受技术便利的同时，有效降低技术带来的伦理风险和隐患。

2. 高校思想政治教育数字化发展中受教者的角色变化

随着数字化技术的飞速发展和广泛应用，思想政治教育领域正在经历一场深刻的变革。在这个过程中，受教者的角色也发生了显著转变。传统思想政治教育中，受教者往往扮演被动听众的角色，主要依赖于教师的讲授和引导。然而，在数字化发展的背景下，受教者逐渐摆脱了被动接受知识的桎梏，开始主动参与到教育教学活动中，成为教学过程的积极建设者。这一转变充分体现了思想政治教育数字化发展的主体间性特征，凸显了教育主体之间平等、互动、协作的关系。

（1）受教者向学习时空的自我管理者角色转变

在传统的思想政治教育模式下，受教者的学习活动受到时间和空间的严格限制。他们必须在固定的时间和地点参加课堂教学，学习进度和节奏也主要由教师掌控。这种学习方式使得受教者缺乏对学习时间和空间的自主管理能力，学习的灵活性和自主性受到了很大制约。然而，数字化时代为受教者提供了更加便捷、高效的学习工具和平台，使其能够突破时空限制，自主安排学习计划。泛在学习（ubiquitous learning）的理念应运而生，即学习者可以在任何时间、任何地点，通过各种数字化设备获取所需的学习资源和服务。这种学习方式赋予了受教者更大的自主权，他们可以根据自己的学习需求和节奏，灵活调整学习时间和地点，充分利用碎片化时间进行学习。同时，数字化技术还为受教者提供了丰富多样的学习资源，如微课、慕课等，使其能够根据自己的兴趣和特点，自主选择学习内容和学习路径。这种自主管理学习时空的能力极大增强了学习的持续性、交互性和主动性，使受教者从知识的被动接受者转变为学习过程的主动参与者和学习时空的自我管理者。

（2）受教者向自主式知识探究者角色转化

在传统的思想政治教育中，受教者主要依赖于教师提供的知识和信息，学习过程较为被动和单向。教师作为知识的权威和传播者，在很大程度上主导教学内容和进度。受教者则更多地扮演知识的被动接受者，缺乏主动探究和质疑的意识。然而，数字化环境为受教者提供了广阔的知识探索空间和丰富的信息资源，使其能够突破传统的学习模式，转变为自主式知识探究者。在网络时代，受教者可以通过搜索引擎、在线数据库、学习社区等渠道，主动搜索和获取所需的知识和信息。这种自主探究的过程不仅满足了受教者的求知欲望，更培养了他们的问题意识和批判性思维能力。受教者不再是知识的被动接受者，而是学习过程的主动建构者。他们通过自主搜索和问题导向的学习方式，收集和分析相关信息，提出自己的见解和质疑，进而解决实际问题。这种学习方式不仅提升了受教者的信息素养和学习能力，更增强了他们的创新精神和应对风险的能力。

（3）受教者向合作式学习者角色转化

传统的思想政治教育往往以教师为中心，教师与学生之间存在明显的不平等关系。教师负责知识的传授和问题的解答，学生则主要扮演听讲和记笔记的角色。这种教学模式限制了师生之间、学生之间的交流和互动，不利于培养学生的合作意识和团队精神。随着网络信息技术的发展，合作式学习（collaborative learning）模式逐渐兴起，为受教者提供了更加开放、平等、互动的学习环境。借助在线学习平台、社交媒体、即时通信工具等，受教者能够突破地域限制，与来自不同地区、不同背景的教师和学习伙伴进行广泛的交流与合作。他们可以通过在线讨论、协作项目、知识共享等方式，相互启发、相互帮助，共同完成学习任务。在合作学习的过程中，受教者的主体地位得到了充分尊重，他们可以自主选择学习伙伴，参与学习活动的设计和组织，并通过自我监督和相互评价来促进学习。这种学习方式不仅提高了学习的效率和质量，更培养了受教者的团队协作能力、沟通表达能力和批判性思维能力。

在高校思想政治教育数字化发展的背景下，受教者的角色正在经历从被动到主动、从单向到互动、从个体到协作的多维转变。作为学习时空的自我管理者、自主式知识探究者和合作式学习者，新时代的受教者正在积极适应数字化环境下教育教学模式的变革，不断提升自己的学习能力和综合素质，成为思想政治教育事业发展的重要推动力量。

（二）高校思想政治教育数字化发展中内容要素的转化

在高校思想政治教育的发展历程中，教学内容始终与时代的发展紧密相连。随着社会的进步和科技的革新，思想政治教育的内容也在不断地调整和优化，以适应新的教育环境和学生的需求。尤其是在数字化时代，思想政治教育内容呈现出"变"与"不变"并存的特点。一方面，教育内容的呈现方式和传播渠道发生了显著变化；另一方面，立德树人的根本任务和社会主义核心价值观的引领作用始终保持不变。

1. 数字化发展中高校思想政治教育内容供给的转向

新中国成立以来，高校思想政治教育内容的供给一直坚持以党和国家的发展需求为导向，遵循高等教育教学规律，关注学生的成长成才要求。这种内容供给的规范性确保了思想政治教育的正确方向和育人效果。无论是在社会主义革命和建设时期，还是在改革开放和社会主义现代化建设新时期，高校思想政治教育都紧跟党和国家的发展步伐，及时调整教学内容，为不同历史阶段的人才培养提供了有力支撑。

纵观党的百年奋斗历程，思想政治工作始终是我们党的重要法宝和生命线。新中国成立后，高校思想政治教育在巩固马克思主义指导地位、培养社会主义事业建设者和接班人方面发挥了不可替代的作用。特别是在新时代，面对复杂多变的国内外形势和纷繁多样的思想文化交流，高校思想政治教育更加注重加强理想信念教育、坚定中国特色社会主义道路自信和理论自信。与此同时，随着数字化技术的飞速发展，思想政治教育内容的生成方式和供给渠道也在不断创新，线上线下相结合、课内课外相融合的育人方式日益丰富，为新时代高校思想政治教育注入了新的活力。

（1）坚守立德树人根本任务的目标内容

我国自古以来就十分重视德育工作，认为道德修养是个人成长和社会进步的基石。在高校思想政治教育中，引导学生明大德、守公德、严私德，追求崇高的精神境界，是教育工作的核心所在。无论时代如何变迁，社会如何发展，立德树人的根本任务都不能动摇。以人为本是思想政治教育始终坚持的基本原则，无论是在当下的高校思想政治教育数字化进程中，还是未来的高水平的数字化思想政治教育出现以后，数字技术与数字资源都只是我们做好思想政治教育工作的辅助手段。"对于数字技术和数字资源所生成的思想政治教育结论和方案，都要对照预先设定的思想政治教育目标予以评价和矫正"①，对于思想政治教育数字化进程中的每一个关键步骤和重要环节都要保持高度审思和警醒，唯有如此，才能避免出现人被技术和机器反制的异化现象，优质高效地落实立德树人根本任务。

在数字化时代，高校思想政治教育要充分利用新技术、新媒体，创新教育内容和方式，引导学生树立正确的世界观、人生观、价值观，培养学生高尚的道德情操和良好的行为习惯，为学生的全面发展奠定坚实的思想基础。

（2）夯牢理想信念的铸魂基石

习近平总书记在党的十九届一中全会上强调："理想信念不是拿来说、拿来唱的，更不是用来装点门面的，只有见诸行动才有说服力。要知行合一、言行一致，保持对理想信念的激情和执着，牢固树立正确的世界观、权力观、事业观，用自己的实际行动为坚持和发展中国特色社会主义、为实现共产主义远大理想不懈奋斗。"② 坚定理想信念是高校思想政治教育的重要使命，也是铸牢学生精神之魂的关键所在。一个国家和民族的前途命运，很大程度上取决于青年一代的理想信念。高校肩负着培养社会主义现代化强国建设者和接班人的重任，必须在理想信念教育上下足功夫。思想政治教育的内容供给要着力引导学生树立共产主义远大理想和中国特色社会主义共同理想，坚定马克思主义信仰。只有理想信念坚定，学生才能在人生道路上矢志不渝、奋勇前行。数字化时代，高校要运用新媒体新技术，创新理想信念教育的内容和形式，用青年人喜闻乐见的方式讲好信仰的故事，引导学生把个人理想融入国家和民族的事业中，为实现中华民族伟大复兴的中国梦不懈奋斗。

（3）坚信社会主义的制度保障

只有社会主义才能救中国，只有中国特色社会主义才能发展中国。中国特色社会主义制度是当代中国发展进步的根本制度保障，中国特色社会主义是实现中华民族伟大复兴的必由之路。新中国成立70多年来，特别是党的十八大以来，在以习近平同志为核心的党中央坚强领导下，中国特色

---

① 王天民：《数字化时代思想政治教育的实践遵循》，《思想教育研究》2024年第6期。
② 习近平：《坚定理想信念 补足精神之钙》，《求是》2021年第21期。

社会主义事业取得了举世瞩目的历史性成就，中国特色社会主义制度优势得到充分彰显。这些成就和经验充分证明：中国特色社会主义制度不仅坚持了科学社会主义的基本原则，而且紧密结合了中国的具体国情，博采众长、兼收并蓄，是一个在实践中不断发展完善的科学制度体系。

高校思想政治教育要在内容供给上坚持马克思主义指导地位，坚定中国特色社会主义道路自信、理论自信、制度自信、文化自信。要引导学生深刻认识中国共产党为什么能、马克思主义为什么行、中国特色社会主义为什么好，树立正确的国家观、民族观、历史观、文化观，坚定不移听党话、跟党走。在数字化时代，面对海量的信息和多元的思想文化交流，高校思想政治教育要旗帜鲜明地传播主流意识形态，唱响主旋律、弘扬正能量，确保社会主义意识形态在高校意识形态领域的主导地位，这是开展思想政治教育创新的根本前提和坚实基础。

2. 高校思想政治教育内容供给的创新路向

创新是一个国家和民族发展进步的不竭动力。在高校思想政治教育领域，内容供给同样需要与时俱进、开拓创新，以适应新时代、新形势下的教育需求。当前，数字化浪潮席卷全球，深刻影响和改变着人们的生产生活方式。面对数字化发展带来的机遇和挑战，高校思想政治教育必须立足时代特征，把握发展趋势，在教育内容供给上积极探索创新之路。

高校思想政治教育要充分利用数字技术的优势，创新教育内容的生成方式和传播渠道。一方面，要通过智能推送等技术手段，及时将中国化马克思主义的最新理论成果融入教学内容之中。高校思想政治教育要把这一重要思想的核心要义、精神实质、丰富内涵充实到教育教学的全过程，用真理的力量引导和感召学生。另一方面，要根据数字时代受教育者思维方式和知识结构的新特点，运用数字技术实现教育内容的个性化推荐和精准化供给。通过大数据分析等技术，深入了解不同学生的兴趣爱好、认知水平、价值取向，有的放矢地开展具有针对性的思想引导和价值塑造，促进知识传授与价值引领的有机统一。

在思想政治教育中，教育内容固然重要，但内容的呈现方式和表达形式同样不容忽视。好的教育内容如果没有与之相适应的呈现形式，就难以达到预期的教育效果。传统的思想政治教育往往局限于课堂讲授、案例分析等单一形式，在数字化时代已经难以满足学生的需求。数字化的主要优势在于利用数字技术将静态的教育资源整合并激活，从而推动高校思想政治教育"各要素的系统整合与智能化转型"①。

因此，积极创新数字内容与表达形式成为高校思想政治教育供给侧改革的重要着力点。一方面，要加快推进教育内容的数字化转型，利用数字技术手段将思想政治教育内容转化为学生喜闻乐见、易于接受的数字化产品，如微视频、H5、VR/AR 等，提升教育内容的吸引力和感染力。另一方面，要紧跟数字青年的消费特点和行为习惯，创新内容呈现和传播方式，满足学生即时获取信息、情感交流互动、可视化展示等方面的需求，增强思想政治教育的时代感和贴近性。

（三）高校思想政治教育数字化发展中过程要素的转化

在高校思想政治教育数字化发展的进程中，教育活动的各个环节和要素都在经历着深刻的变革和转化。从教育主体到内容供给，从导入方式到活动实践，从作业安排到效果评估，无一不受到数字化浪潮的冲击和影响。这种转化不是简单的技术应用或形式更新，而是思想政治教育内在逻辑和外在形态的系统性重构。数字化发展为思想政治教育注入了新的动力和活力，推动教育过程更加紧致、精准、高效，为实现立德树人根本任务提供了强大支撑。

1. 高校思想政治教育数字化发展推进过程更加注重紧致

（1）推进高校思想政治教育发展更加便捷

在数字化时代，人们已经习惯了信息和知识获取的便捷性。这种便捷性不仅体现在获取渠道的多样化，更体现在获取方式的智能化。传统的思想政治教育活动受到时空限制，教育者和学生之间的互动往往局限于课堂上的面对面交流，信息传递的及时性和针对性难以保证。而数字化技术的引入大大拓展了思想政治教育的时空边界，打破了信息壁垒。教育者可以利用智能化平台和工具，随时随地为学生提供个性化、精准化的教育服务。学生也可以根据自己的需求和节奏，便捷地获取相关资源，参与教育

---

① 刘伟、刘新琦：《高校思想政治教育数字化发展的现实效能、风险检视与优化路径》，《黑龙江高教研究》2024 年第 1 期。

活动。数字化不仅简化了教育活动的流程，提高了教学效率，更为师生互动、交流、反馈提供了便利条件，使得整个教育过程更加紧凑、流畅、高效。

（2）推进高校思想政治教育发展更加灵活

灵活性是应对复杂多变环境的重要特质，也是教育教学活动的题中应有之义。传统的思想政治教育往往采用"一刀切"的方式，忽视了学生的个体差异和实际需求，难以做到因材施教、因时制宜。数字化技术使思想政治教育具备了前所未有的灵活性。大数据分析可以实现对学生学习特点和认知规律的精准把握，为制定个性化教学方案提供依据；人工智能可以根据学生的学习进度和掌握情况，实时调整教学内容和进度，实现动态优化；虚拟现实等沉浸式技术可以营造身临其境的体验式学习环境，激发学生的学习兴趣和参与热情。灵活性的提升使得思想政治教育能够更好地适应学生的成长需求，提高教育的针对性和实效性。

（3）推进高校思想政治教育发展更加数字化

数字化是当今时代发展的重要特征，也是教育现代化的必由之路。传统的思想政治教育主要依托于课堂教学、讲座报告等线下活动，教学资源相对固化，难以实现即时更新和广泛共享。数字化技术的应用使得思想政治教育的资源呈现方式、传播渠道、互动模式发生了革命性变革。以数字化赋能思想政治教育并非单纯地实现工具层面的教育方式迭代或将数字技术视为彻底变革高校思想政治教育的法宝，而是通过数字化化解高校思政教育面临的难点与盲点，促使思政教育工作者自觉思考"如何重构自己的学科框架和学科思维"[1]的问题，即挖掘高校思想政治教育数字化的时代价值。

通过数字化手段，可以将思想政治教育内容转化为富有吸引力的数字化产品，如微视频、动漫、游戏等，增强教育内容的感染力和说服力。借助移动互联网和社交媒体，思想政治教育可以实现全时空、全方位、全过程的渗透与覆盖，构建起线上线下相结合的立体化教育格局。数字化还能

---

[1] 钟秉林等：《教育数字化背景下的未来教育与基础教育学建设》（下），《基础教育》2022年第4期。

够促进教育评价的科学化、精准化，通过学习行为分析、情感计算等技术，动态监测学生的思想动态和价值取向，及时发现问题，精准施策，不断提升思想政治教育的时代感和实效性。

（4）推进高校思想政治教育的多轨道运行

思想政治教育是一项系统工程，需要多元主体通力合作、多种资源有机整合。在传统的教育模式下，教育主要依靠教师的单向传授，忽视了学生的主体地位和参与意识，教育过程较为单一化、程式化。数字化发展为思想政治教育提供了多轨道运行的可能。一方面，教师可以利用信息化手段，整合多方资源，创设形式多样、内容丰富的教学情境，激发学生的参与热情，还可以借鉴国内外创新人才培养模式及经验，建立"线上+线下"混合式教与学的评价机制，将学业成绩、科研项目等与专业实践相结合，建立可视化、数字化、个性化的人才评价体系；另一方面，学生可以通过网络平台、学习 App 等渠道自主开展学习探究、经验分享、实践锻炼等活动，成为教育过程的积极参与者和创造者。多轨道的教育路径相互交织、相得益彰，形成线上线下、课内课外、校内校外相结合的育人合力，推动思想政治教育向更高质量和水平迈进。

（5）推进高校思想政治教育的个性化定制

因材施教是教育的基本原则，但在传统的思想政治教育中却难以真正落实。数字化时代为实现个性化、定制化教育提供了现实可能。通过智能技术手段，教育者可以全面、动态地掌握每一位学生的学习需求、认知特点、发展潜力等，据此设计个性化的教育方案和学习路径。学习资源也可以根据学生的兴趣爱好和接受程度，实现智能推送和精准匹配。此外，虚拟助理、智能导师等新型教育形态的出现，使得学生能够随时随地获得个性化的学习指导和帮助。个性化定制不仅满足了学生的差异化需求，增强了学习效果，更是落实以人为本、以生为本教育理念的必然要求，对于提升思想政治教育的针对性和实效性具有重要意义。

总的来说，数字化发展为高校思想政治教育提供了广阔的创新空间和强大的技术支撑。推进教育过程的紧致化、精致化，既需要运用现代信息技术手段重塑教育流程，优化资源配置，又需要在教育理念、内容、方法等方面进行系统性创新，促进教育要素的深度融合和迭代升级，才能不断增强教育活动的吸引力、感染力以及针对性。

2. 高校思想政治教育数字化演进过程更加彰显协同

在高校思想政治教育数字化发展的进程中，协同协作不仅是其演进过程的关键属性，更是体现其过程性表征的重要元素。传统的思想政治教育主要依托于管理部门和组织机构，呈现出自上而下、中心化和权威性的管理模式。这种模式虽然能够保证教育活动的统一性和规范性，但也存在灵活性不足、协调性较差等问题。随着数字化技术的不断渗透和应用，高校思想政治教育的管理理念和方法都在经历着深刻的变革。数字化不仅促进了教育过程的开放协同，优化了资源配置，提高了育人效率，更推动了大思政工作格局的加速构建。

在传统的思想政治教育活动中，由于受到组织架构和管理模式的制约，各个育人环节往往呈现出封闭、割裂的状态。教师、学生、管理者之间缺乏有效的沟通和协调，教育内容单一、形式刻板，难以激发学生的参与热情和主动性。而数字化技术的引入则大大拓宽了思想政治教育的时空边界，打破了各个育人节点之间的壁垒。通过构建开放、互联的数字化平台，教育者可以实现优质资源的共建共享，学生可以随时随地参与教育活动，管理者也能够实时监测教育过程，及时发现和解决问题。数字化促进了育人内容的流畅传递、教育手段的灵活运用，极大地拓展了师生互动的广度和深度。在平等、开放的数字空间中，师生成为教育过程的共同参与者和建设者，彼此尊重、相互促进，形成了良性互动的育人生态，为思想政治教育注入了蓬勃的生机和动力。

数字化发展不仅优化了高校思想政治教育的运行机制，更加速了大思政工作格局的构建。在传统的教育模式下，思想政治教育主要依靠思政课教师和学工队伍，院系之间、部门之间往往各自为政、协同不足，难以形成育人合力。而数字化技术的广泛应用使得思想政治教育突破了院系和部门的界限，走向了全员全过程全方位育人的新阶段。通过数字化手段，可以实现思政课程与课程思政的有机融合，构建起课内课外、线上线下、校内校外相结合的立体化育人网络。教师可以利用智能平台，精准推送个性化学习资源；学生可以通过网络社区、学习 App 等渠道，自主开展学习实践、志愿服务等活动；管理者则能够运用大数据分析等技术，精准把握师生思想动态，为科学决策提供依据。在数字化的助推下，大思政工作格局加速形成，育人主体更加多元，育人内容更加丰富，育人方式更加灵活，"一站式"思想政治教育服务的成效进一步彰显。"心怀国之大者"的培养目标也在更大范围、更深层次上得以落实，为实现中华民族伟大复兴提供坚实的人才支撑。

总之，高校思想政治教育数字化发展是顺应时代潮流、把握未来方向的战略选择。协同协作既是这一过程的内在要求，也是高校思想政治教育的价值追求和目标指向。通过数字化手段推动教育过程的开放协同、优化资源配置、加速构建大思政工作格局是新时代高校思想政治教育创新发展的必由之路。

（四）高校思想政治教育数字化发展中媒体要素的转化

在中国百年奋斗的历史进程中，高校思想政治教育的发展与媒介的演进密切相关。从口头传播到数字媒介，每一次媒介的变革都深刻影响了高校思想政治教育的方式方法。新的信息传播技术和数字技术的出现，为高校思想政治教育的规模扩张、频率提升和效果优化提供了强大支撑。作为一种传播活动，育人过程本质上包含信息的编码和解码环节。数字化时代，如何利用新技术、新媒介推动高校思想政治教育的创新发展，成为亟待回答的重要问题。

1. 媒介技术助推高校思想政治教育更加注重提质增效

信息传播离不开媒介，媒介技术的演化与高校思想政治教育同步发展，深刻影响了教育的主体、目标、内容、方法和组织形式等各个方面。一方面，媒介的发展推动了人类文明的进步，也带动了教育形式的变革。从口语传播到当代的数字化互动，教育形态随着媒介的演进而不断转型升级。无论是广播、电视，还是互联网、移动终端，每一次媒介技术的更新迭代，都深刻影响了高校思想政治教育的宗旨内涵、载体形式和实施路径。新技术的普及应用使得教育活动呈现出个性化、自适应、定制化的特点，极大地拓展了教育的时空边界，提升了教育的针对性和实效性。

另一方面，媒介技术的发展也使高校思想政治教育更有情怀、更具温度。教育应当回归生活本真，关注活动的意义和主体的历史主动性。

高校思想政治教育活动的数字化发展，并非简单地将新技术引入教学，而是要以此为契机，增强教育的价值理性，实现思想引领和受教育者精神生活的丰富。在数字时代，高校思想政治教育应该遵循多维度的整合与集成，充分利用新技术新媒介解决教育中的实际问题，推动教育活动向人性化、生活化方向发展，最终培养出更具家国情怀、时代担当的一流人才。

2. 媒介技术助推高校思想政治教育数字化转化

毋庸置疑，媒介的广泛应用极大地助推了高校思想政治教育形态的变革，为教育现代化注入了强大动力；但客观而言，当前新媒介技术在高校思想政治教育中的实际应用仍存在不少不足之处，如育人观念相对滞后、数字治理机制尚不健全等。科学引导媒介技术与思想政治教育的深度融合，将有助于推动高校思想政治教育的数字化转型和创新发展。

首先，要以数字化的视角审视传统的育人理念，加快思想观念的更新迭代。当前，不少高校在思想政治教育中对新媒体的使用流于形式，缺乏系统规划和整体设计，数字技术与育人活动的结合还不够紧密，导致实际效果难以满足预期。这从一个侧面反映出部分高校思想政治教育工作者对新技术应用的理念转变还不够快、不够彻底。因此，高校必须从数字化的全局高度出发，牢固树立创新意识，加快转变思路，将数字技术的应用与思想政治教育的各个环节紧密结合，始终以立德树人为核心，不断增强教育的吸引力感染力。

其次，要以数字化新技术推进高校育人的新实践、新探索。信息化浪潮席卷之下，高校思想政治教育正经历着从传统模式向现代化的转型升级。要顺应这一趋势，就必须将数字技术深度融入育人的全过程、各方面，综合运用大数据、人工智能等手段，创新搭建技术平台，整合优化育人资源，构建沉浸式、交互式的学习环境，不断更新教育内容和呈现形式，充分发挥线上线下相结合的独特优势，推动知识学习与社会实践的全面落地，切实提高思想政治教育的科学化、精准化水平。

最后，还要用数字化新技术助推主体素质的提升和能力的培养。理论联系实际是高校思想政治教育的基本原则，而数字化媒介应用能力已成为新时代施教主体必须具备的重要素质。广大高校教师要主动加强学习，系统掌握新媒介新技术的相关理论与实践技能，理性看待其对教育教学的影响，并采取相应的策略方法，创新教学模式。与此同时，教育主管部门和相关机构还应提供更加精准、务实的专业培训，帮助一线教师熟练运用数字化媒介开展教育实践，不断提升育人工作的专业化水平。

（五）高校思想政治教育数字化发展中效果要素的转化

效果研究一直是思想政治教育领域的重要关注点。长期以来，教育工作者通过问卷调查等传统方法来了解教育效果，但这些方法在全面、及时、准确地捕捉教育效果上存在一定的局限性。随着数字技术的迅猛发展，借助大数据、人工智能等手段，我们能够更加全面深入地分析高校思想政治教育的效果转化，为进一步优化教育实践、提升育人质量提供重要支持。数字化时代，高校思想政治教育效果研究迎来了新的机遇和挑战，教育工作者需积极应对、主动作为。

1. 数字化方式助力高校思想政治教育实效性提升

数字技术的广泛应用不仅带来了高校思想政治教育技术手段和教学方法的革新，也推动了育人理念与模式的创新升级，对提升教育实效性具有重要意义。一方面，数字化方法为高校思想政治教育的有效引导提供了强大助力。随着数字信息技术与高校思想政治教育的深度融合，一种全新的教育形态正在形成。思想政治教育通过与技术生态进行能量交换和信息交换，促进"技术—人—思想政治教育"良性耦合以获得赋能因子，继而达到规训人与解放人的教育目的。其中，营造良好的技术生态是思想政治教育数字化转型的关键。[①] 数字化学习平台与虚拟现实技术的结合，使教育过程中海量数据的自动生成和智能分析成为现实，这为开展精准化的教育评价和趋势预测提供了可靠依据，有助于显著提高思想政治教育的针对性和实效性。同时，高校还应立足自身实际，围绕立德树人根本任务和培养目标，积极构建形式多样、内容丰富的沉浸式育人场景，充分利用智能技术促进师生之间、学生之间的交流互动，加强教育效果的可视化呈现和实时验证，切实推动受教育者的全面发展和健康成长。

---

① 冯琳、倪国良：《基于生成式人工智能的思想政治教育数字化转型》，《思想教育研究》2024 第 2 期。

另一方面，数字化教材为提升高校思想政治教育实效性注入了新的动力。教材建设是高校思想政治教育不可或缺的重要组成部分，对于引导教育教学活动、规范育人内容具有不可替代的基础性作用。随着信息技术的发展，数字化教材已经成为传统纸质教材的重要演进形式和高校思想政治教育数字化发展的必然选择。与传统教材相比，数字化教材能够利用多媒体技术实现知识内容的多维度呈现和交互式展示，极大地增强教育过程的趣味性、参与性和实效性，有助于提升受教育者的学习兴趣和增强教学内容的吸引力、亲和力。因此，高校要加大数字化教材建设力度，深入挖掘思想政治教育元素，创新设计互动体验环节，不断优化知识呈现方式，切实提高学生的获得感和认同感，推动教材从单向灌输向双向互动转变，最终实现教育效果的整体提升。

此外，数字化手段还为推进高校思想政治教育的治理能力现代化提供了新思路新方法。随着云计算、物联网、区块链等前沿技术的快速发展，高校有机会建立起一套完备的教育数据中台，全面优化数据采集、传输、存储、分析等环节的管理，破解以往教学实践中数据壁垒林立、信息孤岛严重的难题。通过数字化手段采集各类教学数据并进行智能分析，可以精准刻画不同学生群体的思想动态和行为特点，构建起全方位、立体化的思想政治教育大数据画像体系。这不仅有利于教师深入洞察学情、精准施教，也有助于学生加强自我认知、优化学习方式。与此同时，数字治理为高校思想政治教育提供了全过程、全要素的数据支撑，能够及时呈现教学过程中的突出问题和薄弱环节，不断完善教学管理流程，提高教学质量评估的科学性，增强师生互动交流的有效性，从而推动高校教育事业的可持续发展。

2. 数字化方式助力高校思想政治教育整体性评价

随着人工智能、大数据、脑科学等前沿技术的快速发展，高校思想政治教育的评价手段也迎来了革命性变革。借助先进的数字化技术手段，教育工作者能够实现对学生知识水平、能力素质等方面的精细化、多维度、动态化评估。"其路向应从面向结果的测量模式逐步转向面向未来的诊改模式，其技术支持应从单一数据单一分析转向多模态数据融合分析，以实现数据驱动的全场景、全要素、全流程人机协同评价。"①

通过持续跟踪记录学生在课堂学习、社会实践、志愿服务等方面的表现数据，综合运用文本分析、语音识别、情感计算等技术，可以全面客观地评判学生的思想状况、道德品质、行为习惯，突破传统评价模式的局限，实现从静态到动态、从结果到过程、从单一到综合的评价革新。这不仅有利于深度挖掘高校思想政治教育蕴含的丰富价值，也为推进教育评价体系的系统性重构提供了强大动力，对于实现数字时代高校思想政治教育的整体性评价具有重要意义。

（1）数字化发展赋能高校思想政治教育效果的及时反馈

在高校思想政治教育实践中，数字技术的应用不仅是开展教育活动的重要载体，更是及时了解教育效果、优化教学方式的有力抓手。一方面，如果数字技术应用得当，教师可以依托智能平台实现与学生的充分互动，及时把握学情动态，根据反馈信息动态调整教学内容和方法，从而不断增强教学的吸引力和感染力，切实提升育人实效。另一方面，数字工具使用不当不仅容易分散学生的注意力、降低课堂参与度，甚至可能导致网络成瘾、价值观偏差等负面影响。因此，加强对数字化教学全过程的监测评估，及时纠正技术应用偏差，把握正确的价值导向，对于确保高校思想政治教育工作沿着正确方向前进至关重要。

相比传统的问卷调查、座谈走访等评价方式，数字技术支持下的教学评价体系能够实现评价维度的全面拓展、数据采集的自动化处理、结果反馈的快速响应。通过系统设计多维评价指标，综合学生的思想认识、情感态度、实践行动等表现，借助在线问卷、即时测评等数字化工具，教师可以便捷高效地完成对教学效果的阶段性评估。同时，人工智能算法能够快速分析海量的教学数据，自动生成相应的统计报告和分析结果，大幅缩短反馈周期，提高评价的时效性。可视化呈现技术还能将枯燥的数字转化为直观的图表，生动展现学生在知识、能力、素质等方面的变化趋势，便于教师准确把握教学效果。

---

① 谢幼如等：《数字化转型赋能高校课程思政的实施进路与评价创新》，《中国电化教育》2022第9期。

此外，大数据分析、用户画像等新技术能够突破时空限制，根据学生的特点实现精准画像和分类推送。比如，针对学习兴趣不高的学生，智能系统可以自动推荐热点时事、名人事迹等内容，提供沉浸式的情境化学习体验；针对实践能力较弱的学生，则可依托虚拟现实等技术营造逼真的模拟场景，引导学生在实践中强化课堂所学、提升综合素质。这种因材施教、精准滴灌的个性化教育模式能够最大限度地调动学生的学习积极性，帮助其树立远大理想、厚植家国情怀、提升综合素养，真正实现思想政治教育的润物无声、春风化雨。

（2）数字化发展赋能高校思想政治教育评价的系统推进

高校思想政治教育的整体性评价是一项复杂的系统工程，既需要先进的技术支撑，更需要科学的价值引领。随着数字时代的到来，高校必须主动顺应信息化发展大势，以数字化转型升级为牵引，推动思想政治教育评价体系的系统性重构。一方面，要坚持价值理性与工具理性相统一，积极运用现代信息技术提升评价的精准性和有效性，切实推动思想政治教育评价从经验型向科学型、从粗放型向精细型转变。另一方面，要始终坚持社会主义核心价值观的根本导向，自觉用马克思主义立场观点方法规范评价取向，推动形成科学合理、切实管用的评价体系，不断增强高校思想政治教育工作的针对性和实效性。

首先，要精心设计科学规范的评价指标体系。评价指标是开展育人成效评价的根本遵循，必须坚持目标导向、问题导向、质量导向，体现正确的政治方向、价值取向和育人导向。要充分发挥高校思想政治教育工作队伍、专家学者、学生等多元主体的积极作用，通过问卷调研、访谈座谈等方式广泛听取各方意见，系统梳理学生在理想信念、政治立场、道德品质、法治意识、心理素质等方面的发展目标，科学设置定量和定性相结合的多维度评价指标，确保评价指标能够全面准确地反映高校思想政治教育的内在要求和实践特点。

其次，要着力开发智能高效的评价工具。没有先进的技术手段作为支撑，再完善的评价指标也难以落到实处。因此，高校必须加大信息化投入力度，积极探索人工智能、虚拟现实、区块链等数字技术在思想政治教育评价中的创新应用，开发设计操作便捷、功能丰富、安全可靠的评价系统。要高度重视评价工具的适用性和可及性，充分考虑不同学校、不同专业、不同年级学生的认知特点和接受习惯，提供个性化、差异化的评价服务；要注重评价过程的交互性和参与度，积极开发答题 PK、头脑风暴等互动模块，创设沉浸式、体验式的评价情境；要加强数据共享和安全保护，利用加密认证、权限管理等手段，切实保障评价信息的机密性、完整性，为教育评价工作提供有力的技术保障。

最后，要规范地组织专业高效的评价实施。评价方案的最终成效取决于实施的科学性和规范性。评价组织者必须坚持以人为本、精准施策，推动评价工作遵循教育教学规律、体现时代发展要求。既要把握正确的政治方向，强化价值引领，引导评价主体坚定理想信念、厚植爱国主义情怀，自觉用习近平新时代中国特色社会主义思想武装头脑、指导实践，确保评价工作沿着正确轨道前进；又要创新方式方法，优化评价流程，提高数据采集的真实性、分析处理的时效性、结果运用的精准性，切实提升整体评价工作的效率和管理水平。同时，还要着力加强评价队伍建设，组建一支政治素质过硬、业务能力精湛、富有创新精神的复合型人才队伍，增强评价主体的使命担当和专业素养，引导其树立科学的评价理念、遵循教育评价规律、恪守职业道德要求，确保评价工作规范有序、公平公正，切实提高人才培养质量。

随着数字时代的到来，高校思想政治教育评价迎来了从传统向现代、从经验向科学的革命性变革。通过系统运用现代信息技术，创新评价理念、丰富评价维度、完善评价机制，必将有力推动高校思想政治教育实现内涵式发展、高质量发展。

第三节　高校思想政治教育数字化发展的功能展示

各种技术在不同的发展时期并不是孤立存在的，它们通过相互间的快速融合和增强，构建了智能技术生态系统。这些技术以群体的形式对思想政治教育产生影响，并且它们与社会系统相互交织、相互影响，形成了一种互补和竞争的动态关系。随着信息技术的飞速发展和数字化时代的到来，高校思想政治教育也迎来了全新的机遇和挑战。在这个过程中，思想政治教育的结构和功能也发生了深刻的变革。一方面，数字化发展为思想政治教育注入了新的活力，丰富了教育的内容和形式；另一方面，思想政治教育的功能也随之拓展，在导向、保障和激励等方面发挥越来越重要的作用。

高校思想政治教育数字化发展的功能是多方面的。首先，数字化发展为思想政治教育指明了前进的方向，引导教育工作紧跟时代步伐，与社会发展同频共振。其次，它起到了重要的保障作用，为思想政治教育提供了必要的技术支撑和资源保障，确保教育活动的顺利开展。最后，数字化发展还激发了思想政治教育工作者的创新热情，鼓励他们探索新的教育模式和方法，不断提升教育的质量。

一 导向功能

在高校思想政治教育数字化发展中，导向功能尤为突出。这种导向功能主要体现在价值导向、目标导向和行为导向三个方面，通过数字化手段可以引导学生形成正确的价值观念、确立远大的人生目标，并将其付诸实际行动。

（一）价值导向功能

思想政治教育的根本任务是培养社会主义建设者和接班人。在数字化时代，价值导向功能更加重要。通过数字技术手段，高校可以更加精准、高效地向学生传递社会主义核心价值观，引导他们树立正确的世界观、人生观和价值观。同时，数字化发展也为思想政治教育提供了更加丰富、生动的教育资源，有利于提高教育的吸引力和感染力，增强价值引领的效果。

数字化发展为思想政治教育价值导向功能注入了新的内涵。一方面，它突破了时空限制，扩大了教育的覆盖面，使更多学生能够接受系统的价值观教育；另一方面，它创新了教育的方式方法，通过沉浸式、交互式的体验，让学生在潜移默化中内化价值理念。同时这也对思想政治教育提出了更高的要求——"在思想政治教育变革中确立人文价值为魂、技术为体的原则，在关注信息技术深刻影响社会运行基础架构与实践平台的同时，更重要的是要深度关注政治、经济、社会与文化的意义建构"①。可以说，数字化发展为思想政治教育价值导向功能的发挥提供了强大的技术支撑和实践平台。

（二）目标导向功能

目标导向是高校思想政治教育的重要功能之一。在新时代背景下，高校思想政治教育要引导学生胸怀"两个大局"，牢记"国之大者"，聚焦国家战略需求，将个人理想融入民族复兴的伟大事业中。数字化发展为实现这一目标导向功能提供了有力抓手。第一，数字化发展拓宽了思想政治教育的信息渠道，使学生能够更加全面、及时地了解国家发展的最新动向，提高政治站位，树立大局意识，有利于对学生进行有针对性的引导和差异化的塑造，建立"一对一"的定制化实践模式，实现精准的教育干预，满足受众的个性化需求；第二，数字化发展创新了思想政治教育的话语体系，能够通过分析受众的在线行为和数字足迹，洞察其思想状态和心理变化，理解其复杂的内在精神世界和成长需求，用学生喜闻乐见的方式阐释深刻道理，增强教育的吸引力和感染力；第三，数字化发展还搭建了思想政治教育的实践平台，使教育者可以利用各类数据资源全面描绘个体的数字形象，精确地创造内容、选择方法和匹配载体，并根据动态变化不断调整教育内容、方式和手段，以提高教学匹配度，引导学生在社会实践中锤炼意志、砥砺品格，使学生把爱国情、强国志、报国行自觉融入个人奋斗。

在数字化时代背景下，高校思想政治教育需借助数据资源和数字技术深入理解不同群体的个性化兴趣、多样化成长需求和个性化成长路径。在提供适宜的服务中实现有效的沟通和价值共享，从而不断提高思想政治教育的针对性，增强实际效果。

（三）行为导向功能

思想政治教育的落脚点在于引导学生将先进思想转化为自觉行动。在数字化时代，行为导向功能对于提升学生的思想境界和道德品质、引导他

---

① 卢岚：《新质生产力赋能思想政治教育数字化发展的逻辑进路》，《学校党建与思想教育》2024 年第 13 期。

们成长为担当民族复兴大任的时代新人具有重要意义。

数字化发展为思想政治教育行为导向功能注入了新的活力。一方面，它创新了教育形式，通过沉浸式体验、角色扮演等方式，让学生在仿真情境中感悟道理、磨砺意志；另一方面，它搭建了线上线下相结合的实践平台，引导学生在志愿服务、社会调研等实践中锻炼能力、奉献社会。此外，数字化发展还完善了学生的成长档案和评价体系，以实现全过程育人、全方位育人。

二 保障功能

高校思想政治教育数字化发展的保障功能，是指通过数字技术手段，为党和国家意志的传播、高等教育事业的发展以及人才的健康成长提供全方位的支持和服务。新媒体技术能够充分激发工作的活力，必须"推动思想政治工作传统优势同信息技术高度融合，增强时代感和吸引力"[1]。思想政治教育保障功能的实现关乎国家发展、教育兴盛和青年一代的未来，意义重大而深远。

数字化发展为高校思想政治教育保障功能的发挥提供了强大动力。一方面，数字技术扩大了思想政治教育的覆盖面，突破了时空限制，使教育资源能够惠及更广大师生；另一方面，数字技术还创新了思想政治教育的方式方法，增强了教育的针对性和实效性，提高了教育质量。可以说，数字化发展为高校思想政治教育保障功能注入了新的活力，开辟了广阔的发展空间。

（一）保障服务于党和国家意志的有效传播

高校肩负着为党育人、为国育才的神圣使命。在新时代背景下，高校思想政治教育必须紧紧围绕党和国家工作大局，充分发挥数字化优势，确保党和国家意志的有效传播，巩固马克思主义在意识形态领域的指导地位，筑牢社会主义现代化建设的共同思想基础。

一方面，高校思想政治教育要运用数字技术，充分利用自身科研优势和在组织架构、平台设计、数据治理等方面的有利条件，构建一个立体化

---

[1] 《习近平谈治国理政》第二卷，外文出版社，2017，第378页。

的思想政治教育数据引导模型，以实现数据的挖掘和训练。开发既承载民族记忆与现代化建设成就，又体现集体价值与个人梦想，以及核心内容与校本特色相统一的数字化内容，以积极回应大学生的现实思想关切。创新宣传方式，用青年学生喜闻乐见的方式，生动鲜活地阐释党的理论和路线方针政策，引导学生深刻领会、坚定拥护。另一方面，高校思想政治教育还要发挥数字平台优势，构建价值引导的着力点，生成符合核心价值的叙事逻辑文本，并精准构建个性化的教育场景，以快速实现教育资源的有效生成、分发和反馈，确保思想政治教育工作的实效性和针对性。及时回应学生关切，解疑释惑，引导学生增进对党的认同、对马克思主义的信仰，使学生坚定听党话、跟党走的信念和决心。

（二）保障服务于高等教育事业的发展

高校思想政治教育是高等教育事业的核心内容和重要保证。在数字化时代，思想政治教育要主动融入、积极服务高等教育改革发展全局，为实现高等教育"四个服务"的目标使命贡献智慧和力量。数字技术在思想政治教育中的深度嵌入，可以给思想政治教育带来全新的生态，实现更高质量的思想政治教育。①

数字化发展为高校思想政治教育服务高等教育事业发展提供了新的路径。一方面，高校思想政治教育要运用大数据等技术，深入分析教育发展态势，精准把握师生需求，为科学制定教育政策、优化资源配置提供决策支持；另一方面，高校思想政治教育还要发挥数字平台优势，搭建产教融合、校企合作的桥梁，促进教育教学改革，提升人才培养质量，为经济社会发展输送高素质人才。

（三）保障服务于人才成长

立德树人是高校思想政治教育的根本任务。在数字化时代，高校思想政治教育必须紧紧抓住人才培养这个核心，发挥数字技术优势，全面提高人才培养能力，为党和国家事业发展输送德智体美劳全面发展的时代新人。

---

① 李红革、黄家康：《数字化转型赋能思想政治教育高质量发展略探》，《学校党建与思想教育》2023 第 23 期。

数字化发展为高校思想政治教育服务人才成长提供了新的契机。一方面，高校思想政治教育要运用虚拟现实、人工智能等技术，创设沉浸式、交互式的教育场景，充分利用新媒体传播方式，全方位地分析和研究数字信息环境中思想政治教育已经和可能碰到的新情况、新问题，研究信息传播和接受的新规律，把握人们现实生活方式的新特征，拉近教育者与教育对象之间的距离，不断拓展思想政治教育的工具、方法和手段，更好地实现教育目标，让学生在潜移默化中接受熏陶、提升素养；另一方面，高校思想政治教育还要发挥数字平台优势，搭建学生成长成才的桥梁，引导学生在社会实践中增长见识、锤炼品格，在攻坚克难中激发自身潜能、实现自身价值。

三　激励功能

高校思想政治教育的激励功能是指通过各种方式方法激发学生的积极性、主动性和创造性，引导学生奋发向上、敢于担当，促进学生全面发展的功能。在数字化时代，高校思想政治教育必须创新激励机制，更加注重精神激励和情感交流，满足学生的多样化需求，为学生成长成才提供持久而强大的动力。

数字化发展为高校思想政治教育激励功能的发挥开辟了新的路径。一方面，数字技术扩大了思想政治教育的覆盖面，为更多学生提供了平等参与、展示自我的机会，增强了学生的获得感和认同感；另一方面，数字技术还创新了思想政治教育的方式方法，通过沉浸式体验、交互式设计等，让学生在潜移默化中接受教育，提高了教育的吸引力和感染力。数字化发展为高校思想政治教育激励功能的发挥插上了腾飞的翅膀，为学生成长成才提供了广阔的舞台。

（一）物质与精神激励功能

高校思想政治教育的激励功能，既包括物质激励，也包括精神激励。在数字化时代，高校思想政治教育必须坚持物质激励和精神激励相结合，更加注重精神激励的作用，满足学生的多元需求，提升教育实效。一方面，高校思想政治教育要用好用活物质激励，通过设立奖学金、助学金等，鼓励学生刻苦学习、全面发展，让他们感受到党和国家的关怀，增强其为党和人民事业奋斗的信心和决心。另一方面，高校思想政治教育还要重视精神激励，通过树立典型、选树标兵等，弘扬正能量、传播主流价值观，激发学生的爱国之情、报国之志，引导学生把个人理想融入民族复兴的伟大梦想之中。

（二）内在与外在激励功能

高校思想政治教育的激励功能，既有外在激励，也有内在激励。在数字化时代，高校思想政治教育必须坚持外在激励与内在激励并重，形成协同效应，最大限度地激发学生的内生动力，促进学生健康成长。

外在激励主要是通过环境创设、活动组织等，为学生营造良好的成长氛围。比如，高校可以运用虚拟现实、增强现实等技术，创设沉浸式的爱国主义教育场景，让学生在情境体验中接受爱国主义洗礼；再比如，高校还可以依托数字平台，开展形式多样的校园文化活动，丰富学生的课余生活，引导学生陶冶情操、提升素养。内在激励则主要是通过价值引领、典型示范等，唤醒学生内心的向善之源、向上之力。比如，高校可以利用新媒体平台，讲好中国故事，弘扬社会主义核心价值观，引导学生坚定理想信念、厚植爱国情怀；再比如，高校还可以发掘师生身边的先进典型，用同龄人的成长故事鼓舞学生、感染学生，激励学生努力学习、奋发向上。将二者有机结合，激发学生内在的巨大潜能，引领学生健康成长，使其成为担当民族复兴大任的时代新人。

思想政治教育数字化的日益普及与推广，拓展了思想政治教育发挥作用的时空。数字信息不仅可以成为思想政治教育创新的手段，而且能够为其功能实现提供手段和工具。

第六章

高校思想政治教育数字化发展实践路径

数字技术驱动下的思想政治教育理念、教育方法、教育模式、教育评价等都更加科学。在数字技术融入思想政治教育的过程中，一方面要发挥数字技术的优势，优化思想政治教育的效果；另一方面要克服数字技术所带来的消极影响。

第一节　加强顶层设计，规划高校思政教育
数字化赋能战略

思想政治教育数字化发展的重点在于激发顶层设计与地方实践的双向活力，具体来说要通过试点探索将顶层设计与基层创新有效地衔接起来。在技术逻辑的可塑性影响下，技术控制的关键在于灵活地、弹性地和多样化地介入技术的规划、设计和发展。因此，数字技术赋能高校思想政治教育高质量发展不仅要依靠技术本身的性能和功能，还需要加强顶层规划与宏观调配和指导的有机融合。

一　明确数字技术赋能思想政治教育高质量发展的战略定位

"数字技术赋能教育意在推动传统教学模式的改造升级，将互联网、云计算、大数据、虚拟现实、人工智能等技术与学校教育教学进行有机结

合，拓展了思想教育内容，创新了思政工作方式。"① 数字技术对思想政治教育的驱动是显而易见的，它不仅推动思想政治教育的教育思维、教育模式、教育空间和教育方法的变革，也推动思想政治教育朝着精准化、数字化、智能化方向发展。在全方位、未来式的变革中，既需要实现数字技术与思想政治教育的全方位联动，又需要确保思想政治教育的主导地位。

一是要明确数字技术的价值定位，确保思想政治教育在数字赋能中的主导地位。数字技术赋能思想政治教育既强调二者双向互动的过程，也注重二者双向互动的结果。就二者关系来说，思想政治教育高质量发展是最终目的，而数字技术则是主要动能。数字技术相对于思想政治教育而言是第二性的，必须服务于思想政治教育的发展，而不能本末倒置。因此，要始终坚持思想政治教育的主导地位。

一方面要以思想政治教育的发展需求和教育目标等为主旨来选择适配的数字技术，从而避免对数字技术的盲从和攀附。要遵循思想政治教育的育人理念和发展规律，平衡好数字技术的工具理性和价值理性，充分释放数字技术内蕴的人本主义精神。在数字化思政教育的实施过程中，必须强化对教育技术手段运用的管理与监督，确保教育者能够准确把握实体环境中技术应用的实际情况。思政教育工作者需要发挥主动性，提高自身的数字素养和应用技能，深入挖掘和利用数字教育资源与教学平台，提升教育资源内容的质量，完善智能化教学工具，化解技术应用中的障碍，确保技术手段的顺畅运作。同时，教育者应积极提高自身的数字领导能力，优化数字化教学流程。在数字时代背景下，思政教育的理念、目标、方法和内容都在经历变革，有效利用数字化手段，需要思政教育工作者全面构建和拓展数字化教学的框架和路径。"在宏微并促中调动主体、客体、内容及载体的合力，依照教学内容科学选择方法，驱动方法运行流程优化，积聚思想政治教育方法数字化创新的效能。"②

另一方面，要遵循思想政治教育的育人理念和发展规律，平衡好数字技术的工具理性和价值理性，充分释放数字技术内蕴的人本主义精神。教

① 林一雄：《数字技术赋能高校精准思政研究》，《高校后勤研究》2024年第3期。
② 黄志斌、赵燕飞、魏荣：《数字技术赋能思想政治教育方法创新的指向、特质及进路》，《思想教育研究》2024第2期。

育的本质是人的精神人格的生成，教育是人类价值生命的中介。① 这就要求数字化思政教育在注重科学教育的同时，更要重视人文教育、理想信念教育，从而促进学生形成正确的文明观、价值观，推动自然、社会生态的可持续发展，创造平等、包容、和谐、共存的世界新生态。思政教育数字化不仅要促进学生认知能力和高阶思维能力的发展，还可以通过构建更加平等、包容、共存的教育形态影响学生文明新观念的生成，鼓励与促进学生更好地"存在于世界"并"与世界相处"。

二是要提高政治站位，宏观把握数字技术与思想政治教育双向互动的战略意义。面对新一轮科技革命，我国作出建设数字中国的重要战略部署。因此，要在建设数字中国的语境下审视数字技术赋能思想政治教育现代化发展的过程，明确数字技术推动思想政治教育发展的重要意义。第一，要严格按照宏观政策导向来规划思想政治教育高质量发展的技术路径，思想政治教育工作者要依循国家教育数字化的宏观发展战略，将大数据、区块链、数字孪生、云计算等新兴技术融入思想政治教育方法创新的整体框架中，协同推动技术更迭与方法创新融合共进，为方法的智慧化演进筑牢数据基础、提供技术服务；第二，要在具体实践中依照特殊情况进行适时调整，将数字赋能思想政治教育工作真正落到实处。在发展中"探索思政教育数字化可持续发展新机制"②。

在高等教育数字化转型的过程中，确保政策、资金、人才和政产学研合作机制的全方位支持是关键。在思想政治教育方法的数字化实施中，要遵循"用主流价值导向驾驭'算法'"③ 的原则。这意味着在整个数字化方法的实施和应用过程中，要将主流价值观作为核心导向，确保技术驱动始终服务于价值引领，保障思想政治教育的内容和方法在主流意识形态的指导下安全、有效地运作，从而确立数字化创新在思想政治教育中的价值地位。

---

① 檀传宝：《教育是人类价值生命的中介——论价值与教育中的价值问题》，《教育研究》2020 年第 3 期。
② 胡钦太、危妙、陈颖珊：《高等教育数字化：演进、挑战与转型》，《国家教育行政学院学报》2023 年第 4 期。
③ 《习近平谈治国理政》第三卷，外文出版社，2020，第 318 页。

从人类文明发展一般样态看，人类史也是数字史，任何文明的推进都需要数字文明的革新。[①] 当前，数字智能技术去边界、去中心等优势创造出人类文明的新样态，赋能教育发挥更大作用，强化学生的共存意识，引领价值观念转型，关联人类命运共同体构建。此外，教育在数字化转型过程中发挥着联结人与世界、人与人的重要作用，可以在增强个体对话与行动能力的同时，塑造更加和平、公正的世界。

二 做好思想政治教育数字化发展的战略规划

长期以来，党和国家都十分重视技术创新与思想政治教育高质量发展的联动，把数字技术赋能教育发展作为一项重要的战略工程来抓，进行系统规划并深入组织实施，取得了良好效果。思想政治教育数字化发展必然会带来思想政治教育的数字化转型，但转型是一个长期过程，需要在全面规划和统筹把握中有序推进。特别是要处理和应对好转型过程中传统思想政治教育与数字思想政治教育新旧范式间交替与统合的问题。实质上，这两股力量是一种对立统一的关系，因而既要顺应时代要求谋取变革，注入新的动能，又要充分考量和延续传统思想政治教育中的积极因素。只有处理好这二者的关系，才能真正推动新时代思想政治教育高质量发展。

（一）要坚持和加强党的全面领导，强化组织保障

坚持党的领导是做好各项工作的根本保证，中国共产党的领导是中国特色社会主义最本质的特征，是中国特色社会主义制度的最大优势。思想政治教育作为党的一项重要事业，是在党的既定方针指导下开展的，始终服务于党和国家的中心工作，坚持和加强党的全面领导是思想政治教育一以贯之的传统与独特优势所在。同时，党历来高度重视技术发展事业，马克思主义不但充分肯定了科技的生产力价值，而且还进一步指出科学是"最高意义上的革命力量"[②]，党的领导是技术创新和长足发展的根本保证。必须"充分激发各级各类教育领导管理体制机制的运行活力，将我们的政

---

① 孙亮：《从数字化生存批判到数字文明建设：一种研究范式的转换》，《福建师范大学学报》（哲学社会科学版）2023年第1期。
② 江泽民：《论科学技术》，中央文献出版社，2001，第196页。

治优势和制度优势转化为治理效能，是关乎中国式教育现代化能否顺利实现的重要问题"①。思想政治教育数字化发展需要的不仅是技术与思想政治教育的互动，更涉及政治、经济、社会、文化等多领域的发展，这一系统性、长期性工程必须在党的有力领导下才能有序进行。因此，思想政治教育数字化发展必须坚持和加强党的全面领导，充分发挥集中力量办大事的制度优势。党掌握数字技术赋能思想政治教育的主动权与引导权，可以积极促进技术研发企业、教育部门和科研单位之间的深度合作，打造技术与教育深度融合创新的实践共同体，共同推动技术创新、教育转型的深度整合，推进教育和科技的互促共进，推进技术革新以及思想政治教育高质量发展，取得双赢结果。

（二）要做好整体规划，强化制度保障

系统性、渐进性、持续性布局是教育信息化发展的重要保障。数字技术赋能思想政治教育政策直接指引数字化思想政治教育建设发展方向与具体实施策略。为了保证思想政治教育数字化发展的有序推进，还必须做好整体规划。在制定战略规划时，需要综合考虑各方面的关系和因素，以保证各项政策方针的顺利开展和落实。数字赋能思想政治教育高质量发展的重点在于激发顶层设计与地方实践的双向活力，这就要求做好思想政治教育数字化发展的顶层设计和整体规划，具体来说要打通中央、地方政府、学校等之间的联系，将顶层设计与具体实践有效地衔接起来。首先，要做好宏观规划，加强技术驱动教育发展的政策完善和机制优化，以确保教育领域的技术应用与数字化教学得到广泛推广和实施，这将有助于推进高质量教育的发展。数字技术赋能思想政治教育无论是教育资源创建与融合、基础设施建设与升级，还是平台搭建与应用等，都需要资金投入与人才支撑，因此需要国家协调和统筹多方主体力量，为数字技术赋能思想政治教育提供设备支撑、技术支持、财政支持、人力支持等。同时还需要对不同地区、不同发展水平的数字化基础设施、数字教育发展水平等进行充分调研和总结，为制定相关的政策文件提供参照依据，从宏观上对数字化思想

---

① 蒲智勇、贺祖斌：《论中国式教育现代化的核心要义与推进方略》，《中国教育科学》（中英文）2023 年第 5 期。

政治教育建设布局进行引导与完善，通过制定相关政策，促进数字教育资源的合理开发与应用，激励各级各类学校探索数字化育人模式。其次，要做好顶层设计与具体实践的衔接工作。思想政治教育数字化发展是一个循序渐进的发展过程，随着技术与思想政治教育深度融合，数字化思想政治教育建设的政策语境、政策环境也越来越完善，思想政治教育数字化发展的相关政策不断出台，数字化思想政治教育的基本架构与发展方向已具雏形。然而思想政治教育数字化发展的顶层设计与地方实践依然面临一定的障碍，数字技术赋能思想政治教育的运行机制并未完全建立。因此，要促进地方政府与教育行政部门的协调和统筹，做好思想政治教育数字化落地生根的承接工作。地方政府及学校需要抓住数字化转型契机，协同共性与个性间的关系，结合地方发展实际及发展优势，"因地制宜"地推进数字化转型，打造一批可操作、可复制、可推广的实践试点，为科研产业和教育事业搭建合作的桥梁，有效解决数字化转型能力弱、成本高的问题，从而实现思想政治教育与数字化发展的同频共振。

（三）努力破除体制机制障碍，强化技术保障

由于数字技术的二重性，高校思想政治教育数字化转型过程中难免出现数据泄漏、数据丢失、隐私侵犯、数据伦理等安全威胁，加强保障机制建设刻不容缓。首先，为保障思想政治教育数字化平台和软件的安全，高校应制定严格的访问协议，对教职工、学生的个人平台账号实施技术保护和加密。引入密码认证、问题认证、人脸认证等多种防护协议，以此增强个人账号的安全性。其次，需加强对思想政治教育数字资源的安全监管，对现有的教育资源进行风险筛查、过滤萃取、传输加密，确保高校思想政治教育数字化资源的安全存储、传输和下载，防止数据被窃取、泄露或删除。最后，突破技术壁垒，抵御西方意识形态的"数字殖民"。要不断加强前沿数字技术研发，构筑跨境信息流动的安全技术防线，有效抵御数字病毒、技术"窃密"，识别西方技术裹挟下的"价值营销"，掌握意识形态话语权，筑牢主流意识形态安全防线。思想政治教育与数字技术融合发展是一个复杂而多元化的领域，涉及众多学科的交叉与合作。只有打破技术壁垒，实现多种资源的协同生产和共享，才能弥合"技术鸿沟"，为增强

教育效果提供有力支持。在此过程中，必须坚持系统观念，既要统筹协调思想政治教育数字化的诸多要素，又要加强过程管理，增强教育的效用性和持续性。

第二节 掌握核心技术，保障高校思政教育数字化实践推进

实现数字技术与思想政治教育高质量发展的深度融合，必须解决好技术问题，只有牢牢掌握核心技术，才能解决好借助数字技术推动思想政治教育创新发展的问题。数字技术赋能思想政治教育并不是单纯的"用技术加包装""用技术治杂症"等，而是要在遵循思想政治教育规律和坚守思想政治教育本质的基础上，利用数字技术的优势将思想政治教育的育人功能最大化，使思想政治教育具有时代感和吸引力。

一 加强核心技术攻关，增强数字技术创新发展能力

（一）要坚持党的领导，牢牢掌握技术创新主动权

党的二十大报告明确指出："高质量发展是全面建设社会主义现代化国家的首要任务。"[①] 技术创新是实现高质量发展的根本驱动力，也是建设数字中国的内在要求。提升核心技术创新能力，首先要坚持党的领导，牢牢掌握技术创新主动权，坚持技术创新为数字中国建设服务。技术攻关需要大量资金和人才支持，因此要充分发挥社会主义制度优势，集中人力物力财力加大科研投入力度，为研发人员提供优秀的研发条件和设备，营造良好的科研环境，加强核心技术的研发水平。思想政治教育数字化发展是思想政治教育与数字技术双重因素作用的结果，高水平的技术是发挥技术赋能的基本要求，也是实现技术为思想政治教育发展服务的基本保障。要抓住数字技术发展的战略机遇期，力争在数字技术基础理论研究和科学实践应用的核心技术上取得突破，为思想政治教育数字化发展提供有力的技

---

① 习近平：《高举中国特色社会主义伟大旗帜 为全面建设社会主义现代化国家而团结奋斗——在中国共产党第二十次全国代表大会上的报告》，人民出版社，2022，第28页。

术支撑。一般认为，数字技术的研究开发涉及基础研究、技术开发与技术应用，在技术创新中，需要统筹推进这三个层面，支持产学研深度融合，以科研单位创新为重要驱动，加大对智能芯片、软件平台等方面的投入，着力突破关键核心技术瓶颈，避免受制于人。

（二）人才是核心技术攻关的重要力量

只有培养出一批专精结合、具有创新能力的研究人员，才能保证技术攻关的顺利进行。"我国科学研究的希望，在于它的队伍有来源。"[①] 党始终高度重视科技人才的培养，中共中央早在 1941 年就制定了《关于党员参加经济工作和技术工作的决定》，已经认识到我国发展需要大批从事技术工作的人才。在核心技术攻关的过程中，研发人员需要具备较高的科研素质和技术能力。加强人才培养可以从以下两个方面入手。一方面是要加强技术人才培训。技术攻关需要具备较高素质和技术能力的人才，因此要加强人才培训，提高研究人员的基础知识水平和研究能力，不断提高研发人员的技术水平和创新能力，为研发人员提供培训机会，使其在学习中不断发展进步。技术突破在于创新与合作，在此过程中，还要积极培养科研人员的创新精神与合作意识，加强协同研发，搭建跨领域合作的平台，实现各领域专业人才之间的深度融合，提高研发效率和质量。另一方面是要积极吸纳和引进优秀人才。为了提升人才队伍建设水平，需要建立科学、公正、有效的技术人才评价机制，通过多种方式评价人才的综合素质和工作业绩，为技术攻关提供稳定的人才支持。同时还需要通过设立各种人才引进计划、提高待遇、提供良好的职业发展空间等方式，吸引高水平的人才加入技术攻关的团队。

（三）市场需求是创新的根本动力

市场需求是创新的根本动力，技术创新需要紧紧围绕市场需求，根据市场导向推动科技成果转化，提高创新资源的利用效率。一是利用市场机制推动科技成果的生态链发展，这对于构建以市场需求为主导的成果产出体制至关重要。这种机制能够激励高等院校和科研机构研究人员聚焦全球

---

① 《邓小平文选》第二卷，人民出版社，1994，第 50 页。

科技的最前沿，对接经济建设的主战场，以及响应国家的重大战略需求，从而投身于科技研发和创新活动。通过市场驱动，可以更有效地促进科技创新成果的转化和应用，满足社会发展的实际需求。二是提高思想政治教育数字技术创新的国际化水平。支持企业建设海外科技创新中心、离岸创新创业中心等基地，参与国际合作和竞争，提升企业的国际影响力。加强数字技术的供给，共享数字化发展成果，突破数字技术壁垒；同时也要筑牢维护主流意识形态安全的技术防线，以实现思想政治教育精准化、智能化的目标。

正如习近平总书记所说："中国要强盛、要复兴，就一定要大力发展科学技术，努力成为世界主要科学中心和创新高地。"① 只有在教育领域构建一个高效的科技成果转化生态系统，才能够提供源源不断的高质量科技供给，从而打通科技优势向教育优势、产业优势、经济优势转化的通道，为建设现代化经济体系提供坚实的支撑。通过将更多的科技成果和创新理念融入教育实践，我们能够在经济社会发展的关键领域培养出更多高素质的人才。这些人才的涌现和创新潜力的释放必将为中国的未来发展提供强大的智力支持和创新动力，推动中国向着更加光明的未来前进。

二　掌握核心技术，促进数字技术与思想政治教育深度融合

数字技术攻关的最终目的是使技术能够有"用武之地"，思想政治教育数字化发展是思想政治教育与数字技术双重因素作用的结果，高水平的技术是实现技术赋能的基本要求，也是实现技术为思想政治教育发展服务的基本保障，总的来说，思想政治教育数字化发展必须实现二者的有机融合。然而，数字技术与思想政治教育的融合并非一件易事，要综合多方面因素进行考量。

第一，数字技术赋能思想政治教育，最为根本的是要保证二者在价值追求上的一致。思想政治教育归根结底是做人的思想工作，具有意识形态

---

① 习近平：《努力成为世界主要科学中心和创新高地》，《求是》2021 年第 6 期。

性；而技术从来也不是中立的，技术在研发过程中就已经代表了一定利益集团的利益，其在应用过程中更是有价值创造的意义。思想政治教育主体必须在思想政治教育全过程中积极探索数字技术与价值引导的深度耦合，围绕国家情怀、情感归属、价值追求和责任担当等核心主题，通过沉浸式、体验式教学的方式，使数字技术与思想政治教育相辅相成。因此，促进数字技术与思想政治教育的融合必须坚持以育人为本的价值导向，始终把促进人的全面发展放在第一位。

第二，数字技术赋能思想政治教育，要结合思想政治教育学科属性进行研发。技术是多种多样的，数字技术有其广泛性也有针对性，技术产品的研发更是有其特定的适用范围，数字技术赋能思想政治教育不能大而广地认为数字技术发展就是思想政治教育数字化的发展，或者认为数字技术发展必然会促进思想政治教育数字化转型，而是需要使数字技术在思想政治教育领域得到更为专门性、细致化的研发应用。还需要在数字技术探索思想政治教育规律的指导下，深入研究人的思想道德形成和发展规律，以应对思想政治教育所面临的实践困境。要深入理解数字技术对意识形态教育的影响，并探索其在塑造人的思想品质、道德观念等方面的潜力，从而为思想政治教育的改进提供新的思路与方法。如加大对教学工具、教育平台、教育资源等的研发力度，实现传统思想政治理论课与线上思想政治理论相关技术平台的初步结合，如此才能更好地运用数字技术提升思想政治教育成效。

第三节 优化数字环境，加快高校思政教育
数字化底座建设

在数字化发展的背景下，高校思想政治教育需要重新思考教学目标和内容，以适应学生的需求和时代的要求。锚定高校思想政治教育数字化发展创新突破的目标设置是促进实践发展的重点。教育数字化是一个长期、持续、系统性的工程，其目标是形成良好的教育生态，教育数字化转型为创新教育生态、适应经济与社会发展、解决社会发展与人才供给间的矛盾带来了新的机遇。高校思想政治教育数字化发展需要崭新的生态系统生

成，构筑主体—技术—实践的新生态。

数字技术的应用为高校思想政治教育创造了新的育人场景，进一步推动高校思想政治教育实现数字化发展。成熟度模型架构、系统性场域重塑共同构成高校思想政治教育数字化发展的两个基本环节和实践指向。

一 架构成熟度模型

高校思想政治教育数字化发展是系统性演进的创变过程，具有复杂性、非线性、动态性等系统特征，难以用单一量化阈值评估教育组织的数字化转型程度，需要配套适合的评价模型来科学研判转型的发展现状、路径规划。"教育数字化成熟度是一个具有基础性和引导性的工具，可以帮助教育组织评估当前数字化转型的有效性，分析下一步需要改善和优化的策略和路径，为整个转型过程提供路径指导。"[①] 教育数字化成熟度模型的建构是一个需要不断积累经验和加大投入的过程，在飞速变化的社会和技术环境中，数字成熟度框架的内涵也有相应的变化，需要在适应环境变化的过程中持续调整和优化。而高校思想政治教育的数字化转型是教育数字化转型的特殊形式，不能在实现教育数字化转型之后再开展思想政治教育数字化转型实践，要在教育数字化转型过程中同步推进高校思想政治数字化转型，聚焦高校思想政治教育数字化转型成熟度，评估思想政治教育组织过程的数字化程度，明确其发展方向和价值目标，诊断其实践过程，实现有益的理论方案和实践经验的有效迁移和创造性转化，自主构建高校思想政治教育的成熟度模型，依据成熟度等级规划教育蓝图，推进高校思想政治教育数字化发展。

（一）成熟度模型的几个维度指标和具体展开

教育数字化转型成熟度模型是一个具有渐进性、延展性和灵活性的阶梯式进化架构，能为教育组织从多元视角审视和评价数字化转型能力提供指导。参考教育数字化转型成熟度模型，结合高校思想政治教育的特殊性，高校思想政治教育数字化转型成熟度可以从价值、应用、主体、支撑

---

① 祝智庭、胡姣：《教育数字化转型的实践逻辑与发展机遇》，《电化教育研究》2022 年第 1 期。

等层面制定评价指标。

1. 价值层面

明确高校思想政治教育的数字化发展战略规划，关系高校思想政治教育数字化发展的行动方向和目标实现。需要明晰未来愿景、实践导向、技术应用、路径和对策，完善标准规范建设、配套行动规划和保障措施，优化资源整合。

第一，明确立德树人目标，思考高校思想政治教育数字化转型将如何改变业务模式、提高育人实效和创造新的价值。同时，明确哪些业务领域需实施数字化转型，并制定相应的技术应用路线与策略，以确保数字化转型的顺利执行。一方面，在坚持正确理念的基础上要充分认识到数字化转型的复杂性与系统性，将实践经验与思辨思维进行有机结合，将数字技术作为辅助教育的重要手段，避免"数字崇拜"现象的发生。另一方面，要坚持主流价值观、主流文化与数字技术相结合的基本思路，例如利用数字技术嵌入的形式提高主流文化的推送比重，保障主流文化和价值观的核心地位，避免受教育者出现价值偏差，最大化地发挥数字技术的优势价值。在此基础上，针对高校思想政治教育数字化转型中技术层面的风险，相关部门应制定专门的规章制度进行监管，将外部的硬性约束与内部的道德约束相结合，加强风险评估与检测，保障数据安全，确保技术之善深植于教育实践。

第二，标准规范建设、配套行动计划和保障措施的完善是数字战略规划的重要组成部分，要确立业务流程和标准，统一各个部门的工作方式和数据格式，提高协同效率和数据质量。配套行动计划和保障措施则可以确保数字化转型顺利进行，要制定项目计划、明确责任和权限、提供培训和支持等，以降低数据风险并推动数字化转型的成功实施。高校思想政治教育数字化要制定统一的数据开放规则，明确思想政治教育系统数据的公开标准和使用细则，形成系统化的制度保障。除此之外，基于区块链的可追溯性和安全性等特征，要将其合理应用于数据安全保护工作之中，实现对数据全生命周期的监管，强化数据安全和隐私保护，为大学生思想政治教育提供智能支撑，全面了解学生的学习水平与核心诉求，对学生在学习过程中出现的问题进行精细管理，营造良好的教育氛围。

第三，优化资源整合。教育数字化战略应当坚持守正与创新的统一，在马克思主义的指导下，深入开展教育改革与实践，在守正与创新中实现数字教育的大繁荣与大发展。[①] 高校思想政治教育数字化要加强思想政治教育数字资源的整合与共享。这就需要勇于打破数字隔离，提高数字教育资源的开放程度，建立一个集资源存储、资源展示、资源分享等多功能于一体的思想政治教育资源库，对各类数字教育资源进行格式转换和有效筛选，打破数字资源应用壁垒，确保数字教育资源的可用性和开放共享性，实现思想政治教育数字资源相互融通，实现全员全程全方位育人目标。例如通过大数据、区块链、云计算等数字技术为教育理论研究、实践改革、制度优化、体系更新等提供数字化信息资源的同时，依托其全息式、沉浸式、具身化体验，可以将教育教学、育人与服务的场域从现实世界拓展到数字空间，从而实现现实世界与虚拟世界的连接。

2. 应用层面

应用层面主要体现为数字思政教育的教学与评价以及支持与服务。高校思想政治教育数字化发展强调育人为本，以学生为中心，数字技术有机融入、有效赋能，并促进整个思政教育教学过程的创新，突破传统的学习时空限制，创造全新的学习体验，增强教学效果。借助数字技术进行过程性、多元化和智能化的评价，实时地收集和分析学生在学习过程中的数据，从而更加准确地评估学生的学习情况和发展趋势，有助于及时发现并解决学生的学习困难，促进学生认知能力和非认知能力的全面发展。支持与服务是应用层面的另一个重要的行动域，重点是优化和重构组织内的业务流程，利用数字化服务改进、增强或替代传统的教育业务，提高教育组织的管理和服务效率。数字化技术为教育组织提供了丰富的工具和资源，能够极大地优化和改进教育业务流程。通过使用在线学习管理系统，教育组织可以更好地组织和管理教学过程，在线布置作业、考试和评价学生的学习成果，实现教学过程的标准化和数字化管理。同时，学生和家长也可以通过在线平台获取相关教育资源、课程信息和学生成绩等，提高了信息

---

① 罗生全、张雪：《教育数字化战略的中国方案：定位、理念及行动》，《中国电化教育》2023年第1期。

的透明度和可操作性。

有必要完善数字技术应用的管理流程，数字技术的应用推动了网络思想政治教育育人范式的与时俱进，但作为利弊共存的"双刃剑"，技术也潜藏着诸多风险，需要对其保持理性，并采取措施加以综合应对。一方面，既要预先研判技术嵌入可能会产生的不良影响，圈定数字技术参与的合理范围，还要结合具体运行过程作出相应的调整，确保数字技术在网络思想政治教育应用中合乎法律规定和道德要求。另一方面，要创新深度学习算法的监管机制，实现以技术反制技术。在数字时代，技术迭代升级的速度明显加快，使得人类对技术的潜在风险无法做到精准识别和实时研判，而神经网络的深度学习算法具有强大的自学习能力，可以达成无监督领域的自适应学习，进而成为辅助人类监管的重要工具。对此，要及时吸纳新的技术，在人机交互状态下及时发现并解决数字技术应用中出现的问题，科学防范各类数字风险。同时，要形成多元主体参与的治理体系。随着数字技术带来全新的网络赋权，话语权也加速下沉到社会大众当中，而"随着信息的生产和传播从集中走向分散，治理的权力也从集中走向分散"①。对此，要引入更加开放灵活的治理逻辑，基于互联互通的网络以打造扁平开放的治理结构，最大限度地连接不同治理主体，统筹协调社会各方力量，明确技术应用过程中的价值理性导向。

3. 主体层面

主体层面主要包括多元主体的数字素养与技能以及相应的组织、文化与生态。数字人才与文化是教育数字化转型的关键。在数字教育时代，个人的数字素养直接决定了参与和实践数字化教育的能力和水平。因此，提升管理者、教师和学生的数字素养至关重要。管理者需要具备数字化转型的基本理论知识，了解数字化教育的最新发展趋势和前沿技术，从而能够制定战略规划和决策。同时，还需要具备管理数字化教育资源和平台的能力，合理配置资源，推动教育数字化转型的顺利进行。教师是教育数字化转型的重要力量，应具备专业和技术的双重素养，熟悉数字化教育资源和工具，能够有效地运用数字技术提升教学质量。此外，还应具备自主学习

---

① 周学峰、李平主编《网络平台治理与法律责任》，中国法制出版社，2018，第36页。

的能力和持续发展的意识，不断更新知识和技能，适应和引领数字教育的发展。对于学生来说，数字素养已经成为他们必备的核心素养，需要具备信息检索、信息评价和知识整合的能力，利用数字技术进行学习和创新。此外，还应具备合作与沟通的能力，能够与他人协作解决问题，开展团队合作和项目实践。除了数字人才的培养，构建转型文化也是促进教育数字化转型的关键因素。转型文化要求教育组织在组织文化、管理体制、教学方法等方面进行全面变革，将数字化教育理念和实践融入教育的方方面面。这需要教育组织营造开放和创新的文化氛围，鼓励教师和学生尝试新的教学方法和学习方式，推动教育创新和改革。同时，教育组织还需要改进组织的管理体制和运行机制，建立灵活高效的决策机制，提供必要的资源和支持，促进教师和学生参与数字化教育的实践。还需要与各级政府、研究机构、企业、社会组织、家长等利益相关者合作，共同打造数字化教育生态。在这个数字化教育生态中，各方利益相关者都扮演着重要的角色。政府应制定相关政策和规划，提供必要的投入和支持，为教育数字化转型创造良好的政策环境和市场氛围。研究机构和企业应承担起研发和创新的责任，提供先进的技术和应用方案，推动数字化教育的发展和落地。家长和社会组织应加强对数字化教育的了解和支持，积极参与到学校和教育组织的数字化教育活动中，为学生的数字化学习提供支持和帮助。

4. 支撑层面

支撑层面主要体现在数字基座建设程度以及相应的数字服务上，数字化转型需要大量的资源投入，包括技术基础设施、教育资源、数据等。技术设备要求有普遍、稳定、高速、安全的教育专网接入，要建设教学设施完备、数字教育环境高度敏捷、智慧的校园，开展多场景下的智慧教育。还需要建立灵活的混合云平台，以满足不同教育机构和个人用户的需求。同时，提供虚实融合的教学环境，使学生能够在虚拟世界中进行实践和探索，从而获得更深入的学习体验，这些底层基座的建设程度关乎高校思想政治教育数字化转型的实际成效，因而，以科学的数字化成熟度模型开展精准评估有利于数字化转型实践的持续推进。教育资源方面，需要高质量、广覆盖、公共化、开放化的高校思想政治教育资源以及数字化课程资源，应当提供包含丰富的教材、教学视频、交互式学习工具等的多种形态的教育资源，以满足不同学生的学习需求。同时，数字基础设施也要确保教育数据和隐私的安全。此外，需要明确资源的需求和可用性，并进行优化整合，避免数据孤岛现象或重复建设导致的教育资源浪费。通过科学的评估和决策，避免重复建设，提高资源利用效率。最后，在数字基础设施的建设过程中，还应充分考虑经济可行性和可持续发展。建设数字基础设施需要大量的资金和资源投入，同时还需要建立能够持续运营和维护的机制。因此，在制定数字基础设施的发展和投资计划时，需要进行全面的经济测算和可行性分析，以确保基础设施的长期稳定运行。

（二）成熟度模型架构的整体推进

高校思想政治教育数字化发展的成熟度模型构建的整体推进需要从成熟度模型的阶段推进、实践展开、整体与部分相结合、目标细化与周期迭代等方面系统考察。

（1）需要按照信息化、数字化到智能化的发展层次，对应联通、数据、智能的演化进路开展评估。应利用大数据技术，使高校思想政治教育评价转向精准化，注重数据的海量性和多维性、定制化的整体性和个体性、实时化的过程性和结果性、开放化的共享性和交互性、智能化的监测性和预测性、可视化的反馈性和动态性；注重技术武装，思想政治教育的数字化转型需要技术的支持，包括数据的智能分析、人机交互的深度应用等，这有助于营造新的主体关系和量化研究；要构建生态化数字场景，数字技术的应用不仅仅是技术层面的，它还能够推动思想政治教育内容的创新和实践的深化，形成数字能力联盟和数字能力生态圈。

（2）为了有效推动组织的数字化转型，要注重不同实践阶段的结合，评估不同阶段的效果和效率，并在整体和局部之间找到平衡点。在数字化转型发展的过程中，相关组织往往会采用试点探索求证、局部推广调试、扩展复制应用、优化创新推广等几个重要步骤。对每个不同的步骤，都要针对现实状况来评估效果和效率，以保证整个转型过程的顺利进行。评估实践阶段中各个步骤的效果和效率，可以为下一个阶段的衔接提供指导和支持，以便更好地推进整个组织系统的数字化转型与发展实践。

（3）注重整体和部分相结合，这是数字化转型发展的关键。这里的整体是指测评总体的数字化转型发展状况和程度；这里的部分是指从不同侧面、维度进行诊断和评估。数字化转型是一个全面的变革过程，仅仅关注整体是不够的，还需要深入了解不同部门或业务领域的情况，找出问题的根源，并提出具体的解决方案。例如，在评估教育组织的数字化转型程度时，可以从师资配备、教学资源、学生参与度等多个维度进行。同时，还需要将数字化转型与教育组织的核心目标进行对比，评估是否达到了预期的效果，更加全面地了解教育组织当前数字化转型的程度，并找出问题所在，分析原因，为后续的调整和改进提供依据。

（4）促进目标细分和短周期迭代，需要快速调整和改进数字化转型的方式。将整体的数字化转型目标拆分成更小的目标，以实现更快的进展，并将数字化转型的过程分成若干个短周期，在每个周期结束时进行评估和调整，以确保数字化转型的持续推进。例如，在数字化转型的初期，可以将整体目标细分为部门级别或业务领域级别的目标，以实现更快的成果获取。同时，在每个短周期结束时，可以对目标的完成情况进行评估，并及时调整和改进策略。这样可以有效地推动数字化转型的进程，提高转型的效率。

二　重塑系统性场域

教育数字化转型要在一定的场域中开展，高校思想政治教育数字化发展需要各种要素在场域结构中建构、解构、重构，进一步完善自身结构和秩序，进而实现整个思想政治教育场域的系统性重塑。为了有效推进高校思想政治教育数字化的发展，实现高校思想政治教育质量和水平的大幅度提升，各个高校应该聚焦于营造有利于推进数字化发展的多种环境与氛围，特别是基于数字、数据的教育决策氛围，将数字技术、5G、云计算、区块链等前沿技术融入高校思想政治教育治理的决策与教学改革创新的过程，以便为高校思想政治教育数字化提供发展更好的文化生态系统。

（一）高校思想政治教育数字化发展的系统性场域重塑的内部
要素

1. 提升教育主体的综合素养与技能水平

《提升全民数字素养与技能行动纲要》指出，提升全民数字素养与技能是顺应数字时代要求、提升国民素质、促进人的全面发展的战略任务，是实现从网络大国迈向网络强国的必由之路，也是弥合数字鸿沟、促进共同富裕的关键举措。① 一要加强顶层设计，在高校思想政治教育体系中融入数字思维与技能相关内容，构筑大中小学思政课一体化课程体系，从必修课程设置、教材编写、打造实践基地等方面推动。二要营造数字化环境，提升教师的数字意识以及技术应用能力，大力推进具有数字孪生特色的校园建设。快速建设高水平的智慧教室、仿真实验室、虚拟教研室等，强力推进高校思想政治教育数字化的特色发展、高质量发展。此外，要完善思政教师数字技能职业教育培育体系，制定、完善数字技能职业教育的国家标准，推行"学历证书+职业技能等级证书"制度，促进专业升级和数字化改造。

2. 加强教育内容系统构建

高校思想政治教育数字化发展意味着主体的扩容、场域拓展，相应的思想政治教育内容和形式也要改进，包括思想政治教育数字化教材编写、线上思政金课打造、教学方法创新。高校思政课数字化教材承载着受教者的成长与发展，是数字化时代推进高校思想政治教育工作、提升时代新人培养质量的崭新教材形态。

3. 共建共享协同服务一体化的数字化教育平台

基于系统化的知识点逻辑关系建立知识图谱，以超现实呈现方式赋能教育，增强教学效果。增强现实、虚拟现实等技术能让学生更准确地感知事情的本来样态和本质。例如利用技术模拟长征路，更直观地呈现革命事业的艰辛历程和先辈的革命精神。

---

① 《提升全民数字素养与技能行动纲要》，中央网络安全和信息化委员会办公室、中华人民共和国国家互联网信息办公室，2021 年 11 月 5 日，http://www.cac.gov.cn/2021-11/05/c_1637708867754305.htm。

4. 用好数字媒介实现思想政治教育新传播

高校思想政治教育数字化高质量发展，要求思想政治教育者利用好数字媒介资源，促成媒介资源的数字化发展，增强媒介资源的数字呈现能力、数字传播能力和数字融合能力，全方位展现思想政治教育数字化转型的发展向度，充分利用数字媒介在思想政治教育系统中的延展力量。数字媒介以其丰富的数字流为基础，通过数字搜索、交易、交往、传递等多种方式，有效地渗透到思想政治教育系统中。数字媒介作为推动思想政治教育系统创新的重要资源，可与每一个关联用户共享。一方面，通过数字媒介的分发，思想政治教育者可以将思想政治教育内容快速传递给学生，实现信息的广泛传播。另一方面，思想政治教育者还应依托数字媒介来探索思想政治教育系统的新增长点。数字空间作为媒介，具有多样性的元素，我们需要合理改造和利用这些元素，以拓展思想政治教育内容在数字空间中的传播广度和深度。推进思想政治教育数字化发展应当考虑到数字空间的特点，充分利用数字要素之间的作用关系，以媒介合作取代竞争，展示媒介结构在思想政治教育系统中的黏合效应和传播效力。思想政治教育者应当善于创造与利用各种数字媒介平台，如社交媒体、电子书籍、在线论坛等，来增加思想政治教育的吸引力和影响力。同时，在数字媒介的支持下，思想政治教育者可以借助互动性的特点，激发学生的学习兴趣和参与度。例如，通过网络讨论、在线问答、模拟实验等活动，让学生积极参与思想政治教育的过程，强化他们对于思想政治教育内容的理解和记忆。此外，数字媒介作为一种构建互动式的学习环境和评估机制的工具，可以通过设计在线测验、虚拟实验等活动，让学生在数字化教学环境中进行学习和互动。

5. 打通个人学习与社会人才需求的对接通道

引用区块链等技术确保个人学习记录安全、永久存储，实现各类在线平台的联通，建立并畅通供需对接通道，促使学校育人与社会用人形成良好互动。需要从数据共享与整合、智能化人才匹配与推荐、职业咨询与导航服务、实习与企业合作、学历与职业资格认证、校企合作与产学研结合等方面入手，实现个人学习与社会需求的紧密结合，推动高校思想政治教育的转型成功。

推进高校思想政治教育数字化发展的场域重塑需要以新技术创新效果评价，通过引用新技术开展适应性评价、情景式评价、虚拟仿真测试等，运用人工智能评测来提高评价效率。首先，通过适应性评价、情景式评价和虚拟仿真测试等方式，更准确地评估学生的思想政治教育水平和能力。适应性评价可以根据学生的知识和能力水平，个性化地调整评价内容和难度，更好地诊断学生的问题。情景式评价可以模拟真实情境，让学生在动态的环境中应用知识、解决问题，并且评价其表现和思考能力。虚拟仿真测试可以提供沉浸式的学习和评价环境，让学生在虚拟现实中进行实践和模拟，对其思想政治驾驭能力进行全面的评估和反馈。其次，借助人工智能技术，对大量的数据进行快速分析和处理，实现高效的评测和评价。人工智能评测可以根据学生的答题情况、行为表现和语言交互等多种信息进行评价，提供准确的学习反馈和个性化的指导。此外，通过伴随式数据采集和多模态数据诊断，可以形成长周期、跨场域、多维度的学生成长过程记录。采集学生在不同环境和场景中的学习数据，结合多种模态的信息，如文字、图像、声音等，对学生的综合能力和发展进行全面诊断和评价，实现全面、立体的实时反馈和调控，帮助教师和学生了解学习进展和问题，并进行针对性的教学和学习策略调整。最后，建立开放式学习成果认证和转换体系，可以促进学生的持续成长和有序流动。学生可以通过不同的学习途径和方式，获得相应的学习成果微认证，教育者可以此更好地激发学生学习的动力和积极性，推动学生在思想政治教育领域的深入学习和实践。

（二）高校思想政治教育数字化发展的系统性场域重塑的外部要素

高校思想政治教育数字化发展的系统性场域重塑受到政策、技术、制度、社会协同等外部要素的共同影响。这些外部要素的有机结合将推动高校思想政治教育数字化的全面发展。

1. 政策引导数字化发展的方向和方式

政策导向是高校思想政治教育数字化发展场域塑造的政治动力，是党和国家意志的体现。一是国家数字化战略及相关政策构成了高校思想政治教育数字化发展的政治动力和基本导向。数字技术的快速发展与应用显著弱化了传统的国家优势，重构着世界竞争格局，促使各国纷纷制定数字化发展战略以抢占科创高地、形成数字竞争优势。二是党和国家对新时代青年工作的重视为高校思想政治教育数字化发展提供了重要的政治氛围。三是党和国家制定的一系列新时代思想政治工作方针政策为高校思想政治教育数字化发展提供了具体要求和政策支持。习近平总书记强调："完善思想政治工作体系，不断创新思想政治工作内容和形式。"① "人在哪儿，宣传思想工作的重点就在哪儿，网络空间已经成为人们生产生活的新空间，那就也应该成为我们党凝聚共识的新空间。"②

2. 技术为数字化发展提供支撑

习近平总书记强调："要运用新媒体新技术使工作活起来，推动思想政治工作传统优势同信息技术高度融合，增强时代感和吸引力。"③ 因而，推动网络信息技术、数字技术与高校思想政治教育诸多工作的深度融合，大力促进高校思想政治教育的现代化发展，具有时代必要性和现实可行性。高校思想政治教育数字化发展的系统性场域重塑需要围绕资源价值链和技术价值链进行。一方面，数据作为一种生产资料，通过有效集成、分析、整合、赋效实现价值创造和增殖，要促进数据的价值转化和思想政治教育化。另一方面，以数字技术开发高校思想政治教育移动终端应用、加强网络平台搭建、更新教学设备及服务，是有效拓展思想政治教育数字化转型阵地的途径，要促进思想政治教育资源的有效开发和整合利用，从而助推教育资源整合、教育内容覆盖、教育对象扩容、教育方式多元，扩展教育辐射范围，为思想政治教育提质增效。因而，要筑牢"基座联结"的数字教育空间关键节点，夯实教育数字化转型技术底座。

3. 制度保障数字化发展的顺利进行

高校思想政治教育数字化发展的制度环境建设为高校数字化转型全过程的科学、可控以及转型内容的精准、目标的明确、程序的规范提供了高效有序的保证。总体而言，高校思想政治教育数字化发展的系统性场域构

---

① 《习近平谈治国理政》第二卷，外文出版社，2023，第245页。
② 《习近平谈治国理政》第三卷，外文出版社，2020，第318页。
③ 习近平：《论党的宣传思想工作》，中央文献出版社，2020，第278页。

建需要制定规划、协调各方，这就要求建立党委统一领导的组织机构，各部门协同合作，推动以数字化转型为导向的制度设计和革新。

首先，高校应该建立健全保障机制。这种机制的工作重点，就是要确保数字资源、数据资源等重要信息在数字平台建设过程中资源共享。只有保证了数据应用平台的共建性，才能确保资源的共享性，才能助推数字化建设的可持续性。要坚持以习近平新时代中国特色社会主义思想指导高校思想政治教育数字化生态建设，大力宣传新发展理念，并通过学科文化和组织文化培育和建设高校思想政治教育数字化发展平台，促进高校思想政治教育数字化发展。

其次，应建立健全兼容安全、标准统一、登记严格的数据信息管理体制，提供高校思想政治教育数字化发展的数据基础，探索基于前沿技术的思想政治理论课教育教学模式，打造有利于青年大学生深度学习的智能支持系统，充分运用学习分析技术，全面了解与把握广大师生的思想与行为动态，加强学情分析研判，突出对学习过程的有效监测，注重学生的学业水平诊断，搞好学业预警，针对学生的问题精准施策、精准管理、精准评估，为高校思想政治教育数字化发展提供优质服务。

最后，借助技术、资源和平台，促进教育检测体系的完善。以科学、规范、长效为目标，深度打造数据验证平台系统，看重数据的采集与使用，但绝不以数据为唯一标准。这样一来，我们既可以保证数据来源的真实有效，又可以顺利地协调人与数据之间的关系，营造良性的教育氛围。因此，将数据作为高校思想政治教育数字化发展的核心要素，有助于提高思想政治教育的质量与效率。

4. 社会协同创造更高效、更具实际意义的数字化发展支持网络

高校思想政治教育数字化发展的系统性场域重塑需要社会协同。数字化发展并不是高校一方面的事情，其涉及整个社会的教育资源和其他社会资源的整合。

首先，高校思想政治教育数字化发展需要依托数字化教育平台和在线教育资源，并且需要运用数据分析和人工智能技术等先进的科技手段。这些技术手段不仅需要高校的技术支持，也需要社会组织和企业的技术支持和资源共享，借助他们的专业知识和资源优势，为学生提供更丰富的学习体验和发展机会。

其次，需要教育资源的整合。高校思想政治教育的数字化发展需要整合各类学习资源和课程，提供多样化的课程和教育服务。这需要政府为高校提供更多的教育资金和政策支持，需要社会组织提供更多的人才支持和学术资源，此外，高校应通过建立合作伙伴关系，与其他高校进行教育资源共享和教师交流，促进教育质量的提高，推进思想政治教育领域的研究与实践。

最后，学生和家长的参与也是社会协同的重要组成部分。要重视学生和家长的意见和需求，建立有效的反馈机制，从而使数字化更加贴近学生的实际需求。政府、高校、社会和家庭组织应开展有效合作和沟通，共同推进教育数字化转型和高校思想政治教育的改革创新。

总之，高校思想政治教育数字化发展的空间转向和场域演化的逻辑是数字化发展的重要驱动力，也是实践的关键环节。科学研究高校思想政治教育数字化发展场域重塑的内部要素以及外部要素，对于协同各要素发挥耦合效应，实现高校思想政治教育数字化发展的系统性场域重塑具有积极作用，是高校思想政治教育数字化发展实践的重要内容。

第四节 优化软件设施，规范高校思政教育数字化平台运行

数字资源建设和平台体系的完善是思想政治教育数字化高质量发展的核心内容和重要举措。当前，相关部门也尝试建立更多优质的全国共享的思想政治教育资源库及云平台，如开设了国家级精品课程、思想政治教育慕课、思想政治教育微课和思想政治教育培训直播课等，有力推动了数字技术与思想政治教育的融合发展。但由于主客观多种因素的叠加，具体实施过程往往不能一蹴而就，而是要循序渐进，摸着石头过河地一步步探索。特别是面对复杂多变的具体实际情况，会循环出现这一现象——思想政治教育的老问题解决之后，又出现新问题。面对这种循环往复的状况，各相关部门需要统一思想，由政府牵头，相关互联网企业以及思想政治教育者协同发力，共同搭建全国共享共建的思想政治教

育数字化平台。

一　加强软件基础建设及功能开发

数字技术是推动思想政治教育高质量发展不可或缺的条件，而思想政治教育云平台则是最基本的配套设施。思想政治教育云平台建设是一个极其复杂和长期的工程，因此需要在具体实践中对思想政治教育云平台的起点进行高度定位，以确保建设到位。

加强思想政治教育的数字驱动，需要加强与硬件基础设施相配套的软件基础建设。这就要求以思想政治教育学科发展与教学需求为主，并不局限于思想政治教育范围，根据学习、研究和生活等各方面的现实诉求，开发一系列辅助教与学的智能化软件，这也符合"大思政课"以及"课程思政"发展的基本要求，能够为思想政治教育与其他学科加强联系、后期推广软件系统工作等提供一定的帮助。应打破传统技术封锁，加强配套教学软件系统的建设，着力于服务思想政治教育教学工作，应注重包括多媒体教学软件、教学课件、在线教育平台等在内的软件系统的开发和应用，以及虚拟仿真软件、知识建模工具，学科知识库等，突出数字技术在思想政治教育中的创新驱动作用。为教师提供在线备课、教学、测评等全流程教学服务，以及研讨、交流、考核等服务。为学生提供在线学习、作业、交流、测评等学习服务。同时，可以借助各类多模态感官强化、增强等技术加强知识呈现的鲜活性、教学体验的沉浸感，为师生的教与学提供个性化、精准化的教育服务。正如技术是在不断革新发展的一样，数字教育软件也需要不断创新。这个过程不仅需要考虑思想政治教育的现实需求的复杂性和多样性，还需要具备相应的软件项目开发工程意识，而这一点在实际工作中经常被忽视。在开发软件时，要明确总体目标与具体目标、长远目标与短期目标、教育目标与学科目标等的基本要求，积极听取来自各方的学者和专家的意见，特别是一线思想政治教育工作者和计算机专业人士的意见，通过实践考察及多方论证来制定明确的软件工程规划，充分发挥并不断提升软件研发能力，确保思想政治教育云平台的软件开发工程顺利推进。实施数字技术"新基建"工程，实现对传统教学技术设备的数字化升级。这需要政府、学校、企业等多主体通力合作，以实现超高速网络的学校全覆盖，推进智慧教室、虚拟仿真实验室、智能设备等硬件技术设施建设，打造数字化教育生态系统。同时，要打破优质资源共享的技术樊篱，建立技术合作联通机制，实现数字资源的云端共享。思想政治教育数字资源的共建共享迫切需要打破技术壁垒，实现多种资源的协同生产、共享，弥合"数字鸿沟"，进而助力社会主义核心价值观的培育和践行。

二　促进软件升级及资源融合

思想政治教育软件建设与升级同样重要。硬件设施的升级是基础性的，硬件基础的价值发挥需要软件基础支撑，因此，要重视硬件建设和软件建设的衔接配套，把基础设施建设、软件平台建设有机结合起来，综合利用各种新技术、新工具、新手段，推进思想政治教育信息管理、教育培训等功能的智能化。

首先，促进思想政治教育软件升级。思想政治教育数字化是一个渐进的、长期的发展过程，后期开发的平台应充分利用已有的资源平台，对既有的平台进行升级、扩充等，坚持破立并举、创新融合，通过各方面共同努力，实现新旧思想政治教育平台的融合，以适度降低开发成本，避免资源的浪费。其次，促进思想政治教育平台资源的融合运用。思想政治教育软件平台并不仅仅是各个学校的官方网站或者由个别单位所开发的专门的思想政治理论课平台，而是与教育平台及一些其他软件紧密联系的，一些非专门的软件同样承载着思想政治教育功能。如微信、微博、抖音、党建App等软件同样能够为思想政治教育理论传播、教育研讨、教育服务等提供便利，因此，优化软件设施并不仅仅针对专门的思想政治教育平台，还针对各级各类教育平台和社交软件等，要结合不同软件的功能特性与优势，推动不同软件的融合创新，形成协同育人平台。最后，依托国家教育平台，构建教育资源平台贯通体系。如乡村薄弱校区与城市优质学校共建"云课堂"，开展远程网络教学，实现一块屏幕连接城乡两个课堂，两地学生同上一堂课，线上线下教学融合互动，共享优质数字教学资源。进一步促进教育新型基础设施的互联互通，打造"人人皆学、处处能学、时时可学"的学习系统，为教育数字化转型构建支撑体系。2022年国家智慧教育公共服务平台正式上线，开启了我国教育数字化的转型。国家智慧教育公共服务平台是服务于学生学习、教师教学和教育创新等的国家教育公共服务综合集成平台，其不仅是教育数字化战略实施的阶段性举措，也是我国教育数字化转型的重要成果。2022 年 7 月，教育部办公厅印发了《国家智慧教育公共服务平台接入管理规范（试行）》的通知，提出了"各级平台接入遵循'试点先行、质量规范、分批推进'原则，由教育部网信办分批确定接入范围，并组织相关单位做好平台接入工作"[①]。要求根据平台服务对象和内容等情况，有序统筹好平台接入工作，形成以国家智慧教育门户为核心的国家智慧教育公共服务平台体系。

三　强化软件应用服务与用户体验

在思想政治数字化转型中，软件应用服务的完整与良性运转对于构建科学化与系统化的教学模式具有重要影响。不应仅将数字技术赋能、智慧教育平台、虚实结合场景等视为外在的技术介入，而应该将其融入思想政治教育活动，通过提升思想政治教育数字化转型的整体效度增强育人效果，把立德树人根本任务落到实处。

一是确保软件产品能够提供高效、稳定的服务，满足用户的需求。这包括提供持续的技术支持、定期的维护服务以及快速响应用户反馈。比如利用自动化和智能化工具，如大语言模型和机器学习（ML），提升问题解决能力。二是优化用户体验，通过用户研究和反馈收集，不断优化软件的交互设计和用户界面，使其更加直观和易用，提升用户满意度。开发和实施基于业务分析的运维关注指标，从用户视角衡量运维服务效果。三是加强软件的数据安全措施，确保用户数据的保密性和完整性，遵守相关的隐私保护法规。在思想政治教育中加入数字安全的内容，教育学生保护个人数据、防止数据泄露，以及识别和防范网络诈骗等安全威胁。培养学生对数字伦理的认识，使其了解相关的法律法规，如数据保护法、隐私权等，确保其在数字化环境中的行为符合伦理和法律标准。在技术教学中融入人文关怀，强调技术使用的社会责任，培养学生的技术伦理意识，避免技术

---

① 《教育部办公厅关于印发〈国家智慧教育公共服务平台接入管理规范（试行）〉的通知》，中华人民共和国教育部，2022 年 7 月 28 日，http://www.moe.gov.cn/srcsite/A16/s3342/202208/t20220819_653868.html。

的滥用和对个人隐私的侵犯。四是可访问性设计，确保软件对所有用户都是可访问的，包括那些有特殊需求的用户，以实现包容性设计，确保数字化转型过程中的资源和机会对所有学生都是公平和包容的，避免因技术差异造成的新的不平等。教育学生合理利用数字资源，避免过度依赖技术，保持批判性思维，防止数字资源的滥用。

第五节　打破数字壁垒，促进高校思政教育资源共建共享

数字教育资源建设离不开数字技术的支持。数字技术赋能思想政治教育在资源建设方面主要体现为汇聚校本资源、社会资源以及图书馆、科技馆、博物馆等多样化的教育资源，为思想政治教育提供开放的、多元的、个性化的服务。当前思想政治教育数字资源体系建设总体上还存在开发不充分、供给不平衡、应用不合理等突出问题。提高数字教育资源的供给与服务质量，成为数字技术赋能高校思想政治教育资源创新与共建共享的重要诉求。

一　重视数据的收集与获取，丰富思想政治教育数字资源

数字壁垒形成的一个重要原因是数字资源的有限性以及资源质量的参差不齐，因此，需要从数量和质量上保障教育资源的供给。而思想政治教育最基础的资源来源于真实数据，拥有海量数据是应用和发挥数字技术作用的基本前提。因此，教育者应重视对数据的挖掘和收集，要不断完善和拓宽获取数据的渠道，并且要有效化解思想政治教育中资源供给与需求间的矛盾。但需要注意的是，数据的收集与获取必须在相关的法律、道德、制度的约束之下。一是要注重数字资源的收集。在收集思想政治教育数据信息时要有目标性、倾向性和侧重点，充分尊重受教育者的意愿，确保被采集者的隐私不受侵犯，在法律法规允许的范围内，运用数字技术收集并获取与教育对象学习生活密切相关的、翔实的数据资料，为教育对象描绘出完整的"数字画像"，使教育者能够精准地了解学生个体的思想和行为，为开展精准教育提供依据。二是要对现有思想政治教育资源进行合理分类。这就要求要创建一个教学、科研和管理一体化的数字服务空间，整合

不同渠道和平台的教育数据资源，加强数据共享互联，从而有效改善思想政治教育数据分散的状况，避免教育资源的重复建设，在此基础上，还要进一步促进思想政治教育资源的精细化分类和智能化管理，建立知识图谱，为实现基于数字教育资源的智能搜索、资源推送、智能学伴等提供便利，实现由"人找资源"向"资源匹配人"的转变。同时还要根据资源聚合与分类情况，统筹教育资源的存量与增量，促进教育资源的合理开发。

二　弥合数字鸿沟，促进数字资源开发及均衡发展

数字鸿沟是区域间思想政治教育数字化发展不均衡的突出矛盾，极大地影响了思想政治教育资源的使用效率，制约着教育资源价值的创造。为化解这一突出矛盾，一是要实现不同地区数字基础设施建设和数字资源开发应用的均衡发展。特别是在数字技术欠发达的地区，更是需要高度重视并投入大量人力、物力进行网络等基础设施建设。同时欠发达地区要向外借力，积极主动寻求合作机会，通过各部门协调，创建合作桥梁，发挥数字技术较为发达的地区的"帮扶"作用，将思想政治教育数字资源共享共建措施进行落实，并有效解决因思想政治教育数字资源应用不均衡所导致的"数字鸿沟"问题。二是要加强思想政治教育数字资源整合共享。这就需要勇于打破数字隔离，扩大数字教育资源的开放程度，建立一个集资源存储、资源展示、资源分享等多功能于一体的思想政治教育资源库，对各类数字教育资源进行格式转换和有效筛选，打破数字资源应用壁垒，确保数字教育资源的可用性和开放共享性，实现思想政治教育数字资源相互融通，实现全员全程全方位育人目标。例如，对已有的文字、图片以及口述材料等进行数字化修复、分析和处理，模拟呈现某些历史事件的遗失资料、革命先辈的容颜、革命遗迹的原貌等，让这些已经消失的素材以新的数字化资源的形式得以再现。

三　通过新型能力建设，实现教育人机一体化

教育的数字化转型必须依托于新型能力的建设，以实现教育活动中人与技术的深度融合，这是转型成功的关键。这一转型不仅仅是对尖端信息技术的追求，更重要的是持续地强化以人机协同增强智能为目标的能力。

要实现教育的数字化转型，必须围绕新型能力的开发，不断推进业务流程、组织结构、技术与数据的互动创新，并进行持续优化。教育数字化转型中的新型能力可以被视为教育生态系统创新构建的能力，它涵盖教育产品创新、教学研究创新、个性化学习创新、数字化治理等能力，以及与教育价值创造相关的数字素养和新型能力结构。具体来说，这种能力建设体现在能够提供定制化的学习方案和精准的教育治理等方面。新型能力建设实际上是教育领域人机协同能力与人机一体化发展水平的体现。随着教育数字化和智能化的深入，我们需要在机器智能的基础上重新定义人机角色和关系，将机器视为教育者的合作伙伴，而非仅仅是辅助工具，通过人机平等融合的方式重构人与机器的协作关系，实现教育中人与技术的一体化。新型能力建设是人机融合范式的内在需求，也是教育数字化转型在基础层面的能力构建。

第六节　提升数字素养，强化高校思政教育数字化人才支撑

教育者是思想政治教育数字化转型的主要实施者与推动者，其数字素养、数字应用能力水平直接关乎思想政治教育的人才培养质量，更关乎数字教育和教育强国战略的实施。提升思想政治教育者的数字素养是加快教育数字化转型进程、提升教育质量的关键所在。为了适应数字技术驱动下思想政治教育发展的新变化，必须强化数字化发展下的人才队伍建设，强化思想政治教育者的数字素养与数字能力。

一　要加强思想政治教育者的数字素养培育

教师数字素养是"教师适当利用数字技术获取、加工、使用、管理和评价数字信息和资源，发现、分析和解决教育教学问题，优化、创新和变革教育教学活动而具有的意识、能力和责任"[1]。数字素养是教育者在数字

---

[1] 《教育部关于发布〈教师数字素养〉教育行业标准的通知》，中华人民共和国教育部，2022年12月2日，http://www.moe.gov.cn/srcsite/A16/s3342/202302/t20230214_1044634.html。

思想政治教育建设中需要具备的基本素养。2022 年 12 月，教育部发布了《教师数字素养》教育行业标准，搭建了教师数字素养框架，并从数字化意识、数字技术知识与技能、数字化应用、数字社会责任以及专业发展等方面对教师提出了适应数字变革与未来教育的新要求。在新标准、新要求下，加强教育队伍相关人员的数字素养培育是必要的，需要创造良好的数字技术应用培训环境，加强相应的数字技术应用能力培训。

实践是获得真知的重要途径，要加强教育者数字素养培训理论与实践的融合，可以搭建数字技术应用经验交流平台，展示和推广较为成功和优秀的技术应用案例，提升教育者应用数字技术改进教育教学的效能感、满足感。也可以请专业技术研发人员进行软件应用培训，组织开展优秀教师座谈，加强技术应用经验交流，帮助辅导员、思想政治理论课教师、思想政治教育管理者等思政工作队伍成员提升运用数字技术的相关技能，通过线上线下、个人自学及专题培训等提升教育者的数字素养，克服技术应用难题，激发教育者的技术应用兴趣及能力，着力打造一支数字素养高的专业队伍，使人才参与到思想政治教育中来。

数字技术在网络思想政治教育中科学且有效地应用建立在网络思想政治教育者的人文素养、数据素养和技术素养等基础之上。只有全面提升网络思想政治教育者的数字素养，才能为网络思想政治教育提供坚实的智力支撑。一要提升数据素养。数字时代，万事万物皆可被数据化，而数字时代的网络思想政治教育的发展同样离不开对海量数据的挖掘和分析，但数据的价值并非显而易见的，其"真实价值就像漂浮在海洋中的冰山，第一眼只能看到冰山一角，而绝大部分则隐藏在表面之下"[1]。对此，思想政治教育者要利用数字技术"全方位、多角度和实时性地对思想政治教育数据进行收集和整理"[2]，基于对相关数据的深度挖掘、分析和运用发现其内在隐藏的规律性，并有针对性地设计教育方案和更新教育策略以满足受教育者日益增长的个性化需求，力争达成"深入人心"的育人目标。二要提升

---

[1]　〔英〕维克托·迈尔-舍恩伯格、肯尼斯·库克耶：《大数据时代》，盛杨燕、周涛译，浙江人民出版社，2013，第 134 页。

[2]　孙春伟、张晨：《数字技术应用于思想政治教育的三重限度》，《思想政治教育研究》2023 年第 5 期。

人文素养。随着数字技术的深入推进，技术凌驾于人之上的风险也日渐凸显。对此，思想政治教育工作者要提升人文素养，强化人文关怀，避免数字赋能网络思想政治教育畸变为"唯技术论"的工具化思维。网络思想政治教育的目的在于实现对个体理性思维的开发和健康人格的塑造。因此，无论技术如何更迭变化，网络思想政治教育实践都不能偏离和背弃"以人为本"的人文关怀理念。值得注意的是，强调网络思想政治教育的人文精神并非对技术的彻底否定和完全弃用，而是要明确"现实的人"才是数字技术与网络思想政治教育相结合的价值旨归。对此，思想政治教育者要在坚守育人本位的前提下，依托数字技术打造具有体验感和在场感的育人场景，在立体交互中充分激活主客体交往的活力和生命力，真正以育人立场实现对技术逻辑的超越。三要提升技术素养。在数字化的生存状态下，人与技术的关系更加紧密。思想政治教育者要提高对数字技术的运用能力，以技术赋能精准制定育人方案、灵活调整活动进程、及时研判潜在风险和科学评估育人成效，在充分观照网络思想政治教育实践的动态性和生成性的基础上持续进行自我适应、调整和完善，在与数字技术的深度融合中不断提升网络思想政治教育的科学化、精准化和高效化水平，使数字技术真正转化为辅助提升网络思想政治教育实效的重要手段。

二 加强思想政治教育者与相关软件研发者之间的双向互动和反馈

在数字技术赋能思想政治教育的具体实践中，"术业有专攻"的特点更为突出，技术研发人员往往是技术专业人才，而教育技术设备及软件的应用人员则是思想政治教育者，绝大多数思想政治教育者无法参与相关教育软件研发项目，也缺乏相关软件开发经验，所以往往不能主动提出较为有价值的建议和需求，或者提出的相关需求囿于技术条件限制而无法实现；而技术研发人员又由于其专业限制不能全面深刻地理解思想政治教育的独特需求，研发者也无法针对个性化的具体需求进一步细化和完善思想政治教育软件的功能，以致一些产品与教育需求并不完全适配，或功能并不能得到完全发挥。再加之教育者与科研人员缺乏互动，导致相关教育软件开发与使用之间的信息反馈存在障碍，这些都会影响到教育者对技术的信任与应用。

因此，需要加强思想政治教育者与研发者之间的沟通，搭建互动交流平台，关键是构建思想政治教育数据共享机制。这需要确保教育多元主体的身份认同，建立主体间的信任关系，并明确数据共享的清单，规范跨领域的沟通协作。在数据共享的基础上，技术研发人员强化数据技术的重要支点，构建思想政治教育数据安全机制。这包括利用数据处理技术增强数据安全自我诊断，利用数据感知技术促进数据安全自我反馈，以及利用数据加密技术实现数据安全自我保护。思想政治教育者可以根据自身应用体验提出相应的技术升级需求，技术研发人员可以根据技术应用要求对思想政治教育者进行专业指导培训，促进技术开发、技术应用、技术升级，合力提升数字技术应用于思想政治教育中的实效。同时，鼓励思想政治教育者和软件研发者共同参与实践项目和案例研究，通过实际应用来测试和改进理论和技术，例如，通过定期的调查问卷、访谈或者反馈会议来实现。

三　提升思想政治教育者运用数字技术的能力

"技术作为一种'外移的过程'，就是运用生命以外的方式来寻求生命。"① 教育实践本身就是一个技术化的过程，不同的教育实践，其主要区别并不在于是否运用了技术，而在于其运用的技术存在差异。口耳相传—粉笔板书—PPT展示—互联网教学，教育形式在技术革新下也在不断发展变化，对教师技能的掌握也有不同的要求。对于同一时代条件而言，技术并无实质性差异，教育的创新与实效的差异并不在于是否采用了新技术，而在于对技术的运用和价值创造，也就是说，同一技术条件下，不同的人对技术的操作熟练程度不同，导致技术应用效果呈现出显著差异。一是教育者要加强对物理场域中方法运行的实体因素的把握。思想政治教育者要发挥主观能动性，提升数字素养和运用数字技术的能力，探索数字教育资源平台和数字教学示范平台，深耕优质教育资源和教育内容，完善智能教学载体，打通方法运行过程中的"梗阻"，以整体推进的方式为方法

---

① 〔法〕贝尔纳·斯蒂格勒：《技术与时间：1. 爱比米修斯的过失》，裴程译，译林出版社，2019，第19页。

运行疏通通道。二是教育者要提升数字领导力，优化数字化方法运行流程。数字时代，思想政治教育的理念、目标、方法、内容都在发生变化，有效发挥数字化方法效能，依赖思想政治教育者整体拓建数字化方法图谱，要在宏微并促中调动主体、客体、内容及载体的合力，依照教学内容科学选择方法，驱动方法运行流程优化，积聚思想政治教育方法数字化创新的效能。三是注重数字化方法运用反馈，科学总结经验。思想政治教育者要依据从受教育者的现实问题到数据集成再到方法选择的路线图谱，进行分众化的教学施策，力争在共时性上注重创造与时俱进的方法，有针对性地开展教育教学。在历时性上围绕方法的过去、现在和未来走向，在合理反馈的基础上着力总结创新经验，固化方法创新成果，循序渐进地建构满足受教育者需求的数字化方法，开启方法发展新篇章。

因此，提升技术的应用能力成为思想政治教育数字化发展的一个必然要求。"在传统教育中，任何教育技术都不能独立发挥作用，而必须与教师的教育技能相结合，但在智慧教育时代则完全颠倒过来，教师的任何教育技能都不能独立作用，而必须与'教育技术'相结合。"[①] 对思想政治教育者而言，要不断发挥主观能动性，积极主动学习数字技术运用技能，不断提升运用云计算、物联网等数字技术收集学习数据、制定教学方案、开展教学活动的能力，将自身教育技能与技术技能有机结合起来，借助数字技术来创新教学模式，激发学习者的学习兴趣，提升教学效果。

---

① 薛晓阳：《技术智慧：智慧教育的天命与责任——兼论人工智能发展对智慧教育的影响》，《高等教育研究》2019 年第 10 期。

结　语

　　在数字化时代，一切事物都在经历重构，思想政治教育的方法论亦将随着新一轮信息技术革命而经历范式的转变。本书在马克思主义及习近平新时代中国特色社会主义思想的指导下，全面构建了数字化时代思想政治教育的思维模式、认知方法和工作方法的新体系与内容，旨在使马克思主义思想政治教育方法论与时俱进，与科技进步和时代发展同步。本书致力于将数字化时代的现代信息技术与思想政治教育相结合，加强对当代思想政治教育方法论发展的研究，力求在新的时代背景和实践条件下，深入探讨思想政治教育方法论发展的理论基础、价值意蕴、现实困境、目标定位、发展原则、要素构成等具体内容，从而充分发挥思想政治教育方法论的理论指导作用，增强创新方法和操作方式的指导性，提升思想政治教育的实效性。

　　在数字化时代背景下，高等教育中思想政治教育的要素结构、过程与条件以及所涉及的复杂关系均发生了变化，相应地，我们的认识与实践也在不断演进。如何更深入、更透彻地洞察这些变化，并提出具有深度的见解与主张，以便及时地将之应用于高等教育的思想政治教育实践中，是学术界同人亟须面对的课题。本书仅是在外部压力驱动下所作的初步尝试，书中尚有许多问题未能得到满意的解答，笔者热切期待在大家的共同努力下，这些问题能够得到清晰的阐释。需要深入探讨的问题包括如下四个。第一，如何更深入、更细致、更精确地梳理马克思主义经典作家在科学的世界观和方法论指导下，关于思想政治教育技术化改进的思想与理论主张。第二，在中华文明与世界文明的悠久历史中，如何细致入微地描绘教育，特别是意识形态教育与社会技术相结合的主张与实践智慧。第三，在"数学是所有科学的基础"这一理念的指导下，如何全面地梳理数字、数量、数理以及数量化、数字化、数据化、数智化的相关链条，并准确阐释数字化转型与发展的内在联系，以及如何有效地将这些元素融入思想政治教育体系，这无疑是我们面临的重大课题。第四，关于数字技术与思想政治教育的深度融合，包括为何要融合、如何融合、由谁来推动融合以及融合后将呈现何种形态等问题，仍需进一步探讨与解答。这些问题的解决绝非一日之功，需要我们大胆预设数字化时代高校思想政治教育的未来发展，思考思想政治教育如何进行调适、做出改变等。

未雨绸缪才能决胜千里。面对数字化浪潮，我们需保持审慎的思考，预先识别问题、解决问题，预见潜在风险并规避之，确保数字化技术在迭代升级的过程中使教育品质得以持续提升。

参考文献

一 经典文献

[1]《马克思恩格斯选集》第一卷，人民出版社，1995。

[2]《马克思恩格斯选集》第二卷，人民出版社，1995。

[3]《马克思恩格斯选集》第三卷，人民出版社，1995。

[4]《马克思恩格斯选集》第四卷，人民出版社，1995。

[5]《马克思恩格斯文集》第一卷，人民出版社，2009。

[6]《马克思恩格斯文集》第五卷，人民出版社，2009。

[7]《马克思恩格斯文集》第九卷，人民出版社，2009。

[8]《列宁选集》第二卷，人民出版社，1995。

[9]《列宁选集》第三卷，人民出版社，1995。

[10]《毛泽东选集》第一卷，人民出版社，1991。

[11]《毛泽东选集》第二卷，人民出版社，1991。

[12]《毛泽东选集》第三卷，人民出版社，1991。

[13]《毛泽东选集》第四卷，人民出版社，1991。

[14]《邓小平文选》第一卷，人民出版社，1994。

[15]《邓小平文选》第二卷，人民出版社，1994。

[16]《江泽民文选》第一卷，人民出版社，2006。

[17]《江泽民文选》第二卷，人民出版社，2006。

[18]《江泽民文选》第三卷，人民出版社，2006。

[19]《胡锦涛文选》第一卷，人民出版社，2016。

［20］《胡锦涛文选》第二卷，人民出版社，2016。

［21］《胡锦涛文选》第三卷，人民出版社，2016。

［22］《习近平谈治国理政》第一卷，外文出版社，2018。

［23］《习近平谈治国理政》第二卷，外文出版社，2017。

［24］《习近平谈治国理政》第三卷，外文出版社，2020。

［25］《习近平谈治国理政》第四卷，外文出版社，2022。

［26］习近平：《论党的宣传思想工作》，中央文献出版社，2020。

［27］习近平：《高举中国特色社会主义伟大旗帜 为全面建设社会主义现代化国家而团结奋斗——在中国共产党第二十次全国代表大会上的报告》，人民出版社，2022。

二　专著

［1］沈壮海：《思想政治教育有效性研究》（第2版），武汉大学出版社，2008。

［2］高一飞：《现代性视域下的法律数字研究》，法律出版社，2020。

［3］李彦宏：《智能革命：迎接人工智能时代的社会、经济与文化》，中信出版社，2017。

［4］艾四林、王明初主编《社会主义主流意识形态与当今中国社会思潮》，人民出版社，2014。

［5］王鸿生：《世界科学技术史》，中国人民大学出版社，2008。

［6］赵国栋、易欢欢、徐远重：《元宇宙》，中译出版社，2021。

［7］张竣程、李艾思、张森主编《元宇宙应用》，中国商业出版社，2023。

［8］长铗、刘秋彬：《元宇宙》，中信出版社，2022。

［9］李风啸：《新时代数字化与高校思政教育的深度融合》，中国纺织出版社有限公司，2022。

［10］骆郁廷：《思想政治教育贯通论》，人民出版社，2023。

［11］慎海雄主编《习近平改革开放思想研究》，人民出版社，2018。

［12］陈金平：《多媒体时代高校的思政教育研究》，北京工业大学出版社，2020。

三 译著

[1]〔南非〕保罗·西利亚斯:《复杂性与后现代主义》,曾国屏译,上海科技教育出版社,2006。

[2]〔美〕托马斯·西贝尔:《认识数字化转型》,毕崇毅译,机械工业出版社,2021。

[3]〔美〕凯文·凯利:《失控:全人类的最终命运和结局》,张行舟等译,电子工业出版社,2016。

[4]〔美〕道格拉斯·洛西科夫:《当下的冲击》,孙浩、赵晖译,中信出版社,2013。

[5]〔德〕马丁·海德格尔:《演讲与论文集》,孙周兴译,生活·读书·新知三联书店,2005。

[6]〔英〕维克托·迈尔-舍恩伯格、肯尼斯·库克耶:《大数据时代》,周涛译,浙江人民出版社,2013。

[7]〔法〕贝尔纳·斯蒂格勒:《技术与时间:1. 爱比米修斯的过失》,裴程译,译林出版社,1999。

[8]〔美〕诺伯特·维纳:《人有人的用处——控制论与社会》,陈步译,北京大学出版社,2010。

[9]〔美〕霍华德·加德纳:《多元智能新视野》(纪念版),沈致隆译,浙江人民出版社,2017。

四 论文

[1] 郭虹、韩宏伟:《大中小学思政课一体化视域下分层式法治教育体系构建研究》,《学校党建与思想教育》2024 第 3 期。

[2] 何鋆、邹佰峰:《大历史观视域下党史教育融入高校思政课的路径》,《学校党建与思想教育》2024 第 11 期。

[3] 邓易:《"大思政课"建设视域下深化爱国主义教育的路径探究》,《学校党建与思想教育》2024 第 14 期。

[4] 张佩佩、苏洁:《高校思政课教学加强历史自信教育略探》,《学校党建与思想教育》2024 第 6 期。

［5］ 沈笑英、张海龙：《我国中学思政教育研究现状与展望——基于2021—2023年人大〈复印报刊资料·中学政治及其他各科教与学〉转载思政教育论文的分析》，《天津师范大学学报》（基础教育版）2024年第3期。

［6］ 徐礼平、吴婷、李梦华：《教育家精神对提升高校思政课教师素质能力的引领作用及其实施途径》，《当代教育论坛》2024年第4期。

［7］ 万馨、聂秦勇、易显飞：《高校思政教育赋能新质生产力发展：内在逻辑、现实之需与纾解之策》，《当代教育论坛》2024年第4期。

［8］ 龚学文：《中华优秀传统文化资源融入高校思政教育的三重向度》，《教育理论与实践》2024年第3期。

［9］ 孟凡婷：《精准思维视角下高校思政教育提质增效的有效路径》，《学校党建与思想教育》2023年第4期。

［10］ 王正坤、杨漫漫：《基于扎根理论的中华优秀传统文化融入高校思政教育机制探究》，《学校党建与思想教育》2023年第8期。

［11］ 梅景辉、杨芷涵：《"四史"教育融入思政课的现实挑战与策略探析》，《学校党建与思想教育》2023年第3期。

［12］ 郑卫丽、段梦伟：《"大思政课"视域中高校爱国主义教育时代话语建构的四维向度》，《思想政治教育研究》2024年第1期。

［13］ 高盛楠、吴满意：《区块链赋能"大思政"教育的切入点、结合点和着力点》，《学校党建与思想教育》2023年第6期。

［14］ 王博文、唐好选：《思政智脑：人工智能视域下思想政治教育的创新》，《学校党建与思想教育》2023年第24期。

［15］ 孔海棠、汤慧丽：《运用红色资源增强高校思政课实效性的基本路径》，《学校党建与思想教育》2024年第4期。

［16］ 余永跃、李忆辛：《以大数据促进高校思政课"讲道理"的内在逻辑与实施路径》，《学校党建与思想教育》2024年第6期。

［17］ 李燕、赵士发：《中国式现代化理论融入高校思政课教学探赜》，《学校党建与思想教育》2024年第11期。

［18］ 胡鞍钢、王洪川：《中国式教育现代化与教育强国之路》，《新疆师范大学学报》（哲学社会科学版）2023年第1期。

［19］ 李志远、吴宏政：《新时代高校青年思政课教师队伍建设研究》，《江苏高教》2024 年第 7 期。

［20］ 尹秀娟、董一帆：《数智时代高校思政元话语能力培育的逻辑理路》，《学校党建与思想教育》2024 年第 10 期。

［21］ 刘顺：《"自然辩证法概论"课程：在新时代高校思政课中的应有地位及效能提升》，《中国大学教学》2024 年第 3 期。

［22］ 张贵礼、彭小川：《场域理论视域下高校学生社区思政功能的实现路径》，《学校党建与思想教育》2024 年第 2 期。

［23］ 李海霞：《思政课教师推进高校意识形态建设探析》，《学校党建与思想教育》2024 年第 10 期。

［24］ 钟贞山、吴东纳：《人类文明新形态融入高校思政课的学理阐释与实践要求》，《南昌大学学报》（人文社会科学版）2024 年第 3 期。

［25］ 户新竹：《红色文化融入高校思政课教学的实践探索》，《学校党建与思想教育》2024 年第 4 期。

［26］ 覃康惠、邓淑华：《高校思政课讲好习近平榜样观的进路》，《学校党建与思想教育》2024 年第 4 期。

［27］ 齐卫平、白金艳：《高校思政课讲好中华民族现代文明的应然、必然与实然》，《学校党建与思想教育》2024 年第 11 期。

［28］ 刘勇、洪光东：《习近平法治思想融入高校思政课的实践探索》，《学校党建与思想教育》2024 年第 11 期。

［29］ 谢若扬、宋俭：《红色历史文化资源在高校思政课实践教学中的优化运用——基于红色场馆的考察》，《学校党建与思想教育》2024 年第 9 期。

［30］ 刘宇文、刘佳慧：《儒家"善"文化融入高校思政课教学的逻辑理路与现实路径》，《学校党建与思想教育》2024 年第 14 期。

［31］ 王妮：《高校思政课教师评价的发展特点及改进策略》，《学校党建与思想教育》2024 年第 9 期。

［32］ 武传鹏、邵申林：《高校思政课课程形象评价体系构建研究》，《学校党建与思想教育》2024 年第 1 期。

［33］ 王爱莲：《党的二十大精神融入高校思政课程体系的基本逻辑》，《学

校党建与思想教育》2024 年第 3 期。

［34］卢慧：《习近平文化思想融入高校思政课的思考》，《国家教育行政学院学报》2024 年第 5 期。

［35］李磊：《新时代提升高校思政课对大学生思想成长引领力的实践进路》，《学校党建与思想教育》2024 年第 14 期。

［36］陆淳：《高校体育课程思政建设实践经验及启示——以清华大学为例》，《体育文化导刊》2024 年第 5 期。

［37］陈兵：《融媒体视域下高校"大思政课"建设的实践探索》，《传媒》2024 年第 5 期。

［38］李浩、杨启飞：《网络直播与高校思政课实践教学协同发展研究》，《学术探索》2024 年第 5 期。

［39］田鹏颖、崔菁颖：《推动高校思政课改革创新的关键在于把道理"讲活"》，《思想政治教育研究》2024 年第 1 期。

［40］李岩峰：《课程思政视域下晋剧文化在山西高校的传承探究》，《教育理论与实践》2024 年第 6 期。

［41］蔡扬波：《应用型高校本科思政课教学高质量实施：视域与进路》，《黑龙江高教研究》2024 年第 5 期。

［42］李倩、刘万海：《从"外嵌"走向"内生"：高校课程思政深化的实践取径》，《黑龙江高教研究》2024 年第 1 期。

［43］兰洁：《高校"大思政课"高质量建设的逻辑理据和实践进路》，《学校党建与思想教育》2023 年第 16 期。

［44］李伟弟、柏一兰：《新时代高校思政课改革创新的出场逻辑、现实困境与路径探赜》，《国家教育行政学院学报》2023 年第 8 期。

［45］刘杨：《试论高校思政课教师信息化教学能力的提升》，《学校党建与思想教育》2023 年第 24 期。

［46］潘中祥、董一冰：《基于智慧思政的高校网络思政工作新探》，《学校党建与思想教育》2023 年第 5 期。

［47］黄艳、朱澳拉：《融媒体时代高校思政课混合式教学探析》，《学校党建与思想教育》2023 年第 8 期。

［48］郭文刚、刘永杰：《新时代高校辅导员与思政课教师协同育人创新研

究》，《高校辅导员》2024 年第 3 期。

[49] 黎博、戴成波、谭超：《高校思政课数字化转型的现实困境与优化路径》，《学校党建与思想教育》2023 年第 14 期。

[50] 丁昀：《高校思政课实践教学的困境及其破解》，《学校党建与思想教育》2023 年第 14 期。

[51] 赵金子、张筱葇：《高校思政课讲好中国式现代化的"三个向度"》，《思想政治教育研究》2024 年第 1 期。

[52] 刘娜、党俏俏：《高校思政课教学精神交往：内在规定、生成机理及提升路径》，《黑龙江高教研究》2024 年第 6 期。

[53] 赵金梅：《"大思政"视域下高校继续教育改革路径探析》，《成人教育》2024 年第 8 期。

[54] 张东冬：《人工智能驱动高校思政课教学叙事转型的多维探析》，《黑龙江高教研究》2024 年第 1 期。

[55] 高静毅：《高校思政课形象塑造的困境与突破》，《思想政治教育研究》2024 年第 1 期。

[56] 余晓慧、樊慧：《"四个自信"融入高校思政课课堂教学全过程研究》，《学术探索》2024 年第 4 期。

[57] 王向明、杨璐静：《"大思政课"视域下高校思想政治教育优化探析》，《西北工业大学学报》（社会科学版）2024 年第 2 期。

[58] 王建颖、张红：《数字化转型下高校课程思政建设的理性边界与未来进路》，《东北师大学报》（哲学社会科学版）2024 年第 3 期。

[59] 杨怀宏、朱强：《大思政育人格局下数字化教学资源体系建设研究》，《学校党建与思想教育》2023 年第 20 期。

[60] 李社亮、王晨：《数字化赋能大中小学思政课一体化建设：价值旨趣、现实审视与实现路径》，《课程·教材·教法》2023 年第 10 期。

[61] 陈豪丽：《人工智能时代职业院校思政教育的数字化支持与创新研究》，《改革与开放》2024 年第 5 期。

[62] 钟海燕、孙阳光：《全媒体时代高校思政课数字化教学探索》，《海南开放大学学报》2024 年第 2 期。

[63] 张建国：《大数据时代高校思政教育数字化转型现实困境及实践路

径》,《教育评论》2024 年第 4 期。

[64] 李伏清、潘芳:《何为·难为·应为:数字化赋能高校思政课教学的三维探析》,《山西高等学校社会科学学报》2024 年第 6 期。

[65] 雷爱萍:《高校思政课数字化教材建设研究》,《南宁师范大学学报》(哲学社会科学版)2024 年第 3 期。

[66] 潘建红、刘歌:《思政课数字化育人转型的实践图景与优化》,《北京科技大学学报》(社会科学版)2024 年第 3 期。

[67] 张靖、唐昕驰:《教育数字化背景下高职思政课教师数字素养提升路径研究》,《牡丹江大学学报》2024 年第 3 期。

[68] 张茂伟:《高校课程思政数字化转型改革取向与实践逻辑》,《河北开放大学学报》2024 年第 2 期。

[69] 陈梦:《数字化赋能"大思政课"建设的价值、逻辑及路径》,《传播与版权》2024 年第 9 期。

[70] 蔡丽娇:《TPACK 框架下数字化赋能成人教育课程思政教学探索》,《继续教育研究》2024 年第 5 期。

[71] 张宏伟、孙晓雯、程恩思:《高校思政课数字化转型的现实困境及应对路径》,《高教论坛》2024 年第 7 期。

[72] 时影、舒刚:《数字化时代高校网络思政育人的价值生成与实践路径:基于主体间性视角的考察》,《国家教育行政学院学报》2022 年第 9 期。

[73] 李伏清、潘芳:《思想政治教育数字化转型的图景展现、现实困境与实践路径》,《中国大学教学》2024 年第 8 期。

[74] 周良发:《高校思政课教材数字化建设的内涵特征、现实梗阻与应对策略》,《甘肃开放大学学报》2023 年第 5 期。

[75] 王玉蓉:《"大思政课"实现数字化建设的价值意蕴和实践策略》,《岭南师范学院学报》2023 年第 5 期。

[76] 李钦:《"教育数字化"视阈下高校思政教师教学能力提升策略探析》,《湖北经济学院学报》(人文社会科学版)2023 年第 12 期。

[77] 陈忠民:《教育数字化背景下思政课程教学改革探究》,《金融理论与教学》2023 年第 4 期。

[78] 刘祥玲:《教育数字化转型中高校课程思政的困境与应对》,《中国电化教育》2022年第8期。

[79] 杨晓春、张子石:《数字化转型背景下大学外语课程思政的内涵、问题与实践路径》,《中国电化教育》2022年第11期。

[80] 刘星焕、何玉芳:《以数字化赋能"大思政课"建设的内在机理、现实梗阻及实践路径》,《理论导刊》2023年第10期。

[81] 庄雷:《高校课程思政数字化建设研究与实践》,《中国教育信息化》2023年第7期。

[82] 贾丽红、胡剑:《数字化视角下大中小学思政课一体化建设研究》,《老区建设》2023年第5期。

[83] 卞靖懿:《基于虚拟仿真技术的高校思政课数字化教学平台构建研究》,《情报科学》2023年第12期。

[84] 彭庆红:《数字化推动"大思政课"建设的依据、原则与路径》,《思想理论教育导刊》2023年第11期。

[85] 张志:《思政教育数字化与专业化融合探讨》,《中学政治教学参考》2022年第7期。

[86] 叶静:《高校课程思政特色数字化教材出版实策研究》,《中国出版》2023年第21期。

[87] 王真:《思政课教师发展的数字化转型》,《思想政治课教学》2023年第8期。

[88] 潘建红、韩竺蔓:《高校思政课数字化转型中研究生学术道德培育的思考》,《黄冈师范学院学报》2023年第5期。

[89] 裴真、朱利莎:《打开思政教育红色文化数字化传播新视野》,《中学政治教学参考》2023年第25期。

[90] 陈静:《思政课教学质量评价的数字化建设》,《思想政治课教学》2023年第6期。

[91] 伍裕玲、李妍:《数字化赋能区域中小学大思政课建设》,《中国教育学刊》2024年第3期。

[92] 石元鹏、万远英:《数字思政的内涵特征、建设优势及实践路径》,《学校党建与思想教育》2024年第6期。

［93］范桐鑫:《数字化教育资源融入高校思政理论课教学》,《中学政治教学参考》2022 年第 5 期。

［94］陈士勇、唐义杰:《数字技术融入高校思政课"三个课堂"混合式教学的现实考量》,《黑河学刊》2024 年第 3 期。

［95］周良发、赵悦:《高校思政课数字教材建设的生成逻辑、现实隐忧与推进策略》,《西藏教育》2024 年第 5 期。

［96］邱雨露、周菲:《高校数字思政建设的价值、问题与路径探索》,《成都师范学院学报》2024 年第 3 期。

图书在版编目（CIP）数据

高校思想政治教育数字化发展研究／徐菁忆著．

北京：社会科学文献出版社，2025.8.--ISBN 978-7-5228-5448-9

Ⅰ.G641-39

中国国家版本馆 CIP 数据核字第 2025UU2140 号

高校思想政治教育数字化发展研究

著　　者／徐菁忆

出 版 人／冀祥德
责任编辑／吕霞云
文稿编辑／韩亚楠
责任印制／岳　阳

出　　版／社会科学文献出版社·马克思主义分社 （010）59367126
　　　　　地址：北京市北三环中路甲 29 号院华龙大厦　邮编：100029
　　　　　网址：www.ssap.com.cn
发　　行／社会科学文献出版社 （010）59367028
印　　装／三河市东方印刷有限公司

规　　格／开　本：787mm×1092mm　1/16
　　　　　印　张：13.75　字　数：220 千字
版　　次／2025 年 8 月第 1 版　2025 年 8 月第 1 次印刷
书　　号／ISBN 978-7-5228-5448-9
定　　价／89.00 元

读者服务电话：4008918866